尼山
文库

NISHAN SERIES

儒学与儒藏

舒大刚　马琛　潘悦　著

山东教育出版社·济南

图书在版编目（CIP）数据

儒学与儒藏 / 舒大刚，马琛，潘悦著. —济南：山东
教育出版社，2023.3

（尼山文库）

ISBN 978-7-5701-2368-1

Ⅰ.①儒… Ⅱ.①舒… ②马… ③潘… Ⅲ.①儒
学-研究 ②儒家-研究 Ⅳ.①B222.05

中国版本图书馆CIP数据核字（2022）第199111号

责任编辑：舒　心
责任校对：刘　园
封面设计：姜海涛
版式设计：吴江楠

RUXUE YU RU ZANG

儒学与儒藏 舒大刚　马琛　潘悦　著

主管单位：山东出版传媒股份有限公司
出版发行：山东教育出版社
　　　　　地址：济南市市中区二环南路2066号4区1号　　邮编：250003
　　　　　电话：（0531）82092660　　网址：www.sjs.com.cn
印　　刷：山东新华印务有限公司
版　　次：2023年3月第1版
印　　次：2023年3月第1次印刷
开　　本：710毫米×1000毫米　1/16
印　　张：22
字　　数：290千
定　　价：120.00元

（如印装质量有问题，请与印刷厂联系调换）印厂电话：0531-82079130

总序

为深入贯彻党的二十大精神，贯彻落实习近平总书记关于传承发展中华优秀传统文化系列重要讲话精神，落实《尼山世界儒学中心儒学传承发展"十四五"规划》有关部署要求，尼山世界儒学中心依托中心学术委员会，以学术顾问和学术委员为主体，组织编写出版了《尼山文库》。

一个民族的复兴，总是以文化的兴盛为强大支撑；一个时代的进步，总是以文化的繁荣为鲜明标志。以习近平同志为核心的党中央高度重视中华优秀传统文化的传承发展，始终从中华民族最深沉的精神追求看待优秀传统文化，从国家战略资源和文化软实力的高度继承优秀传统文化，从推动中华民族现代化进程的角度创新发展优秀传统文化，使中华优秀传统文化成为新时代新征程党和国家事业发展、实现第二个百年奋斗目标的重要力量。党的二十大报告提出"推进文化自信自强，铸就社会主义文化新辉煌"，就建设社会主义文化强国做出战略部署。深入学习贯彻党的二十大精神，坚持中国特色社会主义文化发展道路，增强文化自信，承担起举旗帜、聚民心、育新人、兴文化、展形象的使命任务，踔厉奋发，笃行不怠，推出更多增强人民精神力量的优秀作品，是《尼山文库》的使命担当。

文库汇编的作品展现了学术界近年来在中华优秀传统文化研

究方面的新理念、新观点、新贡献,着重阐释儒学在弘扬践行社会主义核心价值观中的重要价值,概括儒学在国际交流、传播以及对话中的积极作用,解读儒学在公益慈善文化中的智慧启示。选编内容包括专家们在学术会议上的发言、出版论著的序言、近期发表的学术论文,或论文论著精华摘要、核心观点摘编等,各自组成体系完备、结构完整的学术著作。我们力争在"十四五"期间,陆续推出40部学术著作。

文库的出版是建设世界儒学研究高地,打造文化"两创"新标杆的需要。2013年11月,习近平总书记在山东考察工作时提出,要加强对中华优秀传统文化的挖掘和阐发,努力实现中华优秀传统文化的创造性转化、创新性发展。十年来,山东立足丰厚文化资源,以高度的文化自觉扛牢中华优秀传统文化"两创"担当,不断激发文化创新创造活力。设立尼山世界儒学中心(中国孔子基金会秘书处)就是为了深入贯彻落实习近平总书记重要指示要求,努力打造世界儒学研究高地、儒学人才集聚和培养高地、儒学普及推广高地、儒学国际交流传播高地。山东省第十二次党代会明确提出"打造文化'两创'新标杆""深入推进尼山世界儒学中心建设"。在全国上下深入学习贯彻党的二十大精神,全面建设具有强大凝聚力和引领力的社会主义意识形态的时代背景下,编写出版这套丛书,有助于我们全面深入学习贯彻习近平总书记关于大力弘扬中华优秀传统文化的重要论述,坚守中华文化立场,做好为国家立心、为民族立魂的工作,传承和弘扬好以儒家思想为代表的中华优秀传统文化。

文库的出版是以文化人、守正创新,推动中华优秀传统文化与社会主义社会相适应的需要。习近平总书记强调,中华优秀传统文化是中华文明的智慧结晶和精华所在,是中华民族的根和魂，是我们在世界文化激荡中站稳脚跟的根基。出版这套丛书的宗旨在于立根铸魂，研究阐释中华文明讲仁爱、重民本、守诚信、崇正义、尚和合、求大同的精神特质和发展形态，阐明中国道路的深厚文化底蕴，展现中国人的宇宙观、天下观、社会观、道德观，展现中华文明的悠久历史和人文底蕴，承继中华优秀传统文化"观乎人文，以化成天下"的教化之道，更好构筑中国精神、中国价值、中国力量，坚定文化自信，增强中华文明的传播力、影响力，促进文化"两创"成果落在社会上、落在群众中、落在生活里。

文库的出版是推动世界不同文明交流互鉴，构建人类命运共同体的需要。海纳百川，有容乃大，编写出版《尼山文库》，继承中华优秀传统文化，弘扬时代精神，构建中国价值，绝不是拒斥外来文明，而是坚持不忘本来、吸收外来、面向未来，坚持"二为"方向、"双百"方针，坚持创造性转化、创新性发展。丛书倡导求实、严谨、活泼的文风，突出学术性、思想性、可读性，弘扬平等、互鉴、对话、包容的文明观，弘扬中华文明蕴含的全人类共同价值。

为天地立心，为生民立命，为往圣继绝学，为万世开太平，这是中国古代儒家知识分子的抱负，也是《尼山文库》的理想和期待。推进"两创"和"两个结合"需要久久为功、持续用力，希望更多的专家学者参与文库的编写，为建成社会主义文化强国共同努力奋斗！

是为序。

《尼山文库》编委会
2022年11月16日

前言

《儒学与儒藏》是我们这些年学习儒学、编纂《儒藏》的部分心得，由四川大学"中国儒学"博士生马琛、"历史文献学"博士生潘悦选编、校注而成。

一、缘起

作为1978年参加全国统一高考的大学生，我于当年10月份进入南充师范学院历史系学习。四年之间，我先后听讲于李耀仙老师的"先秦哲学"，赵吕甫老师的"校雠学"，姚政、贾君义、阎邦本、阮明道等老师的"中国古代史"，王元明、王涤蓉、夏承光等老师的"中国近代史"，蒋家骅、唐有勤、万荣德、朱维权等老师的"历史文选"，于是对中国古代史，特别是中华传统文化产生了浓厚兴趣。1982年7月我毕业留校后，担任《历史文选》助教、讲师。

1983—1984年，我参加四川大学中文系杨明照先生受教育部委托举办的"古籍整理研修班"，听讲于杨先生的"文献学"、成善楷先生的"庄子校读"、赵振铎先生的"音韵学"、张永言先生的"训诂学"、向熹先生的"诗经研究"、项楚先生的"敦煌学"、曾枣庄先生的"三苏研究"、经本植先生的"文字学"、李崇智先生的"工具书"，系统接受古典文献专业培训。

其间，还选修哲学系贾顺先、刘蕴梅等先生的"中国哲学史"及历史系彭裕商先生的"古文字"等课程。

回校后，我又协助李耀仙老师编纂《廖平学术论著选》（后易名《廖平选集》），旁听龙显昭老师为"中国古代史"助教进修班开设的"两汉经学"课。周开度老师为中文、历史二系青年教师讲授"文字音韵训诂"，让我对古典文献，特别是儒家经学有了更多的了解。

1988—1989年，我前往吉林大学做访问学者，跟随金景芳先生学习《周易》《春秋》等经典；1990年正式考入吉林大学研究生院，跟随金先生攻读"中国古代史·先秦文献研究"方向博士学位，对儒家经典和儒学文献展开了系统学习，对儒学及其经典有了更多共情之理解。

1993年7月，我博士毕业后到四川大学古籍整理研究所工作，主要从事古籍文献整理与研究，协助曾枣庄先生等编纂《全宋文》《中华大典》《三苏全书》，发起并组织《宋集珍本丛刊》《诸子集成》（补编、续编、新编）编纂。特别是1997年以来，我主持"国家211工程"重点项目（后又列为中国孔子基金会"重大项目"）"《中华儒藏》编纂与研究"，对儒学历史、儒学文献，特别是儒家经学，进行了更持久的钻研和阐发。

近40年来，我除了主持编成分装650册的《儒藏》精装本、260册《儒藏精华》线装本外，还陆陆续续发表过若干研究和考据性论文，出版过《儒学文献通论》（三卷）、《中国孝经学史》、《至德要道——儒家孝悌文化》、《儒史杂谭》、《儒藏论衡》、《孝经论衡》等儒学类论著。

今承尼山世界儒学中心（中国孔子基金会）的关爱和征稿，委托马琛、潘悦二位博士，从本人的各类论著和演讲中，辑录选编，归纳校注，因成上、下二编。上编主要谈"儒学"的历史、经典、内涵及其当代价值等问题，系统回顾了儒学分期、演变历史、信仰体系、儒家教化、孝悌之道、君子人格、淑女懿范等问题。下编包括《儒藏》的渊源、《儒藏》的分类、《儒藏》论部、《儒藏》史部，以及四川大学《儒藏》编纂的状况等。末附彭彦华、王贞贞两位专家对我的采访，比较综合地反映出我的治学经历和特色。

经过马琛、潘悦二君的努力，在史料引用上基本准确了，在内容上大致系统了，在文字上也基本可读了。现在即将交付出版编辑，故先对有关内容进行简单交待。

二、上编"儒学"梗概

上编第一章"儒学的分期与流变"，是"儒家文献学"研究的成果之一。首先，我们参考前儒与近贤有关儒学（或经学）史的分期见解，结合儒学发展的具体实际，将中国儒学史分成"四型八期"。

"四型"即四种儒学类型，包括"子学""经学""理学""新学"四种；"八期"者，四型学术流行的八大时期，即先秦之"子学"，两汉三国、魏晋、南北朝、隋唐五代之"经学"，宋元明之"理学"，清代"汉学""宋学"交融和锐意求新的20世纪"新学"。

我们认为，先秦儒学自孔子创立以来，即与诸子百家同台竞技，展开争鸣，形成领先诸子而又未脱离诸子状态的儒家学派，是为"子学"。"子学"时代包含春秋末年和战国时期，春秋时期儒家形成，战国时期百家争鸣。"子学"时期形成了"六艺"经典、"传记"诸子、"仁义"理论、"三统"信仰、"德治"理想、"礼乐"教化、"君子"人格和"孝悌"伦理等体系。秦始皇焚书坑儒，儒学遭受灭顶之灾，儒家讲学活动基本停止。

汉兴，在"邹鲁之士、缙绅先生"私传经典的同时，巴蜀由于较早成为秦统一天下的基地，"焚书坑儒"之祸在这里影响不大，故汉初即有胡安（传司马相如）、犍为舍人（注《尔雅》）、林闾翁儒（传辖轩语）等隐居传经；特别是景帝（一说文帝）末年，蜀守文翁在成都修起学校，以政府力量传授儒家"七经"，开启了自秦焚书以来的经典传授序列；后经汉武帝"令天下郡国皆立学校官"[①]，特别是公孙弘建议立太学，设五经博士，"为博士官置弟子五十人"[②]，董仲舒奏请"罢黜百家，表章六经"[③]，儒家经典传授复归正统，儒学进入"经学"时代。"经学"时代形成以"五经"传授（兼习《论语》《孝经》）、明经为本、经术辅政、孝治天下等特色，也形成传说笺注、章句训诂等文献形式。由于"经学"讲明，特别是利禄之路使然，在昭帝、宣帝时期便形成家法、师法之争；成帝、哀帝时期因整理文献发现古文经典，刘歆等人又掀起今文、古文之争；哀帝、平帝时期由于儒学与神秘主义结合，出现大量神秘经典——纬书，经王莽、刘歆等人提倡，又出现内学、外学之争。东汉继起，"今文经学"（包括谶纬之学）仍然是太学主流学术，而"古文经学"则在民间得到极大发展，在成果上渐有超越今文而上之势。及至东汉末年，兼修今文、古文的一代大儒郑玄，遍注群经，兼采今古，结束了今古文的分歧，同时也使西汉以来的家法、师法荡然无存，"经学"领域几乎是"郑学"的一统天下。

---

① 〔汉〕班固：《汉书·循吏传》，中华书局，1962，第3626页。
② 〔汉〕班固：《汉书·儒林传》，中华书局，1962，第3594页。
③ 〔汉〕班固：《汉书·武帝纪》，中华书局，1962，第212页。

三国两晋时期，主要是"郑学"流行，但是以刘表、宋衷为代表的"荆州学派"又起，以贾逵、马融纯正的古文经学为号召，至王朗、王肃父子遍治群经，专与郑玄作对，于是又出现"郑学"与"王学"的对垒。既而五马南浮，司马王谢共治；南朝更迭，宋齐梁陈易主。五胡北兴，十六国国政角力；北朝废兴，魏齐周隋嬗代。在学术上，北人简约，基本恪守"郑学"；南人繁芜，老庄周孔同治。于是形成"南学"与"北学"相持的状态；北学尚训诂名物，南学崇"玄学"清谈。为了阐释并兼容因政治对立而带来的学术分歧，这一时期产生了旨在反复论说经义的"义疏"文献和集众家之异文、异读、异说的《经典释文》。

隋唐时期由于政治的统一，"经学"也出现合一趋势，司马贞《五经定本》、孔颖达《五经正义》及贾公彦等《九经注疏》、郑覃等《开成石经》，以及五代十国时期"蜀刻十三经"、监本儒经，皆是这一时期的产物。注疏成而异说熄，官学盛而私学兴。唐代《九经注疏》的形成，一方面统一了经说，方便了科举考试，但是由于统得过死，又不利于新说的产生。出于对官学的反对，自中晚唐起，便兴起了在官学之外，另寻学术创新突破口的运动，如李鼎祚在官学独主王弼《易》外，另撰集汉魏易学大成的《周易集解》；啖助、赵匡、陆质在官学杜预《左传集解》之外，另立兼容三传的《春秋纂例》；后蜀到北宋的蜀学，又在中央"九经"体系之外，别立兼容经传子书的"十三经"（包括《孟子》）体系；韩愈重塑道统、李翱倡议心性；特别是在文学（复古文）、史学（重编年）、经学（重义理）等领域，全面复古创新，气象万千（蒙文通命之为"新经学""新文学""新史学"），以求对于"汉学"的解放，这一趋势实开启

"宋学"之先声。

　　与"经学"时期以明经为本体不一样的是,"宋学"则是以明理(或明道)为本位,故又称"理学"或"道学"。这种学术正式形成于宋代,又称"宋学"。"宋学"(或"理学")学风还包含元、明二代以及清之"新宋学"。宋儒继承发展中唐以来"新文学""新史学"和"新经学"思潮,形成宋人自己的学术风格。在理论方面,建立了新的儒学"心性论""理气论""功夫论",以抗衡佛、道二教的挑战。在"经学"方面,舍弃繁琐的章句注疏,直探经典的本义,重视对儒学义理的阐发;并对儒家经典展开辨疑,清除其中的"伪经""伪说"。在方法上,汉儒治经重章句训诂之学,注重师法、家法;宋儒则趋向义理探索,不太重视名物训诂、经师旧说。在经典体系上,宋儒重视传记类经学文献,真宗、仁宗朝已将《礼记》之《儒行》《大学》《中庸》抽出分赐新科举子,司马光著《大学说》《中庸说》,至二程乃将《大学》《中庸》与《论语》《孟子》并列,构成"四书"体系,推为士人入德之门、读经之阶;朱熹更用平生精力为"四书"撰写"集注""章句",同时对《孝经》大加删削贬低,彻底改变了汉、唐以来形成的由《论语》《孝经》而"五经"的治经路径。在学术传承上,宋人也改变汉唐以来周孔、孟荀、董扬、贾马、许郑之传,超越汉唐诸儒,直接跨到尧舜、禹汤、文武、周公、孔孟,形成新的"道统"传承。在文献上,与汉唐儒重视"注疏"文献不一样,"宋学"更重视便于阐发自己思想学术的"说经体"和"语录体"。清人汇刻的《通志堂经解》以及各类"语录"文献即"宋学"成就之代表。

　　这些风气一直影响于元朝,盛行于明朝,其流风余韵直至清之末叶。明初著名儒学家有宋濂、方孝孺、曹端、薛瑄、吴与弼、胡居仁等，皆是"理学"的中坚；特别是明之科举，定朱熹《四书章句集注》及二程学说为准的，理学更成为衡士标准、真理典则。直至明朝弘治、正德年间，王阳明远承宋儒陆九渊之学，倡导"心外无理"的心学，以向朱子理学开战，形成"王学"，突破了朱学一统天下、控制人心之局面。同时，出于对"八股""讲章"之学的反对，对征实经学的回归，嘉靖以后，杨慎等人号为博雅，常常引据古说以驳难宋儒。至明末，钱谦益倡言古注疏之学。特别是顾炎武等由明入清的硕儒，将此风极力扩扇，渐成气候，实开乾嘉考据之学风。

清代"汉学"与"宋学"并行。一方面，清人正统思想依然是"宋学"，清代官方意识、科举考试和官学教育，仍然维持程朱理学独尊格局；另一方面，在民间书院、崖壁山野和学人书斋中，却推崇自明末清初以来形成的"朴学"风格，他们崇尚许郑，讲究征实，于是在宋学之外形成了笃实厚重的"汉学"特色。清代"汉学"，主要以回归考订注疏、辨释经书本义为指归的古文经学为特色，其在形式上又有创新，由原来汉人笺注之法，伸发出历史考证、音韵训诂、文字形变、金石考索等诸多领域，总谓之"考据之学"。汉学注重实证，又被称为"朴学"。清代汉学自清初顾炎武开其端，中经阎若璩、胡渭等人的推扬，至乾隆、嘉庆时期，惠栋、戴震、钱大昕发扬光大，迄段玉裁、王念孙、王引之等达到极盛。清代"朴学"主要分为吴、皖两派："吴派"创自惠周惕，以惠栋为代表；"皖派"创自江永，以戴震为代表。

考据学家治学以解经为主，以汉儒经注为宗，学风朴实严谨，不尚空谈，是其所长。从阮元辑刻的《清经解》和王先谦辑刻的《清经解续编》，可见清儒汉学成果之精华。然而清代汉学过分倚重古训旧注，故嘉庆以后古文经学渐趋衰落，代之而起的是以议政革新、经世致用为鹄的的"今文经学"，此派以庄存与、刘逢禄、宋翔凤等开风气于前，中经龚自珍、魏源等人的发展，到晚清有廖平、康有为、梁启超诸人而成一大气候。他们以"公羊学"为社会改良、政治变法张本，倡言"托古改制"，驯致疑古惑经，掀起中国近代思想界的革命。该派前期以常州人居多，故称"常州学派"；晚期以湘人、蜀人影响最大，故又有近代"湘学""蜀学"的复兴。

　　20世纪是"新学"的世纪，儒学从正面、反面或中间状态，大致形成四大派别：一是"疑古派"，他们由怀疑古史而彻底否定儒经，以为儒家经典非伪即残，将怀疑经典的浪潮推向历史新高。二是"反孔派"，以为孔子儒学是近代中国落后挨打、专制黑暗的代表，应当彻底打倒、清除干净，此亦古来未有之新现象。三是"新儒家"，他们运用近代西方思想学术来更新儒学、发展儒学，必欲使儒学适应并服务于社会，此亦古来儒学发展未有之新境界。当然，也还有对传统文化十分执着，特别是对孔子儒学怀有深厚感情和对经典文献仍持极大热情者，如吴宓、柳诒徵等"学衡派"，被当时斥为"保守派"。可见20世纪的儒学在研究宗旨上（有"反孔""尊孔"之分）、方法上（有"疑经""释经"之别）、内容上（有"西学""中学"之异）、立场上（有"趋新""守旧"之殊）都与传统儒学大异其趣，吕思勉当年概称之为"新学"，是为得之。

　　本编的第二章是关于"儒学的内涵与价值"的文字，主要根据本人近年几次讲座和授课的录音整理，涉及儒家的信仰、教化、伦理、理想人格等问题。关于儒家信仰，本人认为《礼记·表记》有完整表达。其载孔子说："夏道尊命，事鬼敬神而远之"，价值取向是"尚忠"，重天道、法自然；"殷人尊神，率民以事神，先鬼而后礼"，是"尚质"，尊祖先、讲孝悌；"周人尊礼尚施，事鬼敬神而远之"，则是"尚文"，制礼乐、倡仁义。"天命"和"天道"，"鬼神"和"孝悌"，"礼乐"和"仁义"，构成了中华民族的精神信仰和价值追求，从而形成中国"天人相与""鬼神无欺""敬天法祖"的心灵世界、"仁民爱物""诗书礼乐""文明秩序"的人文精神、"孝悌忠信""礼义廉耻""博施济众""民本""德治"的政治伦理。如加提炼即是"道、仁、孝"，分别代表尊重自然、尊重祖宗、尊重民意，很好地解决了终极关怀、现实关怀和临终关怀问题。战国荀子在此基础上提出了"天地君亲师"，谓为"礼之三本"，成为后世中国人的全民信仰，至今仍具有借鉴意义。"天命"（天道）、"鬼神"（阴阳）、"礼乐"（仁义）三大体系，我们称之为儒家的"三统"信仰。

儒学"教化"问题，涉及儒家基本特征问题。关于这一认识，历来有多种说法，有人说儒家是宗教，有人说是礼教，有人说是经学，有人说是理学，等等。其实这些都只得其一偏或表象，不足以概括发展演变的儒学。如果讲儒学根本特征，通观孔子、儒家以及儒学的发展演变，其中有个一以贯之的主线，就是重视"道德教化"，儒学毋宁说就是"德教"。《论语》中孔子称"天生德于予""为政以德"，提倡"志道据德"，《周易》提倡"进德修业""成德广业"，赞赏"盛德大业"，《尚书》称颂尧"克明俊德"，《大学》宣称"大学之道在明明德"，汉宣帝直接将儒家称为"德教"，都是明证。本讲接着阐述了"德"的品位，认为"德"者道之寓，是分于道成于一的品行，是受于命成于性的助产士。儒家德教内涵丰富，影响深远，价值永恒，时至当下，我们仍然可以运用儒家的德教来挽救道德滑坡、伦常紊乱等现象，如用"孝悌忠恕勤"修炼个人品行，用"温良恭俭让"培育家庭美德，用"仁义礼智信"改善社会公德，用"恭宽信敏惠"改进职业道德，用"天道命性情"铸造天地大德。继先秦"礼"教、两汉"经学"、宋明"理学"之后，开启了讲道德、守道德、尊道德的"德教"时代，形成了向上向善的社会风气。

儒学讲的"德"既是本体问题，也是伦理问题。就德的产生有赖于道而又定性于人（或物）来说，"德"具有人类及万物根本性质的决定性，相对于人与万物来说，道与德无异一体两面，这表现为"志道据德"的本体地位。就"德"在定性成人，特别是在五伦关系中，"德"又具有极其浓厚的伦理性，这又表现为孝为德本（或孝悌为仁之本）的修为次序，因此儒学修德乃由行孝开始，故本组议题的第三节便是"孝治：儒家孝悌观"。本篇力探"孝"的本义缘起、孝的性行规范、孝的正变废兴……厘清了"孝悌之道"的历史本相。纵观中国五千年文明史，"孝悌礼乐"几乎是一以贯之、长盛不衰的文化传统。从《论语》称禹"菲饮食而致孝乎鬼神"，到《孟子》称"尧舜之道，孝悌而已矣""文王善养老者"，到《礼记》曰"有虞氏养国老于上庠，养庶老于下庠"云云，再到孔子、曾子、乐正子春迭相继传承《孝经》，汉代又进而宣称"孝治天下"……历代因之而勿改，"孝悌"几乎成了培养"士君子"人格、实现修齐治平的根本大法。百善孝为先，万法孝为始，中国人的个性修养、良风美俗、政治制度，无不与孝悌挂起钩来，躬行孝悌与否成了人心良癫、社会治乱的试金石。如果要认识中国文化的特质，总结中华文明长盛不衰的原因，"礼让为国"和"孝治天下"就是吾国吾民为善去恶、希贤企圣的力量源泉，这是既往历史的经验总结，也是今天社会发展中解决"成长的烦恼"的行为指南。

如果说儒者之职在于教化，教化之功在于成人，而成人之目标在于做"君子"的话，本章第四节便讨论"君子"人格。每个优秀民族都有自己的理想人格，犹之乎古希腊有"智者"、法国有"骑士"、英国有"绅士"、美国有"精英"，中国为人的理想便是做"君子"。儒家讨论修养，有小人、匹夫匹妇、士、成人、君子、圣人等阶梯，其中小人卑鄙，匹夫凡俗，士人进取，成人独善，而圣人则有盛德大业，君子乃是个性圆满。君子本义为"封君之子"，其初具有极强的阶级性和特权性。后经发展和演变，"君子"便成了儒者修身养性、学业精专、进德修业的理想人格。"君子"学识丰富，技能全面，心怀仁义，志存道命，心忧天下，勇于担当，德行全面，而"仁、智、勇"乃三达德。本文在寻索"君子"起源与演变、表现与德目外，还对如何修成"君子"进行了路径之探索。

如果说"君子"是男性公民人格理想的话，"淑女"便是女性公民之懿范。《诗》曰："窈窕淑女，君子好逑。"唯君子可以配淑女，无淑女则难以成就君子。本章第五节便讨论儒家女教问题。该篇首先梳理了备受訾议的"三从四德"原意，揭示了"三从四德"的历史本相和适应场景。经学人研究发现，"三从"乃是古时女子计算丧服轻重所取则的从父、从夫、从子之基准，并非思想行为的顺从屈服。"四德"乃贵族女子应该拥有的基本品德、容饰、言语、女红等修为，并非可望不可即，亦不曾对不同阶层的所有女子作不求实际的苛求。本节还对中国历史上《女诫》、《女孝经》、"女四书"等女教经典文献，进行了梳理和审视，揭示了中华传统文化中阴阳平衡、男女分工、夫妻合体、家道和谐等传统观念，鞭挞了违理悖伦、害人害己的畸形的男女观和混乱的两性说。本节还介绍和比较了东西方女性观和近代"女权运动"状况，并针对当下信仰缺失、诚信缺失、责任缺失、道德缺失的一些现实情况，探讨了将来女性德育发展的新出路，强调应当重新汲取传统美德，达到人格完善、家庭甜美、事业优美、天下和美的境界。

本编的第三章讨论"儒家经典"，追寻在儒家经典文献整理传承中，从"六经"到"十三经"的演变过程。文章回顾和辨析了"十三经"形成于唐代、宋代、明代，乃至清初等各家说法，发现不是过早（如唐代说），就是过晚（如清初说），或过于笼统（如宋代说），皆因他们囿于正统观念，而不愿将视野投射四方之学、郡国之绩。笔者经研究发现，儒家经典有一个不断结集和形成的过程，从周代推行《诗》、《书》、《礼》、《乐》、"四经"，到孔子"论次《诗》《书》""修起《礼》《乐》""赞《易》""作《春秋》"形成"六经"；从汉廷立"五经博士"，到蜀郡文翁石室推行"七经"教化；从唐代科举考试"九经"，到孟蜀石经形成"十三经"，最后完成儒家经典的体系构建，儒家经典体系的形成前后经过了1500余年方才完成。本章纠正了明清以来关于"十三经"形成的种种误说，强调了五代至北宋时期刻就的"蜀石经"对"十三经"形成的促进作用，同时也探讨了儒家经典体系转换关乎学术创新、文化转型的重大意义。

本编第四章话题是"当代儒学"，讨论了"儒学复兴的必要性和迫切性""儒学复兴之路""儒学学科建设的必要性和可能性"，还介绍了"儒学实践基地——以四川大学古籍所为例"等问题。为了维护中华民族的历史传承和现代创新，特别是要重塑中华民族的信仰体系、价值体系、知识体系和道德伦理，对曾经在中国历史上产生引领、规范和主导作用的儒学，进行适时的追忆和回归，甚至传承和创新，就是非常必要的课题。要做到这些，我们认为，在制度上要恢复"儒学"（或"经学"）学科，运用儒家"六经"等经典文献、"仁义"等核心理念、"孝悌"等伦理道德、"四部"等知识结构、"通经致用"等现实关怀，以及"天人合一""自强不息""厚德载物"等人文情怀，完善学科知识体系。在学理上，我们认为，应当吸取两汉经学、宋明理学之成功经验，构建"经典儒学"与"大众儒学"协调发展的现代儒学发展模式，从学术和普及两个维度，推动儒学的创新创造和传承发展。"经典儒学"即以经典为核心，以精品成果为目的，产出创新创造、传之久远的高精尖学术成果；"大众儒学"即以人民大众为对象，以日用常行为目的，创作出各种类型的教化性、实用性等普及读物或影视作品。"经典儒学"与"大众儒学"互相协调，"学术创新"与"实用实效"彼此结合。在本章中，作者还立足四川大学，介绍了这所植根于巴蜀大地、浸润于石室遗风的现代大学各个时期儒学传授的情况，特别是在改革开放之后儒学在四川大学（以下简称川大）的复苏与振兴的路径，为儒学的当代传承发展提供来自西南巴蜀的复兴模式。

三、下编《儒藏》述例

本集下编是笔者20余年从事儒学文献研究和《儒藏》编纂的一些探索和构想。由中国孔子基金会资助、四川大学编纂的首部《儒藏》，肇始于1997年，8年后由四川大学出版社推出了《儒藏》首批成果50册。2005年8月5日，《儒藏》首发式在北京中苑宾馆举行。来自美国、巴西、日本、韩国、越南等国家以及中国内地（大陆）和香港地区、澳门地区、台湾地区的100余位专家学者参加会议。李学勤先生说："《儒藏》出版的意义和价值，怎样评价都不为过。"张立文先生说:"《儒藏》的出版,使中华学人500年来的梦想得以实现。"北京40多家新闻媒体发布新闻,纷纷称之为"千古儒学第一藏"。他们为什么这样说呢?

历考儒学发生发展的历史,孔子整理"旧法世传之史"而成"六经",具有重大意义。"六经"可以说是儒家经典的首次结集。至汉成帝时,刘向、刘歆父子领校群籍,将儒家经典和经说归于"六艺略",将儒家子书归入"诸子略"的"儒家类",当时每一书校毕,即抄录正本一份,另撰叙录一篇,"六艺"与"儒家"两类无异于两套儒学文献丛书。只是当时只藏于中央,民间和学校并无收储。后历经魏晋南北朝、隋唐五代,至于宋元明,公私藏书时有校勘、例行编目,其中都有"六艺"或"经部"和子部"儒家"。从文献的实体来讲,其中并不缺乏儒学文献的丛编,但遗憾的是,这些儒学文献或者藏在秘府、锁于书楼,或者杂在四部、侧于九流,并没有形成专门的儒学丛书。故到明万历时期,孙羽侯、曹学佺深感佛道"二氏有藏,吾儒何独无藏"[①]的不合理性,于是躬亲实践,编纂《儒藏》。可惜皆未编成,为学林一大憾事!至清乾隆时期,周永年、刘音等人再发《儒藏》感叹,推为"艺林第一要事",遂奔走呼吁,发凡起例,计划先于名山胜境之地,建立若干藏书楼,以供士人阅读和善士刻印流通。据其所说,周氏《儒藏》设想其实是"公共图书馆"计划而已。真正的丛书性《儒藏》仍然没有编成。学人真正看到的文献性的《儒藏》,直到由中国孔子基金会资助的这套《儒藏》面世乃成为现实。学人与媒体对于《儒藏》的盛赞,非谓其人,盖对其事也。

014

---

① 〔清〕张延玉等:《明史·曹学佺传》,中华书局,1974,第7401页。

在下编这一组文章中，有关于谁最早提出《儒藏》编纂的追索，有如何编纂《儒藏》的思考，有川大《儒藏》的汇报，综合起来即可以呈现出《儒藏》工作的完整镜像。

关于谁最早提出编纂《儒藏》的问题，学界长期沿袭清儒周永年"曹能始《儒藏》之议，自古藏书家所未及"①的说法，以为明末福建侯官人曹学佺是《儒藏》倡议第一人。其实，曹学佺虽然有《儒藏》编纂的实践，而且也载入《明史》，影响很大，但据笔者所知，在曹学佺之前还有一个《儒藏》的先行者，此即湖湘学人孙羽侯。汤显祖《孙鹏初遂初堂集序》说："（孙鹏初）因以檃括'十三经'疏义，订核收采，号曰《儒藏》。"孙鹏初名羽侯，湖南华容人，万历十七年（1589年）中进士，万历二十三（1595年）年冬，因事被诘责罢官，里居著书。孙氏受贬之年，正值曹学佺"弱冠"及第之年，曹氏编《儒藏》时值明朝灭亡之时，孙氏显然比曹学佺要早。故本组第一篇即考证"中华《儒藏》第一人"，纠正清以来有关《儒藏》发起人的模糊认识，建立起"《儒藏》乃由湖湘学人孙羽侯首倡，曹学佺、周永年继之"，今人再度绍续前贤，编成《儒藏》这一传承发展序列。

至于如何编纂，孙编《儒藏》是"檃括'十三经'疏义"，约当"经解集成"②；曹编《儒藏》乃欲"采撷页四库书"③，约当四部儒学粹编；周编《儒藏》又欲"使千里之内有《儒藏》数处"，以便"异能之士或裹粮而至，或假馆以读"④，则是儒学

---

①〔清〕周永年：《儒藏说》，李冬梅校点，《儒藏论坛》2006年第1期。

②〔明〕汤显祖：《孙鹏初遂初堂集序》，载〔明〕何伟然辑：《十六名家小品·汤若士先生》卷1，明崇祯六年（1633年）陆云龙刻本。

③〔清〕张延玉等：《明史·曹学佺传》，中华书局，1974，第7401页。

④〔清〕周永年：《儒藏说》，李冬梅校点，《儒藏论坛》2006年第1期。

图书馆。三家体例，各自不同。但由于孙、曹、周三氏《儒藏》皆未编成（曹只留下《西峰儒藏》，仅系宋儒语录），故今天如何编纂《儒藏》仍然需要摸索。有人说《儒藏》所收各书"按作者生卒先后排列"，有人说要"采用最能代表儒家学术观的'四部分类法'"，有人说要"采用'经、史、子、集、丛'五分法"，这些都不失为一种暂时权宜的编排方法，但似乎都不能反映儒学文献的丰富类型、众多主题和不断发展的历史，因此不能成为一套新纂《儒藏》的理想方法。本着"辨章学术，考镜源流""即类求书，因书就学"的精神，川大学人对如何编《儒藏》，如何将众多子目有序编排起来，进行了一番讨论和研究。

为配合《儒藏》编纂，我们在完成由教育部重点研究基地——山东大学易学与中国古代哲学研究中心发布的"儒家文献学研究"项目时，即系统调查了儒学文献的历史和现状，探讨了儒学文献的类别、古代图书的分类方法和孙羽侯、曹学佺、周永年等计划编纂《儒藏》的旧案，结合历代目录分类成就，特别是参考佛教《大藏经》、道教《道藏》的编纂成例，立足儒学文献实际和学术研究需要，自创了"三藏二十四目"的《儒藏》分类体系。

"三藏"即经藏、论藏、史藏，用"经藏"著录儒家经学文献，"论藏"著录儒家理论文献，"史藏"著录儒家历史文献，这就反映出"由经典而子书，再由子学而学史"的文献演进过程，同时又在"三藏"之下各设子目，一共24个："经藏"仍按经典分为"元典、周易、尚书、诗经、三礼、春秋、四书、孝经、尔雅、群经、谶纬"11类；"论藏"按内容分为"儒家、性理、政论、礼教、杂论"5类；"史藏"按性质分为"孔孟、碑传、学案、年谱、学校、史传、礼乐、杂史"8类，凡3大类24小类，比较全面地反映出儒学文献的历史面貌和基本类型，也方便于收录现存儒学基本典籍。

同时，为方便学人了解和利用儒学文献，在《儒藏》之首撰有《总序》一篇，系统介绍儒学文献整理的意义和思路；"三藏"之首各撰《分序》一篇，介绍本部文献之源流和类型；二十四子目前又各撰《小序》一篇，介绍本类文献之源流与演变；还为每一种收录入藏的著作，撰写《提要》一篇，置于各书之首，让人开卷即对该书全貌有所了解。尽量做到源流明晰，著录有序，排列井然，利用方便。除了专书收录外，对于散在集部的儒学文献，我们又以"丛书"+"类书"的方法来处理，将散见儒学资料（如碑传、经论等）编辑成一个个专题文集，归入各部之中。在第六章的第一节、第二节、第三节中，我们集中地讨论了《儒藏》编纂的分类问题。这样一来，通过重构儒家文献体系，认识儒学文献的经、传、子、史的发展轨迹，彰显其历史地位和学术价值，同时为学界检索儒学文献提供方便。

余下的第七章三节，是汇报川大儒学传承发展和其《儒藏》编纂进展的一组文字。川大植根于巴蜀大地，远溯西汉文翁石室"七经"教育之遗泽，近承锦江书院、尊经书院、存古学堂"通经致用"之学统，素有传经弘儒、尊道贵德之精神。川大的文脉与学统，为川大古籍整理研究所最早提出《儒藏》编撰设想奠定了基础。从20世纪90年代初开始，该所通过"诸子集成"补续新编、"儒家文献学研究"、"历代学案整理和补编"等项目的实施，形成了《诸子集成》系列、《宋集珍本丛刊》、《儒学文献通论》、《中国儒学通案》等研究成果，为《儒藏》编纂做足前期学术储备。川大《儒藏》充分吸收了历史上蜀学传播"七经"、石刻"十三经"、雕印"开宝藏"等编纂经验和文化因缘，继承蜀学先贤热衷整理儒学文献、创新经典体系的传统，在中国孔子基金会及学界支持下，独立承担起收录文献5000余种、分装650册的《儒藏》编纂工作。20余年，从筹集资金，到收集资料、谋篇布局、发凡起例，桩桩件件，亦不容易，一路走来，甘苦并尝。这其中的情形，都在本章有所展示。特别是川大《儒藏》无论就人力、资金而论，还是就地域、名声而言，都是最为有限的，川大《儒藏》成果得以完成，除了自身的坚守外，还与学界朋友、社会贤达的支持分不开，每忆及此，感激之情便油然而生，这些感动和谢忱，都在本章第四节中有深情表达。

结　语

文章千古事，得失寸心知。儒学是中国的，也是世界的；儒学是历史的，也是现实的。我们对儒学的学习和理解还极其肤浅，此处呈现的点点滴滴实在"卑之无甚高论"，但是我们出于对"儒学是中华文化的主干和灵魂"的深刻认识，促使我们去为编纂《儒藏》付出毕生心血和美好时光，却是十分执着和引以为荣的。其成绩如何，效果如何，只有留待学术同仁和各界朋友继续关注和批评指正了。

舒大刚

2022年6月8日

目录

上编 儒学

儒学是中国传统学术中最有体系、也最具影响力的学术。儒学自诞生以来，特别是经汉武帝的表彰后，流行于中华大地，影响及于海外，逐渐成为中华传统文化的灵魂和主干，成为中国人身份认同、文化认同和维系祖国统一、文明繁盛的精神力量。

从儒学源流来说，儒学由孔子确立，经孔门弟子及后世儒者传衍，经历了"四型八期"的嬗代，不断革新。其始也，孔子删经订典，倡学立教，形成明经、明理两种风格；其继也，孟子衍其理，荀子阐其经，学问思辨于是乃备；至秦而一切灭之。汉兴，掇拾断简，复兴经学；其病在支离破碎，反晦经义；故有理学起而新之，一切以明理重道为依归。及空言说理，理又入禅，故清人又起而新之，先复宋儒，再溯东汉，又溯西汉。及至晚清廖平等人出，连汉儒师说皆一切帚除之，学问于是回归古史时代，即孔子前后矣！学术之一进一退，一新一旧，其实正是儒学发展的惯用方式。

从儒学价值内涵来说，儒学是自古以来圣贤体用不二、道器不离、彻上彻下智慧的结晶，是中国传统文化的主干和中国传统学术中最重要、最有影响力的学术。历代儒学大师针对个人发展提出修心养性、内圣外王的修身途径；针对中国国情提出治国安邦、社会和谐的解决办法；针对自然宇宙提出效法天道、和谐共生的相处理念，产生出一系列具有理论价值及实践意义的思想和学说。这笔丰富的文化宝藏，不仅照亮了历史，也将照亮现在和未来。

从儒家经典层面来说，儒家经典自孔子修订"六经"，中经"五经""七经""九经"等变化，最终形成"十三经"和"四书""五经"的经典体系。历代学者依据经典注疏章句，阐发义理，促成经学的不断发展。经典是圣人思想的载体，集中反映了儒学文化的精髓，中华五千年文明史，以"六经"为主体的儒家经典恰恰成为一个承上启下的中介，中华前此两千五百年历史因之以讲明，后此两千五百年智慧得之以点燃。

经过历代学者的努力，儒学已具有自足圆满的经典体系、悠久绵长的发展历史、内涵丰富的思想学术、数量庞大的文献积累、系统完整的信仰体系、日用常行的道德伦理、淑世济人的实践功能、成果丰硕的教育经验，等等。在历史演进的长河中，儒学或西出流沙，或远渡重洋，影响了古代东方乃至西方世界的社会变革和学术创新。儒学作为具有系统理论、丰富内涵的经典之学、治平之学，是指导中国历史发展演进的正统思想和实践伦理，也是具有世界价值和当代意义的古典学说和东方智慧。无论研究既往历史，还是建设当代文化，儒学无疑都是极其重要的文化资源和学术宝藏。这是我们今日重新审视儒学、重拾儒学这一重器的意义所在。

第一章　儒学的分期与流变

　　在数千年的发展演变过程中，儒学犹如长江大河，滔滔汩汩，顺时而下，随物赋形，呈现出千变万化、日新月异的状况。中国古代儒家学者，既恪遵儒家经典、宗师孔子精神，使通经致用、内圣外王的儒家传统得到传承，又根据时代的需要和个人理解，在指导思想、理论主张、治学方法、人生态度等方面，有所创新和创造，使儒家理论常新、儒学风格日异、儒家生命常青。从学术风格上看，儒家大致经历了先秦子学、汉唐经学、宋明理学和现代新学四个类型，这几个类型各有特色、各有侧重，也各有影响。各自所包含的时代，又可分为八个阶段：子学内含春秋战国；经学内含两汉三国、魏晋、南北朝、隋唐五代；理学内含宋元明；清代朴学其实是汉学和宋学交融的时代，包括初期的理学，乾嘉的考据学（偏古文经学），道咸以后义理学（偏今文经学）；新学又分为20世纪前半叶和后半叶。

第一节　儒学分期诸说

中国儒学经历了两千五百多年，历史悠久，变化多端，兴微继绝，各呈意态。四库馆臣叙述中国经学变迁过程，将其分为"两学""六变"，以概括两千多年经学之演变之阶段及其特色。《四库全书总目·经部总叙》称：

> "经禀圣裁，垂型万世，删定之旨，如日中天，无所容其赞述，所论次者，诂经之说而已。自汉京以后，垂二千年，儒者沿波，学凡六变：
>
> 其初专门授受，递禀师承，非惟诂训相传，莫敢同异；即篇章字句，亦恪守所闻，其学笃实谨严，及其弊也拘。王弼、王肃，稍持异议，流风所扇，或信或疑，越孔、贾、啖、赵以及北宋孙复、刘敞等，各自论说，不相统摄，及其弊也杂。洛闽继起，道学大昌，摆落汉唐，独研义理，凡经师旧说，俱排斥以为不足信；其学务别是非，及其弊也悍（如王柏、吴澄攻驳经文，动辄删改之类）。学脉旁分，攀缘日众，驱除异己，务定一尊，自宋末以逮明初，其学见异不迁，及其弊也党（如《论语集注》误引包咸'夏瑚商琏'之说，张存中《四书通证》即阙此一条，以讳其误。又如王柏删《国风》三十二篇，许谦疑之，吴师道反以为非之类）。主持太过，势有所偏，才辨聪明，激而横决，自明正德、嘉靖以后，其学各抒心得，及其弊也肆（如王守仁之末派，皆以狂禅解经之类）。空谈臆断，考证必疏，于是博雅之儒，引古义以抵其陈，国初诸家，其学征实不诬，及

其弊也琐（如一字音训，动辄数百言之类）。要其归宿，则不过汉学、宋学两家互为胜负。"

四库馆臣的观点中，两学即"汉学"与"宋学"，汉学主明经典，"学有根柢"；宋学主明义理，"具有精微"。各有所长，也各有所短，应当各取所长："夫汉学具有根柢，讲学者以浅陋轻之，不足服汉儒也；宋学具有精微，读书者以空疏薄之，亦不足服宋儒也。消融门户之见而各取所长，则私心祛而公理出，公理出而经义明矣！"①两学之中，又按其时势变化、学术升降，分为六个时期：

第一是两汉经学时期，两汉经师恪守"师承"，专明"诂训"，其中又有"今文""古文"之分，"内学""外学"之别。第二是魏晋至北宋杂学时期，其间有王弼、王肃对汉师家法的怀疑，"玄学"的兴起；南北朝分庭抗礼，出现"南学"与"北学"的对立；又有孔颖达、贾公彦作"义疏"对南学、北学的统一，以及啖助、赵匡、孙复、刘敞冲破旧学而标新立异。第三是两宋理学时期，程、朱继起，创立"独研义理""务别是非"的"理学"时代。第四是宋末至明初恪守程朱之说时期，"理学"定于一尊，儒者恪守程传朱说，无所创新。第五是明正德、嘉靖以后心学时期，王阳明等人冲决程、朱之学，"各抒心得"，创立"心学"。第六是清初考据学派时期，诸儒针对王学末流"空谈臆断"，主张"博雅""征实"，出现了考据学派。

馆臣所分"汉学""宋学"，提纲挈领、要言不烦，若犀角分水，厘然区别，深有见地；然而"六变"之法，斩头去尾，前不见先秦学术，后不及清学主体，未为全面。其所分第二期，自

---

① 〔清〕永瑢等：《四库全书总目》卷一，中华书局，1965，第 1 页。

魏晋至北宋，时越八百余年（黄初至庆历），总以一"杂"字概之，时势之升降，学术之分划，举皆不明。因此馆臣的"两学""六变"分法，今日已非良法。

晚清皮锡瑞《经学历史》另出新意，其书按照朝代的更迭，参以学术之变迁，将经学历史分为十个时期。一曰"经学开辟时代"（春秋），二曰"经学流传时代"（战国），三曰"经学昌明时代"（西汉），四曰"经学极盛时代"（后汉），五曰"经学中衰时代"（魏晋），六曰"经学分离时代"（南北朝），七曰"经学统一时代"（隋唐），八曰"经学变古时代"（两宋），九曰"经学积衰时代"（元明），十曰"经学复盛时代"（清朝）。[1]

皮著将时代变迁、学术隆污结合起来，弥补了馆臣所分的严重不足；而且前有"开辟""流传"两个时代（即先秦），使儒学远有渊源可寻，也突出了儒学创立和初盛的历史实际；后有"复盛"阶段，突出了儒学在清代的转型和隆兴，首尾俱全，重点突出，不失为一种全面系统的分期方法。但是此法将学术变迁与朝代更迭紧紧结合，分期不免过分细碎；而且由于时代原因，皮氏又不及看见儒学在20世纪的命运，无缘将近现代儒学的发展归纳进来，因此他的分法，今天看来也是不全面的。蒙文通先生就说："讲论学术思想，既要看到其时代精神，也要看到其学脉渊源，孤立地提出几个人来讲，就看不出学术的来源，就显得突然。"[2]并且认为讲学术史不能单以朝代更迭来讲，而应注意学术思潮的变迁。

007

---

① 〔清〕皮锡瑞著，周予同注释：《经学历史·目次》，中华书局，1959，第1-2页。

② 蒙文通：《治学杂语》，载《蒙文通全集》第六册，巴蜀书社，2015，第25页。

龚道耕在撰写《经学通论》时已经注意到了这一点，其"经学沿革略说"一章将中国经学史分为十三期：经学始于孔子、晚周秦代经学、汉初至元成时经学、哀平至后汉经学、郑氏经学、魏晋经学、南北朝经学、隋及唐初经学、中唐以后至北宋经学、南宋元明经学、明末清初经学、清乾嘉经学、道咸以后经学。

龚道耕先生这样讲经学沿革，当然深得学术演变之本质，所以庞石帚说他："尝著论明经学流变，秩如有条，视皮鹿门《经学历史》有过之而无不及也。"①实非虚语。但龚先生的十余个分期，其中有按时代或朝代分者，多是约定俗成的，如晚周秦代、魏晋经学、南北朝经学、清乾嘉经学等；但是更多的则是将一个朝代分成前后两段，或将几个朝代合成一段，如汉初至元成、哀平至后汉、隋及唐初、中唐以后至北宋、南宋元明、明末清初、道咸以后等；有的甚至将一个人划分为一个时代，如孔子、郑玄等。这样划分虽然可以看出学术的变迁，能够体现出学术之萌芽、转变和盛衰的真面貌，更能看出学术典范转换之轨迹，却不利于说明儒学经历的实际历史，而且时间长短也颇不一致，如果按这样的时段来写历史必然厚薄长短不一。

其他诸家分期之说还有：刘师培的《经学教科书》将经学分为两汉、三国至隋唐、宋元明、近儒四派，是为四派说。章太炎论经学以汉儒、宋儒、清儒为说。周予同《中国经学史讲义》提出新三派说——汉学、宋学、以梁启超为启蒙者的新史学。许道

---

① 庞石帚：《成都龚向农先生墓志铭》，《成都大学学报》（社会科学版）1987年第4期。

勋、徐洪兴《经学志》提出汉学系、宋学系、清学系、晚清系的说法。蔡方鹿《中国经学与宋明理学研究》中提出，区分为汉学（汉到唐，包括今文经学、古文经学等）、宋学（宋至明，包括理学和讲义理的非理学学派等）和新汉学（清，包括乾嘉学派和清代今文经学等）三派。

以上诸说皆有合理的一面，但均不完善。如刘师培、章太炎之说，均不讲先秦和20世纪。周予同之说更为激进，否定有新经学，只承认新史学。相较而言，业师金景芳先生的《经学概论》提出五个时期划分法最有特色，这是一种按文献形式划分的方法，分别为：一、传记期——自孔子殁至于秦灭，近三百年，此时期对儒家经典进行解析阐释的方式为传和记。二、笺注期——自汉初至晋末，约六百年，以两汉为主，魏晋附之，主要对经、传、记进行注释，称为笺注。三、义疏期——起南北朝讫五代，约五百年，以中唐以前为主，中晚唐及五代附之，此时期对传、记、笺、注再做解释，也就是疏证。四、革新期——起宋初，讫明末，凡六百八十余年。经学家率称为宋学，以与所谓汉学者相别异。此时期改变了汉学注、笺、义疏的治学方式，不再以解释经书为主，而是提出一个理，以讲明理、明道为主。五、复古期——出自近人梁启超之言："纵观二百余年之学史，其影响及于今思想界，一言以蔽之曰：以复古为解放。"[①]此时期一步一步的进行复古，第一步将阳明新学复到宋代理学，第二步又从宋代理学复到东汉古文经学，第三步又从古文经学复到西汉今文经学等。

要之，经学分期众说纷纭，各有所长，也各有其历史的局

---

① 梁启超：《清代学术概论》，上海古籍出版社，1998，第7页。

限性，尤其各家均未讲20世纪以后儒学的发展。鉴于此，我们取馆臣之"两学"、皮氏之"十期"，谨将中国儒学历史分为"四学"与"八期"。"四学"指就学术形态而言，儒学在历史上曾经经历了四次大的变迁，即"子学"、"经学"（即"汉学"）、"理学"（即"宋学"）、"新学"（20世纪）。"八期"是将皮氏"十期"略加归并，合"开辟""流传"为周秦时期，合"昌明""极盛"为两汉时期，并"变古""积衰"为宋明时期，另加上清以后的20世纪，于是形成八大时期，即周秦、两汉、魏晋、南北朝、隋唐五代、宋元明、清、20世纪。若将"学"与"时"匹配，大致而言，周秦为"子学"时期（包括春秋、战国），两汉、魏晋、隋唐五代为"经学"（含今文、古文、玄学、南学、北学、义疏学）时期，宋、元、明为"理学"（又称道学，含理学、心学）时期，清代为"汉""宋"（即"经学"与"理学"）相杂时期，20世纪为"新学"时期。下分"四学"述之。

第二节　子学时期——周秦

子学形态下的儒家，大致从孔子立教起，到秦皇焚书坑儒止，共三百余年。以经典形成、学派创立、理念初构、平等争鸣为特色，这是中国儒学的创始和初传阶段，是中国学术文化的源头，也是人类认识史上的轴心时代之一。此期的人物以孔子、孟子、荀子为巨，此外孔门弟子，如颜回、闵子骞之立德行，子夏、子张之传经典，子贡之重言语，冉求之重行政，曾子重孝道，等等，均很有特色。这一时期，儒家六经（《诗》《书》《礼》《乐》《易》《春秋》）、七典（《周官》、《礼记》、"三传"、《孝经》、《论语》、《孟子》、《尔雅》）基本形成，儒学理论大都提出，儒家师传授受基本构成，儒家学术传统也基本形成。后来的儒学传承、发展与创新，都是通过对这一时期成果的总结、继承、回顾和新解来实现的。

一、春秋——儒家诞生

春秋以前，学在官府，文化典籍为贵族所垄断。然而春秋战国时代，由于王纲解纽，礼坏乐崩，导致"礼乐征伐自诸侯出"，甚至"自大夫出""陪臣执国命"①的现象不断发生。《左传》昭公十七年载孔子语："天子失官，学在四夷。"可见自从西周末年周天子的地位下降，学术已从王官所掌而下移于远方小国了。《论语·微子》说鲁君无道，礼坏乐崩，"大师挚适齐，亚饭干适楚，三饭缭适蔡，四饭缺适秦，鼓方叔入于河，播鼗武入于汉，少师阳、击磬襄入于海"，则又是乐师自诸侯国而流播于外地甚至草野了。《左传》昭公二十六年载王子朝之乱，"王子朝及召氏之族……周之典籍以奔楚"。其明确记载了周天子的典籍文献随着叛臣的外流传播到蛮夷荆楚之地了。孔子正是根据这些下移的"学术"和外传的"典籍"，经过删定整理，才形成了经典性的文献——"六经"。由于孔子阐释古代文献的哲理，又大规模地授徒讲学，从而又促进了学术下移的进程。

儒者"顺阴阳、明教化"的功能，原本是周官司徒的职掌，但那时只是设官分职，纵然曾经施行过，也只是行政命令，而没有形成系统的思想、明确的纲领和固定的徒众。司徒之官虽然可能是"儒者"职能的渊源，但却不是开创儒家学派的直接宗师。作为学术派别的"儒家"，是在天子"失官"即不能修举司徒"教化"职能后，由孔子修废起弊、立教传道才形成的。班固

---

①《论语·季氏》，载〔宋〕朱熹：《四书章句集注》，中华书局，1983，第171页。

"儒家者流盖出于司徒之官"①云云，亦只是就其职能远有所袭而言，并不能说司徒之官就是儒家。

孔子将司徒之官的"教民"职掌和"教化"传统……，将"旧史"修订成"六经"，将三代学校教育制度私学化，大力培养具有理想和才能的人才，总结"先王之道"以及"周召之迹"，执"六艺"②以教弟子，据"仁义"以说诸侯，从而形成了"游文于六经之中，留意于仁义之际"③，有经典、有纲领、有追求、有徒众的儒家学派。

二、孔子——儒家的宗师

这一时期，孔子与"六经"的关系历来是经学史、儒学史上的重要话题。孔子因作"六经"而成"圣"，六籍因孔子而成"经"。"六经"、孔子相互为用，亦相得益彰，然而否定孔子或"六经"的人也往往从否定二者关系入手。否定"六经"者，说"六经"未曾经人（包括孔子）系统修订，只是当时历代史官留下的一堆史料，有的甚至是在汉代才编成，没有系统性和思想性，无所谓经典。否定孔子的人又说，"仲尼未生，已有六经；仲尼之生，不作一经"④，孔夫子遂成"空夫子"，无所谓圣人。这两种极端的说法，是晚清以来比较流行的观点。

以廖平、皮锡瑞为代表的今文家，以为圣人所作为"经"，

---

① 〔汉〕班固：《汉书·艺文志》，中华书局，1962，第1728页。

② "六艺"有两个含义，一是《周礼·地官·司徒》的"六艺"：礼、乐、射、御、书、数。一是《史礼》为代表的六经：《诗》《书》《礼》《乐》《易》《春秋》。（《汉书·艺文志》的排列是"《易》《书》《诗》《礼》《乐》《春秋》"。）前者代表技能，后者代表经典。

③ 〔汉〕班固：《汉书·艺文志》，中华书局，1962，第1728页。

④ 龚自珍：《六经正名答问一》，载《龚自珍全集》，王佩净校点，上海古籍出版社，1975，第39页。

贤者所述为"传"。"六经"称"经"当然只有孔子才能作，故主张"孔子作'六经'"说，以为《诗》《书》《礼》《乐》《易》《春秋》举皆孔子所创作。

以龚自珍、章太炎等为代表的古文家则不然，他们认为夫子自道"述而不作，信而好古"，"六经"皆史，"六经"皆先王之旧典。①故他们只承认孔子对"六经"有继承和整理的辛苦，而没有创作的功劳。

及至近代疑古学派兴起，更彻底否定了孔子与"六经"的关系，甚至认为"六经"都是伪书，有的是汉人所造，举不可信，不过细审历史文献，以上二说皆各有偏颇。金景芳先生持"执中"的态度，坚持孔子修订"六经"的传统说法，但又不偏向今古文任何一家搞绝对主义。他认为："孔子编著'六经'的方法是不一样的。他对《诗》《书》是'论次'，对《礼》《乐》是'修起'，对《春秋》是'作'，对《易》则是诠释。"又说："'论'是去取上事，'次'是编排上事，'修起'则是由于'礼坏乐崩'，孔子努力搜讨，把它们修复起来。""至于《春秋》，则无论《史记·孔子世家》，或是《孟子·滕文公下》都说是'作'，可无疑义。孔子作《易大传》当然是诠释《易经》的。"②这些可谓要言不烦，切中肯綮。董治安先生《先秦文献与先秦文学》也说："春秋以前，所谓'易''诗''书''礼''乐''春秋'，大体都是某类文献的通

①〔清〕章学诚：《校雠通义·原道》，叶瑛校注本，中华书局，1985，第951页。"六艺非孔氏之书，乃周官之旧典。《易》掌大卜，《书》藏外史，《礼》在宗伯，《乐》隶司乐，《诗》领于太师，《春秋》存乎国史。"

②金景芳：《孔子这一份珍贵遗产——六经》，《吉林大学社会科学学报》1991年第1期。

称，每类文献，或有性质相类的典籍，或有不同的传本。而事实上，正是由于孔子的整理、编订、传授，才推动了战国儒家的研习和重视，并最终导致了《易》《书》《诗》《礼》《易》《春秋》自西汉开始普遍尊崇的特殊地位。就此而言，可以说，'六经'实借孔子而得以进一步弘扬，孔子则因整理、传授'六经'而愈见其重要历史贡献。"亦不失为持平之论。

孔子"论次《诗》《书》，修起《礼》《乐》"之事，见于司马迁《史记》。司马迁《儒林传》序载："夫周室衰而《关雎》作，幽厉微而礼乐坏，诸侯恣行，政由强国。故孔子闵王路废而邪道兴，于是论次《诗》《书》，修起《礼》《乐》，适齐闻《韶》，三月不知肉味；自卫返鲁，然后《乐》正，《雅》《颂》各得其所。"司马迁大体指出了孔子与"六经"的关系。具体来说，孔子依据周室典籍进行了如下工作：

首先，孔子删《诗》正《乐》。《史记·孔子世家》说："孔子语鲁太师，'乐其可知也，始作翕如，纵之纯如，皦如、绎如也，以成。''吾自卫反鲁，然后《乐》正，《雅》《颂》各得其所。'古者《诗》三千余篇，及至孔子，去其重，取可施于礼义，上采契、后稷，中述殷周之盛，至幽厉之缺，始于衽席，故曰《关雎》之乱以为风始，《鹿鸣》为小雅始，《文王》为大雅始，《清庙》为颂始。'三百五篇，孔子皆弦歌之，以求合《韶》《武》《雅》《颂》之音。《礼》《乐》自此可得而述，以备王道，成'六艺'。"是《诗》《乐》亦经孔子而后定，使得《雅》音、《颂》乐都恢复了原有面貌。

其次，孔子修《书》《礼》。《史记·孔子世家》说："孔子之时，周室微而《礼》《乐》废，《诗》《书》缺，追迹三代之《礼》，序《书》传，上纪唐虞之际，下至秦缪，编次其事。

曰：'夏礼吾能言之，杞不足征也；殷礼吾能言之，宋不足征也。足，则吾能征之矣。'观殷夏所损益，曰：'后虽百世可知也。'以一文一质，'周监二代，郁郁乎文哉，吾从周。'故《书》传《礼》记自孔氏。"是《书》《礼》二经师说皆经孔子而后成。

孔子之论《诗》《书》《礼》《乐》，还多见于《论语》和《礼记》诸书，如："在齐闻《韶》"，见于《论语·述而》。"自卫反鲁然后《乐》正"，见于《论语·子罕》。"语鲁太师：乐其可知""周监二代"，并见《论语·八佾》。此外，《论语》还有孔子"兴于《诗》，立于《礼》"，见于《论语·泰伯》。"不学《诗》无以言""不学《礼》无以立"，见于《论语·季氏》。"夏礼吾能言之，而杞不足征也""殷礼吾能言之，而宋不足征也"，见于《论语·八佾》。《书》曰："孝乎唯孝，友于兄弟，施于有政"，见于《论语·为政》等言论。这些都表明孔子与《诗》《书》《礼》《乐》有千丝万缕的联系。他对《诗》《书》《礼》《乐》下过功夫，有过论次和修起，是十分自然的事情。近年出版的《上海博物馆所藏楚竹书》有《孔子诗论》，即保留了大量孔子解《诗》说《诗》的遗篇断简，就是孔子删《诗》说《诗》的证据。

再次，孔子修《春秋》。孔子修《春秋》之事，首见于《孟子》。《孟子·离娄下》："晋之《乘》，楚之《梼杌》，鲁之《春秋》，一也。其事则齐桓、晋文，其文则史，孔子曰：'其义则丘窃取之矣。'"又《孟子·滕文公下》："昔者禹抑洪水而天下平，周公兼夷狄、驱猛兽而百姓宁，孔子成《春秋》而乱臣贼子惧。"

《史记·儒林列传序》："西狩获麟，（孔子）曰：'吾道穷矣。'故因史记作《春秋》，以寓王法。其辞微而指博，后世学者多录焉。"至于《史记·太史公自序》引董仲舒说，更是明确地将《春秋》定为孔子所作。

最后，孔子编《易》。孔子与《易》的关系最为纷挐，然《论语》明载孔子叹曰："假我数年，五十以学《易》，可以无大过矣！"《史记·孔子世家》亦载："孔子晚而喜《易》，序《彖》《系》《象》《说卦》《文言》，读《易》，韦编三绝。曰：'假我数年，若是，我于《易》则彬彬矣。'"形象生动地记述了孔子与《易》的关系。出土马王堆帛书《要》篇亦记："夫子老而好《易》，居则在席，行则在囊。子赣曰：'夫子他日教此弟子曰"德行亡者，神灵之趋；智谋远者，卜菙之繁。"赐以此为然矣。以此言取之，赐勉行之为也。夫子何以老而好之乎？'夫子曰：'君子言以矩方……《尚书》多疏矣，《周易》未失也，且又（有）古之遗言焉。予非安其用也。……夫《易》，刚者使知惧，柔者使知刚，愚人为而不妄，贱人为而去……子赣曰：'夫子亦信其筮乎？'子曰：'吾百占而七十当……《易》，我后其祝卜矣，我观其德义耳也。'"①表明孔子晚年喜欢《易经》，到了"居则在席""行则在囊""韦编三绝"的地步。他对《易经》的爱好与方士的"占筮"和"祝卜"不同，他是"观其德义""使刚者知惧，柔者知刚"，得到人生"中和"的启迪而已。今传《易大传》所谓《易》中"立天之道曰阴与阳，立地之道曰柔与刚，立人之道曰仁与义"，皆是这种"贵其德义"风格的体现。

---

① 廖名春：《马王堆出土帛书周易经传释文》之五《要》，载杨世文、李勇光、吴雨时：《易学集成》第三册，四川大学出版社，1998，第3043—3044页。

三、战国——百家争鸣

孔子之后，孔门弟子四散于各国，传播儒家经典，宣扬儒家教化，催生诸子争鸣，而儒家自己也在战国时期出现了一批大师和名儒，如田子方、段干木、吴起、禽滑厘，都是子夏的弟子。而墨翟、惠施、公孙龙、庄周、韩非等，也都受到过儒家"六艺"之学的影响。同时，也因诸子并兴，儒家也成了辩难对象，特别是在战国初期遭到了墨家、杨朱学派的进逼，天下学人不归杨即从墨，甚至造成儒学式微，不绝若线的状况，儒家热情地"觉世牖民"的结果反而招来了诸子对自家的挑战，这也许是当年孔子抱定"君子学道则爱人，小人学道则易使"的信念而汲汲教化所始料未及的吧。

同时，由于认识不一，儒家内部也出现了分化，韩非说："孔、墨之后，儒分为八，墨裂为三"："有子张之儒，有子思之儒，有颜氏之儒，有孟氏之儒，有漆雕氏之儒，有仲良氏之儒，有孙氏之儒，有乐正氏之儒。"[1]这些不同来历的"儒"各有见解、互相歧异，"取舍相反不同，而皆自谓真孔"[2]。战国晚期，孟子、荀子者出，乃"辟杨墨"（孟子）、"非十二子"（荀子），使儒家学术在论战中得到丰富、发展和推广，逐渐恢复了儒家"显学"的地位，韩非曰："世之显学，儒、墨也。"[3]是其明证。

正是由于儒者们长期不懈地在诸侯国、士大夫和民间努力

[1]〔清〕王先慎：《韩非子集解》卷十九，钟哲点校，中华书局，1998，第456页。

[2]〔清〕王先慎：《韩非子集解》卷十九，钟哲点校，中华书局，1998，第457页。

[3]〔清〕王先慎：《韩非子集解》卷十九，钟哲点校，中华书局，1998，第456页。

传播学术、讲授"六艺",民智为之大开,学派因之竞起,形成了春秋、战国时期"百家争鸣"局面。这一时期,风气大转变,思想大解放,智慧大开发,学派大涌现,处士横议,新说迭出,一大批思想家和口谈游说之士,周流四方,游说诸侯,中国学术出现了第一个繁荣时期。儒家学派在互相辩难、互相影响的新学术风气中得到进一步发展,蔚为学术中心和思想正宗,儒家学派也迎来了第一个自由争鸣、飞速发展的高峰时代。

四、秦朝——儒学的曲折史

公元前221年,秦统一六国,建立了大统一王朝。秦国自秦孝公任用商鞅变法后,便形成了重视功利、菲薄《诗》《书》、蔑弃仁义、贱视儒者的国策和传统,到秦政统一天下,仍不思更改,反施暴虐,秦始皇三十四年(前213年)、三十五年(前212年),制造了野蛮的"焚书坑儒"等文化毁灭事件,使儒学遭到第一次沉重的打击,儒家经典遭受灭顶之灾。"焚书坑儒"使文献被烧,儒士被杀,"六经"残破,儒教消亡。特别是"偶语《诗》《书》者弃市,以古非今者族"的禁令,更是阻止了儒学的正常发展,儒家顿时从"显学"陷入"禁学"的境地,几于劫灭而式微。

但秦始皇时期,也曾经征聘学者七十余人,授以博士之官,又召集两千多文学方术之士置于博士领导之下,谓之诸生,如伏生、叔孙通等,都是秦王朝征聘的博士。《史记·秦始皇本纪》载:"悉召文学方术士甚众。"孔子九世孙孔鲋,"通六艺",始皇召为鲁国"文通君"。《史记·叔孙通传》载:"薛人叔孙通,'以文学征,待诏博士'"。陈梦家先生认为,伏生所传《尚书》二十九篇即为秦代齐鲁儒者所更定而立于学官的。①

关于先秦时代儒学发展的这一段曲折的历史，司马迁在《史记·儒林列传》中总结道："是时独魏文侯好学，后陵迟以至于始皇，天下并争于战国，儒术既绌焉。然齐鲁之间学者独不废也：于威、宣之际，孟子、荀卿之列，咸遵夫子之业而润色之，以学显于当世。及至秦之季世，焚《诗》《书》，坑术士，'六艺'从此缺焉。"

在这一时期，处于"子学"阶段的先秦儒家，虽然先于其他诸子而生，却又倍受诸子攻击驳难；虽然身居"显学"，却还没有取得"领导"地位。他们一方面"散游诸侯，大者为师傅卿相，小者友教士大夫，或隐而不见"②，有的甚至还"为王者师"③，地位不可谓不尊；但另一方面，他们提出的理论又常常被诸子当成靶子，受到辩驳。特别是在与儒家极端立异的杨朱学派的"为我"之学和墨家学派的"为公"之学盛行的战国后期，儒家学说更是举步维艰，以致孟子不得不发出警告说："圣王不作，诸侯放恣，处士横议，杨朱、墨翟之言盈天下，天下之言，不归杨则归墨。杨墨之道不息，孔子之道不著。"④正是当时儒家处境的生动写照。加之儒家内部不太团结，甚至互相攻讦，就连一代大儒荀子也对子张、子夏、子游、子思、孟子等老牌正宗儒家展开了猛烈抨击，甚至斥其为"贱儒"，这无疑也削弱了儒家自身的力量。

019

---

① 陈梦家：《尚书通论（外二种）》，河北教育出版社，2000，第38-40页。
② 〔汉〕司马迁：《史记·儒林列传》，中华书局，1982，第3116页。
③ 〔汉〕司马迁：《史记·儒林列传》，中华书局，1982，第3116页。
④ 《孟子集注·滕文公下》，载〔宋〕朱熹：《四书章句集注》，中华书局，1983，第272页。

战国时期的诸子争鸣，虽然在一定程度上体现了学术民主的气氛，使儒家在与诸家的论辩中进一步完善和提高自己的理论构建，也更加广泛地传播了自家学术；但是这种八面受敌、内部纷争的状态，也大大影响了儒家学说的整合与凝聚。战国时期的儒家未曾统一，内部常常处于"诸子并争"的状态，因此其"助人君顺阴阳，明教化"的淑世济人功能，未能得到充分显现。秦始皇焚书坑儒，更是使儒学陷入六经不传、几近灭绝的困境。

但值得注意的是，这一时期也取得了辉煌的成果，为儒学在后世的强劲发展提供了坚实的根基。这一时期，儒家六经（《诗》《书》《礼》《乐》《易》《春秋》）七典（《周官》、《礼记》、"三传"、《孝经》、《论语》、《孟子》、《尔雅》）基本形成，儒学理论大都提出，儒家师传受基本构成，儒家学术传统也基本形成。儒家学说自身的先进性和合理性使其具备了顽强的生命力。汉取代秦朝以后，一个新的时代来临，儒学即大放异彩。

第三节　经学时期——两汉、魏晋南北朝、隋唐五代

儒学作为统一的思想学术真正地影响整个社会实开始于汉代，亦即所谓"经学时代"。"经学"时期的特点，是将儒家元典文献当成"圣经"来推崇、信奉、学习和研究，由于这种风格是从汉代开始的，故又称"汉学"。汉学风格即"经学"一直影响中国社会，尤以汉至唐最为突出。这一时期，时间跨度很长，家法林立，风格各异，存在"今古文"之异，"郑王学"之别，"玄佛道"之杂，"南北学"之分，但其总体特征，仍然是解经释传、分章析句，依经立义、据经言事，经典仍然是人们获取思想智慧的源泉，故统称之为"经学"时期。

一、两汉——儒家正统的确立

汉家儒学正式复兴，是从汉武帝时开始的。西汉前期儒家文献的复出和经学的初步传授，为董仲舒完成儒学的改造、汉武帝制定"表章六经"的国策，奠定了基础。董仲舒将阴阳家、法家、名家甚至道家的一些思想引入儒学，著《天人三策》《繁露》《玉杯》等文，集先秦、秦汉之际思想之大成，尤其是他倡导《春秋》"大一统"思想，顺应了汉武帝时代的客观形势，故深得最高统治者赏识。他适时建议："诸不在六艺之科、孔子之术者，皆绝其道，勿使并进。"[①]获得汉武帝首肯，于是"卓然罢黜百家，表章六经"[②]，并且废弃文帝所设"传记博士"，特置"五经博士"，专掌儒家经典及顾问应对。

从此，学术界结束了长达数百年的百家纷争的局面，诸子之学重新回归到"六艺"之学，儒家思想成为当时正统的思想，完成了对中国学术文化发展趋势的重大调整，同时也开启了儒术经世的新篇章。

此后的数代西汉帝王都延续"尊崇经学"的传统，儒家地位不可撼动，又"设科射策，劝以官禄"[③]，儒家之业与利禄功名紧密联系，于是天下之人皆习六经，相继出现两汉时期"经学昌明"和"经学极盛"的状况。

景帝（一说文帝）末年，庐江舒人文党为蜀守，在成都兴举学校，以儒家经典教授弟子，优秀者可用为官吏，开启汉家文治之道。元朔五年（前124年），武帝采纳公孙弘、董仲舒等建议，设"五经"博士，并为博士置弟子员50人，免除其徭役；同

---

① 〔汉〕班固：《汉书·董仲舒传》，中华书局，1962，第2523页。
② 〔汉〕班固：《汉书·武帝纪》，中华书局，1962，第212页。
③ 〔汉〕班固：《汉书·儒林传》，中华书局，1962，第3620页。

时推广文翁经验，"乃令天下郡国皆立学校官"，[①]政府办学移风易俗，造就人才；郡国县道邑有好文学、敬长上、肃政教者，由郡国守相荐举至京师，得受业如弟子。每岁举行考试，能通一艺以上者，可补文学掌故缺，其优秀者可以为郎中。正式开启中央以儒术取士的历史。

孝宣帝起于经生，高才好学，幼通《论语》《孝经》，长受《诗》于东海澓中翁。为统一经义，于甘露三年（前51年）令诸儒讲"五经"同异于石渠阁，太子太傅萧望之等平奏其议，宣帝临阁称制，论定经义。

元帝、成帝之际，贡禹、薛广德、韦贤、匡衡等并以儒术迭为宰相。是时，复增太学，弟子扩员至3000人。其他官吏，也多用经学之士。汉代儒生进身，除了博士弟子外，还有孝廉等途径。《汉书·儒林传》："自武帝立'五经'博士，开弟子员。设科射策，劝以官禄，讫于元始，百有余年，传业者浸盛，枝叶蕃滋，一经说至百余万言，大师众至千余人。盖禄利之路然也。"由于利禄之途大开，儒学风气转盛。

王莽于初始元年（8年）篡汉自立，国号新，其实行的一系列社会改革，深受当时经学思潮影响，但王莽始谦而终傲，改制复古而不切实用，政多烦苛而扰民，数变而难信守，重税而难尽给，百姓被迫造反，新朝被推翻，王莽改制破产。王莽没有领会儒家"仁民爱物""民贵君轻"精神实质，只从礼乐形式上搬用，鲁莽行事，口惠而实不至，往往背离儒家本旨。《汉书·王莽传》："昔秦燔《诗》《书》以立私议，莽诵《六艺》以文奸言，同归殊涂，俱用灭亡。"王莽末年之乱，典籍被焚，儒学暂

①〔汉〕班固：《汉书·循吏传》，中华书局，1962，第3626页。

时受到打击而名声不佳。

东汉光武中兴，大力提倡儒学，儒家经学继续保持"尊崇"地位，繁荣发展。光武帝是太学生出身，雅好儒术，投戈讲艺，息马论道，常至夜分乃寐。曾收集经牒秘书，捆载20余车，输之洛阳。于是鸿儒硕士，再度云会京师。东汉也立"五经"博士，各以家法教授：《易》有施、孟、梁丘、京氏；《书》欧阳、大小夏侯；《诗》齐、鲁、韩；《礼》大小戴；《春秋》严、颜，凡十四博士。西汉宣帝最盛时的博士阵容，再度重现于东汉之世。孝明帝时，儒学传授的规模，再达历史的新高。孝明帝曾亲临辟雍，拜"三老""五更"，横经问道，诸儒执经问难于前，冠带缙绅之人，圜桥门而观听者盖亿万计。当时虽是介胄武夫、期门羽林之士，皆能通章句；匈奴亦遣子入学。孝章帝还仿宣帝故事，大会诸儒于白虎观，考详诸家同异，亲临称制，其讨论成果则由班固整理成《白虎通义》。后又为功臣子孙、四姓末属别立校舍，抡选高能以受其业。

二、经学今古文之争

西汉时期，"今文经学"占统治地位，先后设有以"五经"家法为教的"十四博士"。今文经即用隶书写成的经学文本。经过秦朝"焚书"浩劫，儒家经典遭到毁灭性破坏。西汉流行的儒学多无旧典文本，而是靠幸存的经师口授相传，由从习经生们记录下来。他们记录所用的文字便是西汉通行的隶书，属汉代的"今文"，故而这类经书被称为今文经。

但西汉时期，古文经学也开始萌芽，古文相较今文隶书而言，指秦统一以前的古文字（战国文字），即大篆或籀书（俗称"蝌蚪文"）。秦朝焚书之时，一些儒生冒死将一些儒学书籍藏在墙壁的夹层里。这些经书到了汉代陆续被发现。汉武帝末年，鲁恭王拆孔子旧宅以扩建宫室，在孔府旧宅的墙壁夹层中发现包括《尚书》在内的大批藏简。这些藏书都用六国时的"蝌蚪文"书写。西汉前期出现了如楚元王、河间献王、鲁恭王那样的提倡儒学的诸侯王，他们对发现、收藏和推广"古文经学"卓有贡献。但因为当时识先秦古文的人不多，所以这些古文旧典重新问世以后，主要藏于皇家图书室，并没有得到广泛流传。

哀帝、平帝之际，由于刘歆等人的大力表彰，古文经学从民间、秘府步入庙堂，欲与今文经学争正统、分席位。刘歆在协助父亲刘向校书期间，发现了古文《春秋左氏传》。刘歆认为其价值远远超过今文经《公羊传》和《穀梁传》，因此他向朝廷建议将古文经正式列于学馆，给以合法地位。但他的这一建议遭到今文经学博士的强烈反对，他们给刘歆扣上了"颠倒五经""变乱师法"的罪名。刘歆的建议最终未被采纳，他本人也被迫离开了首都长安。但中国历史上延续了两千多年的经学今古文之争，则由此开始。

今文学派在汉代，特别是西汉时期，受政府支持，属于官学。治今文经学者，西汉有董仲舒，东汉有何休。二人皆以善治《公羊传》取胜，董仲舒著作集为《春秋繁露》，何休所著则有《春秋公羊解诂》，皆传于世。《后汉书》本传称，何休"为人质朴讷口，而雅有心思，精研六经，世儒无及者。……乃作《春秋公羊解诂》，覃思不窥门十有七年。又注训《孝经》、《论语》、风角七分，皆经纬典谟，不与守文同说"。《公羊春秋解诂》是今文经学最重要的经典，西汉董仲舒的《春秋繁露》是汉代公羊学的代表作，班固笔录整理的《白虎通德论》将公羊学理论法典化，何休的《春秋公羊解诂》则又对汉代公羊学进行了总结，理论体系更加完整。清代今文学复兴，甚至借之实行改制，所依据的理论，就以何休《春秋公羊解诂》为多。

古文经则是"在野巨儒"的私学。古文经学也想争为官学，以期取得与今文经学相对等的地位，从而打破今文经学家垄断学术乃至政治舞台的局面，这自然为今文经学家所不容。在这里，今古文经学之争实际上已远远超过了正常的学术之争的范围，而成为政治统治在经学领域的延伸。古文经学以贾逵、马融、许慎、郑玄为代表，而又以郑玄集其大成。据《后汉书》本传称，郑玄周旋于当时诸经学名家之间，转益多师，博通今古，遍注群经，旁及天文、历算、纬候之学，著述达百万余言，成一代大儒。范晔评论说："自秦焚六经，圣文埃灭。汉兴，诸儒颇修艺文；及东京，学者亦各名家。而守文之徒，滞固所禀，异端纷纭，互相诡激，遂令经有数家，家有数说，章句多者或乃百余万言，学徒劳而少功，后生疑而莫正。郑玄括囊大典，网罗众家，删裁繁诬，刊改漏失，自是学者略知所归。"①皮锡瑞也说："郑君博学多师，今、古文道通为一，见当时两家相攻击，意欲参合其学，自成一家之言，虽以古学为宗，亦兼采今学以附益其义。学者苦其时家法繁杂，见郑君闳通博大，无所不包，众论翕然归之，不复舍此趋彼。"又说："于是郑《易注》行而施、孟、梁丘、京之《易》不行矣；郑《书注》行而欧阳、大小夏侯之《书》不行矣；郑《诗笺》行而鲁、齐、韩之《诗》不行矣；郑《礼注》行而大、小戴之《礼》不行矣；郑《论语注》

---

① 〔南朝宋〕范晔：《后汉书·张曹郑列传·郑玄》，中华书局，1965，第 1212-1213 页。

行而齐、鲁《论语》不行矣。"①"郑学"一统时代的威势，于此可见一斑。

此外，哀帝、平帝之际，谶纬之学泛滥。所谓"谶"，即以神秘的预言假托神仙圣人预决吉凶，又分为"符谶""图谶"等；"纬"是相对于"经"而言的，以迷信方术、预言附会儒家经典。谶纬之学以阴阳五行学说和董仲舒"天人感应论"为依据，因适应了当时封建统治者的需要，故尝流行一时。东汉时期，由于帝王的偏好和提倡，谶纬之说更加流行，被称为"内学"，尊为"秘经"，儒学"神秘化"的倾向愈加明显。谶纬之书，有明《古微书》、清《七纬》以及《纬书集成》等辑本存世。谶纬之书除其中包含的迷信成分外，还含有某些古代历史掌故和自然科学知识。魏晋以后，谶纬之学日渐衰落。南朝刘宋以后，谶纬之书亦受到历朝查禁，所存仅少量残篇。

三、魏晋——郑王之争与今文经学消亡

郑玄之学行世，博士家法遂趋衰亡，中国经学进入"郑学"时代。郑玄之学，既是汉学极盛的标志，也是汉学衰落的转折点。郑学诞生之时，正值建安丧乱之际，时代巨变也带来了学术的转型。荆州宋衷、司马徽、王粲、刘表诸儒，固守所谓纯粹的"贾马之学"（即"古文学"），自标新学，与"郑学"对垒。随后王肃之学崛起，乃正式取代郑学。王肃借助与司马氏集团的姻亲关系，暂时取得了学术上的统治地位。他遍注群经，用今文家的观点攻郑玄的古文说，用古文家的观点驳郑玄的今文说，其所注《尚书》《诗经》《三礼》《左传》以及其父王朗《易传》皆

---

① 〔清〕皮锡瑞著，周予同注释：《经学历史·经学中衰时代》，中华书局，1959，第149页。

立于学官，设置博士。在西晋时代，"王学"占据了官学的统治地位。

"郑学"兴而两汉今文家法薪尽火灭，无有传人；西晋末年战乱起，又导致两汉今文经学文献的最终消亡。永嘉之乱后，《易》亡梁丘、施氏、高氏；《书》亡欧阳、大小夏侯；《齐诗》在魏已亡，《鲁诗》不过江东；《韩诗》虽存，无传之者；孟、京《易》亦无传人；《公羊传》《穀梁传》虽存若亡。

东晋南渡之后，经学格局再次得到调整，东晋太学和国学所设博士，除增加新出的魏晋人成果（如王弼注《周易注》、孔安国传《古文尚书》、杜预、服虔解《春秋左传》）外，基本上回到以"郑注"为本的时代，但却没有今文经学的成果。皮锡瑞指出："晋所立博士，无一为汉十四博士所传者，而今文之师法遂绝。"[1]正谓此也。

从东汉末年到魏晋时期，儒学由郑学一统天下，逐步过渡到王学凭借政治的背书占据学术思想主导地位的局面，而今文经学，则随着郑王之学大兴而灰飞烟灭，西晋末年战乱频起，导致了两汉今文经学文本的最终消亡。东晋南渡之后，郑学再次占据学术思想上的主导地位。

四、南北朝——南学、北学分立

南北朝时期，由于政治环境、地理环境、人文风俗及学术传统之差异，南方和北方分别形成了"南学"与"北学"这两大儒家阵营。北学仍守汉儒，特别是"郑学"。"南学"则崇尚魏晋以来形成的"玄学"经注。南北朝时期儒学双水并流，学术既

027

---

① 〔清〕皮锡瑞著，周予同注释：《经学历史·经学中衰时代》，中华书局，1959，第160页。

各有渊源，学风也因地而异。《世说新语·文学篇》载褚裒与孙盛论南北学风不同，褚说："北人学问，渊综广博。"孙曰："南人学问，清通简要。"可与《北史》互证。清朝赵翼《二十二史札记》、近代刘师培《南北学派不同论》，对此都有专门论说。《北史·儒林传》谓：

> "大抵南、北所为章句，好尚互有不同。江左，《周易》则王辅嗣（弼），《尚书》则孔安国，《左传》则杜元凯（预）。河洛，《左传》则服子慎（虔），《尚书》《周易》则郑康成（玄），《诗》则并主毛公（毛亨）。《礼》则同遵于郑氏（玄）。南人约简，得其英华；北学深芜，穷其枝叶。"

不过需要指出的是，南北学术之异，只是就大体而言。实际上南学中有北学，北学中亦有南学，南北学术不断交流，最终趋向融合。特别是南北朝后期，南方儒学北传，北方学者中出现了刘焯、刘炫等兼通南学的大儒。南北兼容、南学胜出成为当时学术大趋势。

魏晋南北朝儒学发展，还具有一显著特征，即家学与地方之学十分繁荣。陈寅恪在《崔浩与寇谦之》文中说："东汉以后学术文化，其重心不在政治中心之首都，而分散于各地之名都大邑。是以地方之大族盛门乃为学术文化之所寄托。中原经五胡之乱，而学术文化尚能保持不坠者，固由地方大族之力，而汉族之学术文化变为地方化及家门化矣。故论学术，只有家学之可言，而学术文化与大族盛门常不可分离矣。"

六朝时期，政治颓败，民生凋敝，但学术文化，仍绵延不绝。究其原因，正在于学术通过家学相传，历久不绝，民族文化得以不坠。朝代虽多改换，门第却一脉相承；疆土虽分南北，学术却南北互通。因此，政局虽动荡不已，门阀却如汪洋中之一个个岛屿，屹然不动，这与他们自觉地运用经学来维系其较高的学术地位和文化品位具有一定关系。

五、隋唐五代——经学统一与儒学革新

隋唐在初步完成政治上的统一后，继续调整学术文化，特别是整顿南北朝时期就形成的"儒、释、道"三教并行而又互争的状况，逐渐形成三教并存而又以儒为主的共生格局，让不同学术思想和宗教文化共同完成对世道人心的维系任务。实现这一政略的重要措施，就是大力推行学校教育和科举制度，而教育和科举的教材和内容则是儒家经典和儒家思想。

隋文帝首先提倡开办学校、推行儒学教化。自从东汉末年战乱、儒家教化受到冲击以来，直至此时，儒学教育才得以全面恢复，史称："中州之盛，自汉魏以来，一时而已。"[1]可惜由于隋文帝对儒学教化始取终弃，继起的隋炀帝也是先治后乱，导致了隋朝短祚，儒家的经典教育在隋朝未见大效。

唐朝代兴，广立学宫，大倡儒教。高祖立国，对功臣贵族子弟实行较为全面的教育，也吸引和影响了周边国家和部族君长。唐代学校门类齐全，涉及面广，这些学校，除了从事儒家经学教育外，还从事法律、数学、文学、玄学、书法和艺术等专业训练。唐朝的教育事业，真可谓史无前例，"古昔未有"，名副其实地居于当时世界的首位。周边各国，如高丽、百济、新罗、高昌、吐蕃等国的君王，都纷纷将自己的子弟派来留学，长安俨

---

① 〔清〕皮锡瑞著，周予同注释：《经学历史·经学统一时代》，中华书局，1959，第193页。

然成了"国际教育中心"。《旧唐书》载:"是时四方儒士,多抱负典籍,云会京师。……济济洋洋焉,儒学之盛,古昔未之有也!"

与此同时,隋唐时期的人才和官员的选拔擢用也与儒家学说紧密联系在一起。隋唐时期的选官制度,结束了魏晋以下重视门第血统的"九品中正制",改行重视考察知识和文采,特别是考察对儒家经典熟悉程度的"科举制"。唐代选官人才的来源有二,一是学术培养的"生员",二是州县考试选送的"贡生"。到达京师后,再分科举行考试,科目有:秀才、明经、俊士、进士、明法、明字、明算、史科、道举等,为了网罗人才,真是曲尽其能、竭尽其智。《新唐书》曰:

"唐制,取士之科,多因隋旧。然其大要有三:由学馆者曰生徒,由州县者曰乡贡,皆升于有司而进退之。其科举之目,有秀才,有明经,有俊士,有进士,有明法,有明字,有明算,有一史,有三史,有开元礼,有道举,有童子。而明经之别,有五经,有三经,有二经,有学究一经,有三礼,有三传,有史科——此岁举之常选也。其天子自诏者曰制举,所以待非常之才焉。"

而这些教育和考试,都以儒家经典传授为主体。为了使教学和考试有一个统一的标准,唐代还编写了标准儒学教材。唐太宗令颜师古考订"五经"文字异同,撰著《五经定本》;令孔颖达主持,统一南北经说的分歧,撰《五经正义》。颁行天下,令学宫以此教授,科举以此阅士,于是唐代经学在统一的经本(《五经定本》)、统一的经说(《五经正义》)下进行。这种状态在唐朝持续了二百余年，甚至延续到北宋初年，影响及于整个古代中国。

汉代经学存在的两个最大的问题：一是支离繁琐，二是缺乏义理深度。这些问题在唐代依然存在。班固《汉书》指出，一部经典往往至百万余言，解释"曰若稽古"四个字就用了数万言，可见经学的繁琐程度。另外，汉唐经生对经典的阐释，往往热衷于对章句训诂的考辨，纠缠于名物制度等细枝末节，而不注意对儒学思想的阐发，因此经学实际上等同于文字学、文献学。

相反，南北朝以来得到迅猛发展的佛教、道教，在经过数百年的改造、发展后，已经建立起了一整套系统的心性理论，大有与儒学争夺思想阵地的趋势。无论是出于"日新其德"的需要，还是出于对"以夷变夏"的担忧，都迫使儒家知识分子不得不再作思考，更增进境，以便维系儒学永久不变的正统思想地位。

正是基于上述的客观原因和内在动因，从中唐开始，思想界出现了一股儒学革新的清风，也引起了受儒学支配的其他文化领域（如文学、史学、哲学等）的革命。这既是儒学对外来挑战的回应，也是中国文化特别是中国儒学"生生不息"自身不断发展的必然结果。

此后，在文学上出现了"新文学"，以独孤及、梁肃、韩愈等为首倡，克服六朝以来声律对偶、四声八病、雕琢文句、片面追求形式美的毛病，提倡"文以载道"，力追"六经"、《史记》、《汉书》，掀起了"古文运动"。在史学上则有"新史学"，以萧颖士、刘知几为代表，力图破除自司马迁、班固以来形成的纪传表志、实录记事的"正史"格局，远师《春秋》笔法，别嫌疑，明是非，于是"编年盛而褒贬义例之说兴"①。在经学上也形成了"新经学"，"凡新经学皆与古文家师友渊源相错出，力排唐初以来章句之经学，而重大义"，②如啖助、赵匡、陆质等治《春秋》，不仅排斥汉魏以来师说家法，而且"考三家长短，缝绽漏阙"，打通"三传"隔阂，直探圣人本意。在思想上也提出"新哲学"亦即"道统"学说，以韩愈、李翱为代表，超越汉魏以来末学曲说乃至经师家法，直追孔孟，以探讨其义理、心性之本源，重建尧舜禹汤文武周公孔孟的道统体系。

总而言之，中唐以后的儒学，意在摆脱旧经学（含玄学、南学、北学）以经典为本位的旧贯，回归孔孟探讨义理之微、人性之真为本位的传统。这股涓涓细流，经过二百余年的发展，至北宋终于结出了"理学"之硕果，完成了唐人总结和统一前代经学、更新和开启后世理学的任务。自此，经学时代结束，新的理学时代来临。

第四节　理学时期——宋元明

理学形态，从北宋到明末，共六百八十余年。与汉学依经为据、非师不说的传统不一样，宋学表现出来的是自立家法、自出机杼，其学术特点是长于义理，不再以明经为擅长，而更以说理为能事。他们在经典之外提出一个理（或道，或气，或心）来，一切经典皆为明理服务，从汉学的"我注六经"转换成"六经注我"。其治学方法不贵注疏，更立语录，六经可以

① 蒙文通：《序史学散篇》，载《蒙文通文集》第三卷，巴蜀书社，1995，第473页。

② 蒙文通：《序史学散篇》，载《蒙文通文集》第三卷，巴蜀书社，1995，第472–473页。

束高阁，语录必须记心中。注重修身，讲究道统，善言义利之辨，究心天理人欲。此期的主要代表人物有周敦颐、二程、张载、张栻、朱熹、陆九渊、吴澄、许衡、吴与弼、陈献章、王守仁等。

一、"宋学"的诞生

北宋初期，儒学在主流上仍然沿着汉唐章句训诂的路子缓慢向前。儒学由先秦发展到汉唐，已经由贴近现实生活、充满创造精神的思想，逐渐变成一种典册上的学问。唐代科举制度确立以后，汉唐注疏被作为考生应试的标准，不允许渗入自己的思想、理解和看法，儒学经世致用的主流生机被严重压抑。北宋初期以来虽然有所转变，但是多数经师、儒生仍沿袭汉唐以来的流弊，沉浸在章句训诂、雕虫篆刻的浮华学风中，而忽视经学的经世致用价值。当时的科举考试，进士以诗赋、策论定去取，诸科试帖经、墨义，注重的是华辞丽藻、记诵章句，脱离实际。

这种状况延续到北宋庆历年间，开始有了改变，儒学开始朝着以己意说经、提倡经世致用的方向发展。许多学者、士大夫在各自的改革主张中，都强烈呼吁恢复原始儒学的经世传统。通过贡举改革，"经术"应当"经世务"的观念深入人心，成为宋代学者士大夫的共识。不由注疏，不惑传注，以己意说经，注重个人心得，提倡经世致用，创立新理论，形成新学派，已经是庆历之际学者的共同学术取向。这段时期，韩琦、范仲淹、欧阳修诸人相继在朝廷中担任要职，他们一方面致力于改革时弊，整顿政治，将儒家经世致用思想付诸实践；另一方面，他们本人也是当时的名儒，他们的儒学观点、经学取向对于普通士子无疑具有表率作用。范仲淹是这批人物中的核心。

对于这一时期儒学的发展，清儒全祖望做过较为全面的概括：

> "庆历之际，学统四起，齐、鲁则有士建中、刘颜夹辅泰山而兴；浙东则有明州杨、杜五子，永嘉之儒志、经行二子；浙西则有杭之吴存仁，皆与安定湖学相应；闽中又有章望之、黄晞，亦古灵一辈人也；关中之申、侯二子，实开横渠之先；蜀有宇文止止，实开范正献公之先，筚路蓝缕，用启山林。"①

此后欧阳修、司马光、王安石、三苏父子、二程兄弟继起，蔚为大儒，成为宋学的代表。

南宋诸子中，学术最广博、体系最严密、对后期封建社会影响最大的是朱熹。他一生接收数百名弟子，编著了大量书籍，其数量之巨，在中国历史上实不多见。他吸取了周敦颐的"太极阴阳论"、二程的"天理论"、张载的"气论"以及佛、道二家的精髓，加以融会贯通；克服了张载、二程体系中的矛盾性和两重性，构筑了以"理气论""心性论""格物致知论"为核心的哲学体系。它不仅在更大的领域里丰富、发展了中国古代儒学内容，而且对这些范畴辨析精详，特别是探索了这些范畴之间的联系，把古代哲学提高到一个新阶段。他的这套学说，经由他的门人、再传弟子、私淑弟子及其他后儒的热心传播，在晚宋及元代逐渐产生全国性影响并占据中国儒学的中心地位。

有一点特别值得注意，两宋学术以"理学"为大宗，理学

①〔清〕黄宗羲原撰，〔清〕全祖望补修：《宋元学案·士刘诸儒学案》，中华书局，1986，第251-252页。

以明道为宗，故又称"道学"，但在宋代学术思想史上，并非理学（道学）独行天下。宋学有很多学派，有的偏重于事功，如荆公学派、金华学派、永嘉学派、永康学派；有的偏重于义理，如伊洛学派、考亭学派、象山学派，但重事功者并不排斥义理，重义理者也不排斥事功。宋代事功派与义理派也有过争论，事功学派认为宋代的严重社会危机与道德性命之学（性理之学）的盛行有关，故对此发起激烈批判。义理之学的重点则是思考宇宙本体以及个人修养等问题，对于社会现实问题的思考没有事功学派那么紧迫，尤其是它的末流，趋向于空疏无用的境地。事功之学与义理之学的争论，需要从多方面进行分析。一是当时严重的社会危机迫使士人阶层思考救国之策，而对于同样的现实问题，他们可能出现不同的对策；二是人们对于经世致用的内容、方式、途径持有不同的认识。义理之学并非不讲经世致用，却主张先"治心"，试图通过先对道德人心的改善来解决社会危机；而事功之学也并非不谈道德性命，但是他们更喜欢直接面对社会危机来发议论、求对策，而将道德性命视为相对次要的问题。

　　总之，宋代文化继承和发展了中唐以来"新文学""新史学""新经学"和"新哲学"的思潮，逐渐形成了宋代自己的学术风范和重大成就。新文学方面，至北宋形成盛极一时的"古文运动"，产生了以"唐宋八大家"（唐代韩愈、柳宗元，宋代占六人：欧阳修、王安石、苏洵、苏轼、苏辙、曾巩）为代表的一批文学宗匠。新史学方面，则掀起了古史研究和重修热潮，出现了司马光《资治通鉴》、苏辙《古史》、刘恕《通鉴外纪》等一批史学名著。新经学和新哲学方面，则促成了宋代以义理探究为特征的"理学"亦即"宋学"的正式诞生。宋代新儒学在学术形态、学风取向以及治学方法方面，都与此前的汉唐经学有很大的区别。宋学所要解决的问题以及讨论的主题，较前代都有所变化：在理论方面，建立了新的儒学心性论，以抗衡佛、道二教的挑战；在经学方面，舍弃繁琐的章句注疏，直探经典的本义，重视对儒学义理的阐发；对儒家经典展开辨疑，清除其中的"伪经""伪说"。所有这些方面，都已经由中唐儒者发其端，至宋儒而达于极致。概言之，汉儒治经重章句训诂之学，注重师法、恪遵家法，无所移易。宋儒则大多趋向于义理探索，而不太重视名物训诂，皮锡瑞《经学历史》所谓"经学变古"，即指宋学变汉学之"古"。宋学的出现，既是对时代课题的回应，又是中唐以来经学发展的必然结果。

二、元代朱子学定为一尊

元朝是由兴起于漠北的蒙古族建立的一个王朝，但却是程朱"理学"全面走入正统的时代。元朝建立不久，统治者便不得不笼络汉族以及汉化的契丹、女真士人，借鉴中国传统的统治方法和意识形态，以巩固自己的统治。

元代统治者重视儒学有下文两种表现，一是元朝极为重视学校的兴建。早在蒙古太宗六年（1234年），即"设国子总教及提举官，命贵臣子弟入学受业"①。名儒许衡、王恂为之师长。忽必烈中统二年（1261年），"王鹗请于各路选委博学老儒一人，提举本路学校。特诏立诸路提举学校官，以王万庆、敬铉等三十人充之"②。之后，学校越办越多，地方每年须将办学数量逐级上报，作为政绩来考核。至元二十四年（1287年）立国子学，设博士、助教，制订学制，明确规定："凡读书必先《孝经》《小

---

① 〔明〕宋濂等：《元史》卷八十一，中华书局，1976，第2032页。
② 〔明〕宋濂等：《元史》卷四，中华书局，1976，第74页。

学》《论语》《孟子》《大学》《中庸》，次及《诗》《书》《礼记》《周礼》《春秋》《易》。"①于是形成上有国子学，下有路、府、州、县儒学，以及蒙古字学、医学、阴阳学等门类众多的教学体系，而儒学教育是其中的主干。此外，元朝的书院也很活跃，书院以讲授儒家思想为中心，或以讲学标榜。当时一些著名的理学家如吴澄、金履祥、许衡等，都曾在这类书院中讲过学。南方的理学家在宋亡之后不愿出仕元朝，也大都退居书院，以讲学为业。

二是元朝仿效宋人之制，全面推行科举考试，以儒学作为选拔人才的标准。推行儒学教育是元政权安辑天下之策。其选人之制，亦渐仿宋人而实行之："元初，太宗始得中原，辄用耶律楚材言，以科举选士；世祖既定天下，王鹗献计、许衡立法，事未果行。至仁宗延祐间（1314年后），始斟酌旧制而行之。取士以德行为本，试艺以经术为先。士褎然举首应上所求者，皆彬彬辈出矣。"②如此所述，是亦儒家传统方法和内容，是对汉制的因袭。

有元国祚不长，其初期得宋、金之遗献遗贤，如元好问、姚枢、赵复、王谔、赵孟頫、许衡、吴澄、程钜夫诸人，皆俨然有大儒气象，他们通过居家讲学或学校传授，首开元代儒学之局。特别是赵复其人，对朱子之学传入北方、最终取得统治地位功劳最大。皮锡瑞谓："北人虽知有朱子，未能尽见其书，元兵下江、汉，得赵复，朱子之书始传于北。姚枢、许衡、窦默、刘因翕然从之。于是元仁宗延祐定举法，《易》用朱子《本义》，

---

①〔明〕宋濂等：《元史》卷八十一，中华书局，1976，第2029页。
②〔明〕宋濂等：《元史》卷八十一，中华书局，1976，第2015页。

《书》用蔡沈《集传》，《诗》用朱子《集传》，《春秋》用胡安国《传》。"①于是朱子之学遂成为北方正宗矣。蒙古贵族通过他们接触到以朱子为代表的儒学，从而有助于蒙古族的汉化，也有助于朱子"理学"成为中国儒学的正宗，但相对于汉唐经学的精深、宋代理学的多样，元世却远远不及。

此外，随着儒学在蒙古贵族中的传播，儒学经典开始被大量地译成蒙古族的语言，像《孝经》《论语》《贞观政要》《资治通鉴》《大学衍义》等，当时都有蒙古语译本。

三、明代"心学"的创新发展

明朝自开国之君朱元璋开始即重视儒家伦理和儒学教化，儒学在明代又获得新的发展，从朱子"理学"进而嬗变为阳明"心学"。史称：

> "明太祖起布衣，定天下，当干戈抢攘之时，所至征召耆儒，讲论道德，修明治术，兴起教化，焕乎成一代之宏规。虽天亶英姿，而诸儒之功，不为无助也。"②

元至正十六年（1356年）六月，朱元璋被"诸将拥立"为吴国公，一批浙东儒生，如朱升、宋濂、刘基诸人，都早早地被他罗致帐下，参与谋议。当年九月，朱元璋即"如镇江，谒孔子庙，遣儒士告谕父老，劝农桑"③，表现出对儒家圣贤的礼敬和对儒学之士的重用。1368年，朱元璋称帝后，即恢复科举考试，

---

① 〔清〕皮锡瑞著，周予同注释：《经学历史·经学积衰时代》，中华书局，1959，第282页。

② 〔清〕张廷玉等：《明史》卷二百八十二，中华书局，1974，第7221页。

③ 〔清〕张廷玉等：《明史》卷一，中华书局，1974，第6页。

"制科取士，一以经义为先。网罗硕学，嗣世承平，文教特盛，大臣以文学登用者，林立朝右"①。儒学在经历了元朝统治的百年之间的衰微后，在明代又得到复苏和发展。

明代儒学，承宋元之绪，以程朱理学为正统。朱元璋曾在宫室两庑遍书宋儒真德秀的《大学衍义》，以备"朝夕观览"。他远到曲阜参祭孔庙，赞扬"仲尼之道，广大悠久，与天地相并"②。洪武十七年（1384年）规定，乡、会试"四书"义主朱熹《四书章句集注》，经义以程颐、朱熹等注解为准，程朱之学由是全方位成为官方学术。明成祖也提倡程朱理学，命胡广等采摘宋儒120家著作，编成《性理大全》，阐发理学观点；又命纂辑《四书大全》《五经大全》，作为士人应试科举者的必读之书，皆是以程朱注义为本。史称："明初诸儒，皆朱子门人之支流余裔，师承有自，矩矱秩然。"③

明代中期，陈献章由朱学转向陆学，王守仁更以心学传人自任，宣扬心学，并提出"心外无物""心外无理"的命题，在认识论上鼓吹"致良知"的方法，认为"良知"就是"天理"，同时提出"知行合一"，反对宋儒知先行后的说法和知而不行的做法。王守仁是陆九渊以后影响最大的主观唯心主义者。明代后期，王学大盛，出现了众多流派，其中以王艮、李贽等人为代表的泰州学派影响较大。

明代中叶，杨慎、焦竑等倡言考实，经学研究出现一些新动向，逐渐抛弃空谈心性之学，转向考订注疏，朝"弃宋复汉"的方向发展，成为清代汉学考据的先声。明末国势日衰，继之以

①〔清〕张廷玉等：《明史》卷二百八十二，中华书局，1974，第7221页。
②〔明〕陈建：《皇明通纪》"启运录"卷之四，中华书局，2008，第118页。
③〔清〕张廷玉等：《明史》卷二百八十二，中华书局，1974，第7222页。

亡。士人痛定思痛，痛诋理学或心学之空疏误国，遂另辟治学的新径，重新检讨宋明学术，一时诸说并立，名家辈出，思想界再次形成"百家争鸣"。

王学激扬过盛，流于空疏，不仅引起思想家的非难，也在经学研究中引起反思。从学术自身发展的内在理路看，明初独尊程朱之学，永乐时又抄袭宋元人成果编纂"四书"、《五经大全》，于是尽废古注疏。人们倾力于"八股""讲章"之学，对征实的经学却十分荒疏。嘉靖以后，杨慎等人号为博雅，在著书时常常引据古说以驳难宋儒。至明末，钱谦益倡言古注疏之学。之后由明入清的一批硕儒，将此风极力扩煽，渐成气候。方以智著《通雅》、顾炎武著《音学五书》，训诂音韵之学于是开始萌芽。顾炎武尤通经术，作《五经同异》《左传杜解补正》诸书，并在《日知录》中力辟宋以来空言说经之非，提倡教学者宜教读汉、唐人注疏。黄宗羲作《易学象数论》，辨宋人图书学之谬。王夫之也深于经学，于"五经"皆有撰述，其所考论，往往与后来汉学家暗合；又著《说文广义》，实为清人治许书的先导。顾、黄、王三贤，虽然学术宗旨都崇宋学，但是做学问时却能兼采汉唐，不废古注疏，实事求是，实为清代朴学之先师。

黄宗羲、顾炎武、王夫之是明末清初三大思想家。他们在明末清初社会激烈变革之际，提出了许多人本主义论点，比如反对君主专制，提高商人地位，重实践、轻空谈的实用主义等。他们的思想对于中国传统哲学具有重要意义。

黄宗羲（1610—1695年）：字太冲，号梨洲山人，又号南雷，人称梨洲先生，浙江余姚人，思想家、史学家。父东林名士，被魏忠贤所害。他受遗命就学于刘宗周，19岁入都为父讼冤，以铁椎毙仇人。他领导复社成员坚持反宦官权贵斗争。清兵南下，他召募义兵，成立"世忠营"抗清。明亡后隐居著述，屡拒清廷征召。他学问渊博，研究天文、算术、乐律、经史百家及释道之书，史学上尤有成就。著作有《宋元学案》《明儒学案》《明夷待访录》《南雷文集》等。

顾炎武（1613—1682年）：初名绛，字宁人，江苏昆山亭林镇人，世称亭林先生。少年时参加复社反宦官权贵斗争。清兵南下，嗣母王氏殉国。他参加昆山、嘉定一带的抗清起义。起义失败后，他十谒明陵，遍游华北，所至访问风俗，搜集材料，特别注重对边防和西北地理的研究。同时垦荒种地，联络同道，不忘兴复。他学问渊博，对国家典制、郡邑掌故、天文仪象、河漕、兵农以及经史百家、音韵训诂之学，都很有研究。他一生的著作很多，主要著作有《日知录》《天下郡国利病书》《音学五书》《亭林诗文集》等。

王夫之（1619—1692年）：字而农，号姜斋，湖南衡阳人，晚年隐居衡阳的石船山麓，世称船山先生。明亡，他在衡阳起兵抗清，败后退至广东肇庆，在南明桂王政府中任职；桂林失陷后，长期隐藏在湘西地区的苗瑶山洞，自称瑶人。直到康熙八年（1669年），他才在石船山麓定居下来。他刻苦钻研，勤于著述，著作有一百余种，主要有《周易外传》《张子正蒙注》《思问录》《黄书》《噩梦》和《通读鉴论》等。后人集为《船山遗书》。

第五节　清学与新学时期

清代是汉学、宋学交互呈现的时代，清代初期，心学、理学仍然交相辉映。大致而言，清初三大家，梨洲崇尚阳明心学，船山推崇宋代理学，亭林兼重程朱之义理和汉学之考据。至乾嘉时期，世薄程朱，家道许郑，学术以征实为主，方法上无征不信，经学回复到东汉古文时代。及至道光、咸丰以后，书必孔孟，学必经世，学术又回复到西汉今文经学时期。清代儒学的代表人物，除顾炎武、王夫之、黄宗羲外，还有阎若璩、戴震、江永、张惠言、惠栋、刘逢禄、庄存宇、段玉裁、龚自珍、魏源、廖平等人。

新学时期，即20世纪，斯时学术主流是毁经蔑古，崇尚西学，或以西学代替中学，或以西学考量中学。全盘西化、疑经怀古；即或是新经学、新理学、新心学、新气学等现代新儒家，虽然不反对儒学的价值，不否定经典的意义，但其解释说理方式，已非传统经解经疏，而系章节体式，长篇大论，个性有余，而明经不足。其代表人物则有马一浮、熊十力、梁漱溟、牟宗三、唐君毅等。

一、清代——汉学、宋学交呈

清朝是满族入关建立的一个幅员广阔的统一王朝。清代学术的发展，大体经历了三个阶段：

第一个阶段，从清初到康熙、雍正时期，是"汉学"与"宋学"并行的时代。一方面，清朝的官方意识、科举考试和官学教育，仍然维持元明以来程朱理学独尊的格局，清人的正统思想依然是"宋学"。从清初到康熙、雍正时期，继平定各地反叛武装后，为了巩固中央集权统治，程朱理学再次作为官方学术得到提倡，但清代理学家多承宋明余绪，殊少新创。清初科举考试，仍沿明制，以"四书五经"为考试内容，以程朱等理学家的疏解为标准。康熙帝颁布"圣谕十六条"，以简明扼要的语言宣布了一代政教纲常，其中贯穿着浓郁的理学家的社会政治观点，明确规定"黜异端以崇正学（理学）"，并且包含着"敦孝弟以重人伦""笃宗族以昭雍睦"[①]等伦常观。雍正帝又据此补充发挥，

---

① 〔清〕伊桑阿等：《（康熙朝）大清会典》卷之五十四，凤凰出版社，2016，第618页。

号为《圣谕广训》，"意取显明，语多质朴"，全国各地乡村定期宣讲，力求普及于"群黎百姓"，以维持专制的统治秩序。以君臣、父子、夫妇"三纲"为核心的伦常观，逐渐成为普及全国的意识形态，影响深远，程朱理学在清代成为官方哲学和全社会的统治思想。另一方面，在民间、崖壁山野和学人书斋中，却推崇自明末清初以来形成的朴学风格，他们崇尚许郑、讲究征实，于是超越宋学而回归到笃实厚重的"汉学"阶段。清代汉学，主要是指回归到以考订辨释经书本义为指归的古文经学。广义的汉学，还包括了历史、音韵、文字、训诂、金石等诸多领域中的考据之学。汉学注重实证，因而又被称为朴学。清代汉学自清初顾炎武开其端，中经阎若璩、胡渭等人的推扬，至乾隆、嘉庆时期，江永、惠栋、戴震、钱大昕发扬光大，迄段玉裁、王念孙、王引之等达到极盛。"汉学"渐取代"宋学"成为显学。

第二阶段是乾嘉时期，这一阶段可称为清代朴学的鼎盛时期。乾嘉汉学主要分为吴、皖二派。"吴派"创自惠周惕，以惠栋为代表；"皖派"创自江永，以戴震为代表。乾嘉汉学家继承古代经学家考据训诂的方法，加以条理发挥，治学以依经立注为主，为论以汉儒经说为宗，学风朴实严谨，不尚空谈。以古音、古训探讨为主的"小学"是乾嘉汉学的阶梯和主要研究对象，通过古字古音以通古训，通古训然后明经义，是其共同的学术主张和学术理路。张之洞《书目答问》曰："自小学入经学者，其经学可信；自经学入史学者，其史学可信；自经学史学入理学者，其理学可信；以经学史学兼辞章者，其辞章有用；以经学史学兼经济者，其经济成就远大。"可以说这是整个清代汉学家的共同信念，也是清代学者取得成就的经验之谈。

第三阶段是清代中后期，此时沉寂近两千年的今文经学再度兴起。今文经学在汉代曾盛极一时，魏晋以后已成绝响，到了清中叶后又开始受到学者的关注，蔚为新兴学派，并对思想界产生了深远影响。这是因为嘉庆以后，以治古文经为特征的汉学渐趋繁琐而衰落，而议政革新之风日渐兴起，今文"公羊学"既可以在经学领域开辟学术研究的新境界，又可以在政治生活中成为托古改制的工具，于是今文经学逐渐受到人们的重视而得以复苏。庄存与、刘逢禄、宋翔凤等开风气于前，中经龚自珍、魏源等人的发展，到晚清有廖平、康有为、梁启超诸人而成一大气候。他们以"公羊学"为变法张本，倡言"托古改制"，驯致疑古惑经，掀起中国近代思想界的革命。可是随着"戊戌变法"的失败，传统儒学在西学东渐的狂飙突进之下，不得不暂时隐退于历史舞台。

二、20世纪——新学时期

近代中国是社会转型、政治变革、学术转向的时期。一方面，由于内忧外患（尤其是外患）的加深，促使中国人思考如何"救亡图存"（新旧之争），连续出现"戊戌变法""辛亥革命""新民主主义革命"等运动。这些运动几乎都以挑战传统为前提，出现"新制"与"旧制"的对立。另一方面，新式西学的传入，也扩展了中国知识界的眼界，出现了"西学"（现代科学）与"中学"（传统儒学）的竞争（中西之争）；五四运动前后，中国的许多有识之士试图以从西方舶来的"民主"（"德先生"）和"科学"（"赛先生"）或"马克思主义"，来反击中国封建社会的"守旧"与"落后"，"专制"与"愚昧"。一句话，"反传统"（主要是反传统儒学）成了这一时期的时代强音。这一百年的儒学研究围绕"反传统"，形成三大派别：

一是对古代经典普遍的怀疑，是即"疑古派"。应该说，"疑古"在中国历史上古已有之，文献在流传过程中，难免产生讹误或伪托现象，因此对史料的必要审察和甄别是从事科学研究的必经阶段，也是首要阶段，故孔子犹见"史之阙文"，采取"信以传信，疑以传疑"态度。孟子说："尽信书，则不如无书。"[①]他对《武成》，仅信其二三策而已。刘歆的《七略》、班固的《汉志》，都对先秦和西汉托名之书，一一予以指证。后世儒人，也多致其疑，王充《论衡》发《问孔》《刺孟》之论，刘知几《史通》著《疑古》《惑经》之篇；及乎宋儒，怀疑精神更是甚嚣尘上，日甚于古，举凡《尚书》《诗经》《周礼》《孝经》等经典的作者时代和篇章真伪，都进行过考辨，提出过怀疑。明末及清人，实证精神更为笃厚，特别是在对《古文尚书》及《孔传》的辨伪方面，成绩尤显。

但是无论是经学时代的辨伪，还是理学时代的惑经，甚至是晚清今文家的"非古"，他们的目的都是要去掉不真实的伪经，重建可信的儒学，维护神圣的"孔教"，以便创造更合乎现实的儒理。即使如遍疑古史、证伪群书的崔述，犹以"六经"为可信，故他据以证伪的根本方法即是以"六经"为证，即所谓"考信乎六艺"，其辨伪名著也命名为《考信录》。以打倒伪古文经为职志的一代经师廖平和改革家康有为，虽然痛斥刘歆、"糠秕新学"，但其目的也是要建立无所不包的"孔教"，以"托古改制"来推行改良。

20世纪的"疑古学派"用意却全与此相反，他们虽然打着重研旧史、审察史料的旗号，干的却是斩断历史、怀疑史书的事情。他们将中国古代史人为地大大缩短，视中国历史文献（其中

---

①《孟子集注·尽心下》，载〔宋〕朱熹：《四书章句集注》，中华书局，1983，第364页。

以儒家经典首当其冲）无书不伪、无书可信，儒家文献统统被他们打上了"伪书""伪作"的标签。他们说"六经"或为旧史，或为晚出，与孔子素无干系，在他们眼中，孔夫子成了"空夫子"，经典成了杂乱无章的旧史料。

与历次疑古不同的是，20世纪的疑古只有破坏而缺乏建设，只有怀疑而缺乏阐释，最终效果当然是造成了中国上古无历史、儒家经典无完书的景象。由于疑古派非五帝而毁夏禹，于是一些史书就只从商代写起，中国历史被无端砍掉三千年，（美）爱德华·麦克诺尔·伯恩斯、菲利普·李·拉尔夫著的《世界文明史》即是如此。

二是与传统文化彻底决裂，是即"反孔派"。20世纪初期，一批深受西学影响而又急欲"救亡图强"的激进分子，以胡适、陈独秀、吴虞等为代表，掀起了中国有史以来反孔非儒的最高潮——新文化运动。陈独秀发表了一系列激烈批孔的文章，认为"孔教"与民主根本对立，不适于现代生活，甚至连积极主张维新变法的康有为他也不肯放过："孔教与帝制，有不可离散之因缘"，[1]康有为等定"孔教"为国教，就是为了复辟帝制。吴虞的言论更是极端："孔二先生的礼教讲到了极点，就非杀人不成功，真是残酷极了！"[2]由于他骂得彻底，被胡适誉为"只手打孔家店的老英雄"[3]。胡适也猛烈抨击儒家的"三纲五伦"，说："古时的'天经地义'，现在变成废话了。"[4]钱玄同甚至提出

---

① 陈独秀：《驳康有为致总统总理书》，《新青年》1916 年 2 卷 2 号。

② 吴虞：《吃人与礼教》，载《吴虞集》，四川人民出版社，1985，第 171 页。

③ 胡适：《吴虞文录·序》，载吴虞：《吴虞文录》，上海亚东图书馆，1921，第 7 页。

④ 胡适：《实验主义》，载《胡适文存》卷 2，黄山书社，1996，第 226 页。

"废孔学，不可不先废汉文"①的主张。

三是对儒学实施改造和发展，是即"新儒家"。新儒学一词在英文中一般译作"New Confucianism"，但其含义尚有不少争议。通常所说的"新儒学"，是相对于先秦"原始儒学"而言的一个术语；或指"宋明理学"，或指"现代新儒学"。宋明时期的儒学，以"理"为基本概念，因治经以阐释义理、性命为主，相对于汉儒传经、注经而言有新意，故名"新儒学"（清代称之为"宋学"）。近现代的"新儒学"，不但合理吸收传统的中国儒学，而且合理借鉴新兴的西方哲学。广泛意义上的"现代新儒学"及其代表人物，有马一浮、梁漱溟、熊十力、贺麟、张君劢、钱穆、冯友兰、牟宗三、唐君毅、徐复观、方东美、杜维明、刘述先、成中英等。他们运用近代西方思想学术来更新儒学、发展儒学，必欲使儒学与时俱进，并服务于社会，此亦古来儒学发展未有之新境界。可见20世纪的儒学研究在宗旨上（反孔）、方法上（疑经）、内容上（引进西学），都与传统儒学大异其趣，故我们概称之为"新学"。

新文化运动使儒学作为统治学说的时代宣告终结，甚至儒学作为民族文化的主干地位也遭到怀疑和抛弃。此后，严格意义上以"游文于'六经'之中，留意于'仁义'之际"为特色的传统"儒家"实际上已经不复存在。但在一片浊浪之中，仍然颠簸地飘浮着几片"方舟"：梁漱溟等带着民族的良心和自尊，挺身而出，不畏艰险，大胆地为孔子辩护，率先揭起了儒学复兴的旗帜，成为"现代新儒家"的前驱。随后，经马一浮、熊十力、张君劢以及冯友兰、贺麟等学人的不懈努力，"现代新儒学"已然

047

---

① 钱玄同：《中国今后之文字问题》，《新青年》1918年第4卷第4期。

成为20世纪中国的三大重要思潮之一。

现代新儒学的发展共经历了三个阶段：一是从20世纪20年代初的五四新文化运动至40年代末，这是现代新儒学的开创期。主要代表人物有马一浮、熊十力、张君劢、梁漱溟，以及冯友兰、贺麟等。此期活动的领域在中国内地（大陆）。其讨论的主要议题是中学和西学的优劣问题，他们坚信中国文化必将复兴于新的世纪。二是从20世纪50年代初到70年代初，可称之为新儒学的发展期。中华人民共和国成立后，现代新儒学在香港地区、台湾地区发展迅速，达到了它的成熟期。主要代表人物有钱穆、徐复观、牟宗三、唐君毅、方东美等。他们以接续和传播中国传统文化为己任，主张在西方文化面前，应该完好地保留中华民族文化的优良传统和国民精神。他们著书立说，四处讲学，身体力行，在世界一些主要国家和地区有很大影响。他们最具影响的活动是共同签署和发表了《为中国文化敬告世界人士书》，即"中国文化宣言"，让世界人士不得不对中国文化刮目相看。三是20世纪70至80年代，这是现代新儒学的复兴期。从1980年起，后现代主义思潮流行，其认为西方实证主义、科学主义、实用主义等片面强调工具理性，忽视价值理性和对人的终极关怀，有损于人类幸福和长久发展。20世纪60年代后期以来，日本、韩国、新加坡、中国香港地区和中国台湾地区经济的迅猛发展，引起了"儒家资本主义"概念的流行。中国内地（大陆）极少数知识分子与香港地区、台湾地区现代新儒家声气相通，于是，现代新儒学进入了一个新的发展和融会阶段。此期主要代表人物有蔡仁厚、刘述先、成中英、杜维明等。以上是第三代新儒家，主要活动区域在中国香港、中国台湾和美国。

第二章　儒学的内涵与价值

儒学是具有丰富内涵与价值的学说，在中国历史上曾经产生过重要的积极影响，儒家思想是中华学人的精神家园，儒家伦理是中华志士修身齐家的理想模式。儒学在历史上是维系"大一统"局面的重要精神力量，是实现中华民族广泛的文化认同的重要理论基础。在它的陶冶下，曾经造就了大批的哲学家、政治家、军事家、文学家、历史学家和科学家，为人类历史文化创造了辉煌灿烂的精神财富。

儒学具有多元一体的信仰体系，具有孝悌忠信的道德伦理、恭宽忠恕的处世哲学和仁政德治的政治理念。儒学尤其是一门修身之学、实践之学，伦理道德学说构成了儒家学说的核心和灵魂。儒家成功地将个人的品德修养与国家的治理安定紧密地结合起来，把道德主体的能动作用与社会的道德感化力量有机地融为一体，从而使道德规范的约束功能与知耻自觉的自律机制更好地相辅相成。儒学以其理论与实践结合、个体修养与群体利益结合、道德修养与政治事业结合的学术思想，形成了中华民族"敬天法祖""文明礼乐""尊道贵德""孝悌忠信""自强不息""厚德载物"等优秀品德，形成"仁智勇义"的君子人格和"德言容工"的淑女风范。一切为现实服务、为生民服务，这是其有别于宗教神学的根本之处，也是其影响中国历史文化，乃至至今仍有旺盛生命的魅力所在。

第一节　三统：儒家信仰

信仰是一个国家和民族的精神家园，决定一个国家和民族最基本也是最牢固的价值观、道德观和行为守则，它是民族文化中最为核心的内容和灵魂。大凡一个历史悠久的民族，都有自己比较固定的精神家园和文化信仰，古希腊有丰富多彩的神话传说，希伯来人有至高无上的耶和华崇拜，古印度人有神秘的彼岸世界，古老的中国人也有自己的精神信仰，那就是孔子总结夏、商、周文化特征而形成的"天道"（天命）、"鬼神"（祖先）和"礼乐"（仁义）等"三统"信仰。"三统"曾经是中华民族的精神寄托和情感依旧，也是铸造中华文化生生不息的价值判断和创造动力。

《礼记·表记》曾经引孔子的话说："夏道尊命，事鬼敬神而远之"，在价值观上重天道而"尚忠"；"殷人尊神，率民以事神，先鬼而后礼"，在价值观上重鬼神而"尚质"；"周人尊礼尚施，事鬼敬神而远之"，在价值观上重礼乐而"尚文"，是谓"三统"。①"三统"是以夏、商、周三代为代表的既互相区别又互相联系的文化系统。有人说三代服色有尚白、尚黑、尚赤的区别，三色随朝代更替而嬗变，故称"三统"；又有人提出三代历法有建寅、建丑、建子之别，三历岁首因改朝换代而各不相同，亦称"三统"。其实这些都是表面现象，最根本的是夏、商、周

————

① 〔汉〕郑玄注，〔唐〕孔颖达疏：《礼记正义》，载〔清〕阮元校刻：《十三经注疏》，中华书局，1980，第 1641—1642 页。

三代在信仰体系和价值观上的区别。这种区别，又形成互补结构，共同维系中华文化的继续和繁衍，经汉唐，迄于明清，虽然具体方式上每有改革，但其精神实质则一直未变，至于今日其影响犹然未绝。

一、天道与天命

天道与天命是中国思想文化的重要概念。它代表中国人对自然之天的认识，对天体运行规律的观察，对天道与人事关系的体悟。出于对天道自然属性的认识，确立了中国人"道法自然"的观念；出于对天道规律性的认识，造就了古老中国的历法；出于对天地化生万物的认识，成就了中国人"三才一体"的系统思想；出于对天地生生不息的认识，激发出中国人"法天则地""替天行道"的壮志；出于对天道无私的认识，确立了中国人的公平正义的精神……在很长的一段时期里，人们认为天道是万物之源、正义之源，天命是力量之本和成败之规。一个君子的养成，端赖于对天道和天命的知觉；一个圣贤的成就，端在于乐天知命和奉天保民。天道和天命，就是中国人的终极关怀和情感寄托。

"天"本是自然界的客观概念，但是如果组合成"天道""天命"时，就具有了丰富的哲学、宗教、伦理、道德、政治乃至科学的含义了。天人关系的观念，如果要追溯远源，大致起源于颛顼时期的"绝地天通"①。颛顼是五帝之一，黄帝的孙子，据说少昊之时"九黎乱德，民神杂糅""家为巫史"，人类的正常生活常常被巫风鬼气所干扰。颛顼于是令"南正重司天以属神，火正

---

① 〔汉〕孔安国传，〔唐〕孔颖达疏：《尚书正义》，载〔清〕阮元校刻：《十三经注疏》，中华书局，1980，第248页。

黎司地以属民"①，将管理"天道"的神职人员（南正）与管理"火历"的民事人员（火正）区分开来，天神与人文就有了明确分工。这以前的"天"还是与"神"联系在一起的，之后政权与神权乃有所分工。

接着效法天道而产生历法。《尚书·尧典》说："乃命羲和，钦若昊天，历象日月星辰，敬授人时。"孔子曰："人能弘道，非道弘人。"②又说："大哉，尧之为君也！巍巍乎！唯天为大，唯尧则之。"③并转述尧命舜的话说："咨尔舜！天之历数在尔躬，允执其中。四海困穷，天禄永终！""舜亦命禹。"④则天、历数、弘道，最初都是指模仿天道而制订历法。尧时已结束单凭大火星（心宿2）制历的粗浅做法，而将日、月、星、辰四者的运行纳入统一考量之中，制订出"阴阳合历"。这个时期的"天"（昊天），已是"日月星辰"的代称而与"历法"合一了。

尧舜时期能够"钦若昊天""历象日月星辰"来制定历法，表明当时人们已经认识了天体运行是有规律性的，古人称之为"天道"。夏人继之，制定出更为精密的历法——"夏时"，后世传有《夏小正》，于是奠定了中国历法的基础，后世将中国的阴阳合历统称"夏历"。

在制定历法和日常生产生活中，古人已逐渐认识了"天道"的必然性和规律性。《礼记·哀公问》载，孔子回答鲁哀公"君

052

① 徐元诰:《国语集解》王树民、沈长云点校中华书局，2002，第514-515页。
②《论语·卫灵公》，载〔宋〕朱熹：《四书章句集注》，中华书局，1983，第167页。
③《论语·泰伯》，载〔宋〕朱熹：《四书章句集注》，中华书局，1983，第107页。
④《论语·尧曰》，载〔宋〕朱熹：《四书章句集注》，中华书局，1983，第193页。

子何贵乎天道也"之问时，说："贵其不已，如日月东西相从而不已也，是天道也；不闭其久，是天道也；无为而物成，是天道也；已成而明（光明），是天道也。"揭示出天道有规律性（"日月东西相从"）、永恒性（"不闭其久"）、自然性（"无为而物成"）等特性。孔子又曾对子贡说："天何言哉？四时行焉，百物生焉。天何言哉！"[①]又对其规律性、必然性有了认识。孟子概括为："莫之为而为之者，天也；莫之致而至者，命也。"[②]《庄子·天地》也说："无为为之之谓天。"

古人在长期的生产和生活中，根据天体运行、四季变化出现的物象更替、新旧嬗变，直观地认识到，正是天道的运行，产生了万事万物。《周易·乾卦·彖传》："大哉乾元，万物资始，乃统天。云行雨施，品物流形。"《周易·系辞上》说："乾知大始，坤作成物。"《周易·姤卦·彖传》："天地相遇，品物咸章。"万物是天地作用的产物。

《周易·序卦传》更系统地说："有天地然后有万物，有万物然后有男女，有男女然后有夫妇，有夫妇然后有父子，有父子然后有君臣，有君臣然后有上下，有上下然后礼义有所错（措）。"将天地运行与万物化成、人类诞生、君臣形成、礼义构建等联系起来了。《周易·系辞上》甚至说："易有太极，是生两仪，两仪生四象，四象生八卦，八卦定吉凶，吉凶生大业。"从而构建了中华民族系统的宇宙观。人与宇宙都处在同一个发展系统和链条中，他们互相关联，互相影响。这就使冷冰

053

---

①《论语·阳货》，载〔宋〕朱熹：《四书章句集注》，中华书局，1983，第180页。

②〔汉〕赵岐注，〔宋〕孙奭疏：《孟子注疏》，载〔清〕阮元校刻：《十三经注疏》，中华书局，1980，第2738页。

冰、黑洞洞的自然之"天"与万物和人类"联姻"，从此天与人便骨肉相连、情感相通、思虑相感了。这就自然而然地形成了中国人特有的"道法自然"和"天人合一"的系统思维方式。

道家基于"道生一，一生二，二生三，三生万物"的冥想，提出了"道法自然"的命题。[①]儒家出于对"天地纲缊，万物化醇"[②]的观察，认为天人一体、德性相通："夫大人者，与天地合其德，与日月合其明，与四时合其序，与鬼神合其吉凶。先天而天弗违，后天而奉天时，天且弗违，而况于人乎，而况于鬼神乎！"[③]

建立在上述天人关系的基础上，儒家以为，人性可以反映天道，天道亦将影响命运。《礼记·中庸》说："天命之谓性，率性之谓道，修道之谓教。道也者，不可须臾离也，可离非道也。""天道"通过"天命"影响并伴随着人类的生活，是决定人类本性和命运的最高权威。人文教化的目的，就是对这种原本与人类相亲相连的天道之体认。

不过"天"或"天道""天命"，对人类（乃至万物）虽然有如此巨大的影响力，但并不意味着人在天的面前纯粹就是奴隶，或只能唯命是从，毫无作为。在儒家看来，尽管天地孕育了人类，人在天地之中，还是最宝贵的精灵。《孝经》引孔子说："天地之性人为贵，人之行莫大于孝。"儒家认为，通过认识人类自己的本性，就可以认识"天命"，体会"天道"，甚至意识到

①　朱谦之：《老子校释》，中华书局，2008，第17页、第103页。

②　〔清〕郭庆藩：《庄子集释》卷五上，王孝鱼校点，中华书局，1961，第88页。

③　〔魏〕王弼，〔晋〕韩康伯注，〔唐〕孔颖达疏：《周易正义》，载〔清〕阮元校刻：《十三经注疏》，中华书局，1980，第17页。

自己与万物一体的"使命"。孟子提出:"尽其心者,知其性也。知其性,则知天矣。"①就是这个思路的升华和提高,也是儒家学者之于宇宙、世界的认识论和责任心。

《尚书》很早就认为:"天工人其代之。"故《中庸》随之也提出"赞天地之化育"的设想。人类应当效法天地,甚至"替天行道"。《乾卦·大象传》:"天行健,君子以自强不息。"《坤卦·大象传》:"地势坤,君子以厚德载物。"《周易·大象传》之"君子以",以及《老子》"人法地、地法天、天法道、道法自然",就是这一关系具体而生动的说明。

聪明的统治者,就是要体会天道、效法天道、体认天命、奉行天命以行人事,以施仁政。尧舜时期的皋陶就已经提出:"天聪明自我民聪明,天明畏自我民明威。"②后来经过殷周巨变,人们更懂得"天命不可长依"的道理,周人提出"惟命不于常"③,"皇天无亲,惟德是辅"④和"天视自我民视,天听自我民听"⑤等思想。或认为"天命不可违",从政者应当"敬天保民":"天生民而立之君,使司牧之,勿使失性。"⑥"天之生

① 《孟子·尽心上》,载〔宋〕朱熹:《四书章句集注》,中华书局,1983,第349页。

② 〔魏〕王肃,〔汉〕孔安国传、〔唐〕孔颖达正义:《尚书正义》,载〔清〕阮元校刻:《十三经注疏》,中华书局,1980,第139页。

③ 〔魏〕王肃,〔汉〕孔安国传、〔唐〕孔颖达正义:《尚书正义》,载〔清〕阮元校刻:《十三经注疏》,中华书局,1980,第205页。

④ 〔魏〕王肃,〔汉〕孔安国传、〔唐〕孔颖达正义:《尚书正义》,载〔清〕阮元校刻:《十三经注疏》,中华书局,1980,第227页。

⑤ 〔魏〕王肃,〔汉〕孔安国传、〔唐〕孔颖达正义:《尚书正义》,载〔清〕阮元校刻:《十三经注疏》,中华书局,1980,第181页。

⑥ 〔西晋〕杜预集解,〔唐〕孔颖达正义:《春秋左传正义》,载〔清〕阮元校刻:《十三经注疏》,中华书局,1980,第1958页。

民，非为君也；天之立君，以为民也。"[1]或又从另一角度提出"天道远，人道迩"[2]，甚至"非命"[3]等主张。在天道、天命与人事、人政之间，构建起明显的或分或合的特殊模式。

在这一思维模式下，要求治国理政者要"敬天保民"，士大夫要"乐天知命"，戡乱创业者要"替天行道"，士君子要"知性知天"，人民百姓要"敬天法祖"——这样一个普遍的"尊天""畏命""崇道""守法"的民族性情，从而构建起"昊天—天道—天命—天性—尽心—知天—敬天—赞天—畏天"的信仰体系和价值观念。

从儒家哲学的层面描述"天道"，"天道"无非"仁义"。《周易·系辞下》说："《易》之为书也，广大悉备，有天道焉，有人道焉，有地道焉。"天、地、人（是谓"三才"）在《易》中都有自己的位置，而且形成了系统互依的结构。《周易·说卦传》又曰："立天之道曰阴与阳，立地之道曰柔与刚，立人之道曰仁与义。"阴阳、刚柔、仁义都是互含互通的，天道、地道和人道原来是互补互助的。天道=地道=人道，阴阳=刚柔=仁义，天命=人性=五常=仁政，等等。《周易·系辞下》又曰："天地之大德曰生，圣人之大宝曰位，何以守位曰仁，何以聚人曰财，理财正辞、禁民为非曰义。"《周易·系辞上》又曰："生生之谓易，成象之谓乾，效法之谓坤。"原来圣人实施的仁政，正是对易道之生生、天地之大德的具体效仿。

推而广之，从《周易》的角度描述"天道"，天道无非"事

---

① 〔清〕王先谦：《荀子集解》卷第十九，中华书局，1988，第504页。

② 〔西晋〕杜预集解，〔唐〕孔颖达正义：《春秋左传正义》，载〔清〕阮元校刻：《十三经注疏》，中华书局，1980，第2085页。

③ 〔清〕孙诒让：《墨子闲诂》，中华书局，2001，第264页。

业"。①从道家的角度描述"天道"，天道无非"万物"。②从术数天文的角度描述"天道"，天道就是"历法"（元气、阴阳、四季、历法）。从医学的角度描述"天道"，天道就是"仁寿"（元气、阴阳、五行、五运、六气）。

孔子提倡"下学而上达"③"不知命无以为君子"④，自谓"五十而知天命"⑤。并且推崇"闻道"，以为"朝闻道，夕死可矣"⑥，将是否"上达"作为划分"君子"与"小人"的分水岭，一则曰："君子上达，小人下达。"⑦一则曰："君子有三畏：畏天命，畏大人，畏圣人之言。小人不知天命而不畏也，狎大人，侮圣人之言。"⑧在孔子的影响下，天、天道、天命、命，就成了中国人认识天人关系，实现终极关怀，阐释人生价值，树立生命意义的重要依据和权威理由。

孔子所说"尊命""尚忠"观念，与《周易》"天道""重

①《周易·系辞传上》："易有太极，是生两仪，两仪生四象，四象生八卦，八卦定吉凶，吉凶生大业。"（〔魏〕王弼，〔晋〕韩康伯注，〔唐〕孔颖达疏：《周易正义》，载〔清〕阮元校刻：《十三经注疏》，中华书局，1980，第82页）

②《老子·道化章》："道生一、一生二、二生三、三生万物。"（朱谦之：《老子校释》，中华书局，1984，第174页）

③《论语·宪问》，载〔宋〕朱熹：《四书章句集注》，中华书局，1983，第157页。

④《论语·尧曰》，载〔宋〕朱熹：《四书章句集注》，中华书局，1983，第195页。

⑤《论语·为政》，载〔宋〕朱熹：《四书章句集注》，中华书局，1983，第54页。

⑥《论语·里仁》，载〔宋〕朱熹：《四书章句集注》，中华书局，1983，第71页。

⑦《论语·宪问》，载〔宋〕朱熹：《四书章句集注》，中华书局，1983，第155页。

⑧《论语·季氏》，载〔宋〕朱熹：《四书章句集注》，中华书局，1983，第172页。

生"、《尚书》"天命""贵德"说，构成了中华民族数千年来"尊天重道""敬天保民""遵命贵德"的精神信仰和价值追求，由此而形成的系列世界观、价值观和人生观，甚至历法、服色、车舆等文化体系，是中华民族自立于人类文化之林的精神力量和重要标志。

二、鬼神与阴阳

"鬼神"信仰在世界各地都存在，中国的"鬼神"信仰并不纯粹是迷信的人格神，也不是纯粹愚昧的表现。神灵崇拜，究其根源其实是人们对于美好事物的想象和追求，或是对于祖先（以及其他超人力量）的崇拜和感恩。英国神学家凯伦·阿姆斯特朗在《神的历史》中说："神就像富含启发能力的诗词和音乐一样，是创造性想象的产物。"她说的虽然是世界上的一神宗教，不过中国早期信仰其实亦然。

中华民族信仰系统中的鬼神崇拜，其本质是阴阳理论普遍价值的神秘表现。我们通过对《周易》等儒家经典中阴阳思想的分析和归纳，不难发现，阴阳观念其实是中国鬼神信仰崇拜的核心理念，其本质在于"神道设教"和"以神化民"。这一理论不但对中国古代宗教信仰、祖先崇拜产生了巨大影响，它还承载着中华民族的精神家园重建的希望。

孔子说，殷人"率民以事神"。这个论断从19世纪末以来在河南安阳等地发现的大量卜辞中，得到了证明。甲骨卜辞显示，殷商君王在处理重大事务之前，都要用龟甲或兽骨进行占卜，祈求鬼神的启示或护佑。所问事项，内容和范围十分广泛，大到战争、国政和年景收成，小到疾病痊愈、出行利屯，应有尽有，真到了所谓"率民以事神，先鬼而后礼"的地步。观其所问对象，大要有三，即天神、自然神、祖先神，其中以对祖先神的卜问最为普遍，也最频繁。殷人对天神和自然神的信仰，显然是从夏人"尊命"传统的继承、发展和抽象而来。其对"祖先神"的崇拜当是殷人自家的创造，故卜辞中卜问祖先（即先公、先王、先妣、先君）的机会也最多，也最虔诚。这也应验了凯伦"每一代人必须创造适于他们自己的神意象"①的论断。

在当时，君王是否敬天法祖，是否准时合规祭祀鬼神，成了衡量他们是否"合法"、是否是"有道"之君的重要标志，若有疏忽，就有可能招致讨伐甚至被推翻。《墨子·非命中》据《泰誓》引纣曰："我民有命，毋僇其务。"这是商纣以天命自卫。但是《尚书》中却多处谴责商王纣"弗敬上天""自绝于天""昏弃厥肆祀弗答"等行为。周武王之所以胆敢以下犯上、以臣诛君，就因为大量罗列了纣王的此类不敬神的大罪，激起众怒，才大张旗鼓地"躬行天之伐"的。

"鬼神"范围到春秋时期虽然有所扩大，但是其以祖先为"鬼神"这一观念犹然保存，《左传》襄公十四年，师旷就说："夫君，神之主也，民之望也。若困民之主，匮神乏祀，百姓绝望，社稷无主，将安用之？弗去何为？天生民而立之君，使司牧之，勿使失性。"此处的"神"是社稷、政权之神，包括天地、先王、先君在内。《论语·为政》载孔子言："非其鬼而祭之，谄也。"此处的"鬼"无疑就是自家祖先神了。

《孝经·丧亲章》引孔子曰："孝子之丧亲也……擗踊哭泣，哀以送之，卜其宅兆，而安厝之；为之宗庙，以鬼享之。"更明白不过地说明"鬼"就是自己刚刚去世的父母等亲人。《孝经·感应章》又引子曰："昔者明王事父孝，故事天明；事母

①［英］阿姆斯特朗：《神的历史》（珍藏版），海南出版社，2013，第5页。

孝，故事地察……天地明察，神明彰矣。故虽天子，必有尊也，言有父也；必有先也，言有兄也；宗庙致敬，不忘亲也；修身慎行，恐辱先也；宗庙致敬，鬼神著矣。孝悌之至，通于神明，光于四海，无所不通。"将对"鬼神"或"神明"的祭祀，定义为明王的"事父""事母"行为（或其延伸），以为君主自家的"宗庙致敬"，即可能引起"天地""神明"的好感，获得"光于四表，无所不通"的效果，便直接将鬼神、祖先、父母、天地、家国联系在一起了。

以上都表明，中国人"鬼神"信仰，最早其实就是对逝去的祖先，甚至刚故去的父母的礼敬和追思。金文中的"追孝"和《诗经》的"曰追来孝"即其事也。

何以要称故去的亲人为"鬼"为"神"呢？古人曾经从语源上给予解释和说明："鬼"者，归也；[1]"神"者，伸也。[2]人类之所以将故去亲人称"鬼"、称"神"，完全是出于对阴、阳二气消长的认知。古人认为，人之生、死，全在于阴、阳二气的起灭聚散。阴、阳平衡为人，阳熄纯阴为鬼，阴熄纯阳为仙，鬼神不过是阴、阳二气的伸缩盈虚罢了。

"阴阳"盈虚导致"鬼神"产生的观念及其原理，在《周易》中有非常明确的表述。《周易·乾文言》称："与鬼神合其吉凶"，《周易·系辞下》曰："阴阳不测之谓神""神无方而易

---

① 〔汉〕许慎：《说文解字》卷九上《鬼部》（中华书局，1963，第188页）："鬼，人所归为鬼，从人，象鬼头。鬼阴气贼害，从厶。"

② 〔汉〕王充：《论衡·论死篇》（上海人民出版社，1974，第315页）："鬼者，归也；神者，荒忽无形者也。或说：鬼神，阴阳之名也，阴气逆物而归，故谓之鬼；阳气导物而生，故谓之神。神者，伸也。"〔宋〕朱熹又说："神，伸也；鬼，屈也""鬼神只是气。屈伸往来者，气也。"（〔宋〕黎靖德：《朱子语类》卷三，中华书局，1986，第34页）

无体"，似乎都很神秘，无可言状。其实细考《易》文，鬼神即阴阳，亦即天道、天命的翻版。《周易·系辞上》说："精气为物，游魂为变，是故知鬼神之情状。与天地相似故不违，知周万物而道济天下，故不过。旁行而不流，乐天知命故不忧。安土敦乎仁，故能爱。范围天地之化而不过，曲成万物而不遗，通乎昼夜之道而知，故神无方而易无体。一阴一阳之谓道，继之者善也，成之者性也。仁者见之谓之仁，智者见之谓之智，百姓日用而不知，故君子之道鲜矣。"这里的"精气、游魂、鬼神、天地、万物、天道、天命、阴阳、人性、仁智"等，全是相通或互相关联的概念。作为物质情态来讲它是"精气"，其运动状态则是"游魂"，其内在奥秘就是"鬼神"。这个鬼神不是别的，而是描摹"天地"原理、周济天下万物的"天道"，是作用于人的"天命"，是包罗天地变化、曲成万物生灭的"神"和"易"；这个东西不是别的，其实也就是表现为"一阴一阳"互动互济的"道"。这种力量，反映在人道方面，就是"仁"和"智"，可惜百姓天天与它打交道却不自知觉，因此君子所追求的"道"也就很少得到发挥了！

《周易》中的"鬼神"是哲学化的，被抽象化了的，它是天地变化、万物生死、万法起灭、万理呈露、人事利屯的根本原因和根本法则。诸如《易》的制作，观象设卦，前知后测，都是圣人描述阴阳、演示阴阳、探索奥秘、极深研几，亦即体现"鬼神"奥秘的人为制作。

首先，作为《周易》构成基石的八卦符号，就是圣人拟议"神明"和"万物"的结果。《周易·系辞下》说："古者包牺氏之王天下也，仰则观象于天，俯则观法于地，观鸟兽之文与地之宜，近取诸身，远取诸物，于是始作八卦，以通神明之德，以类万物之情。"八卦从其产生上讲是对天文地理、远物近身的描摹，其功能是对"神明"变化之原理（德）的归纳和事物内在情势（情）的揭示。

其次，六十四卦的形成，也是"人谋鬼谋"的呈现："天地设位，圣人成能。人谋鬼谋，百姓与能。"[①]作为一部《周易》门户和纲领的乾、坤二卦，也是对阴阳等天地德性的模拟："子曰：乾坤其易之门邪。乾阳物也，坤阴物也。阴阳合德而刚柔有体，以体天地之撰，以通神明之德。"

求卦占验的筮法也是对神明的凸显。《周易·说卦传》："昔者圣人之作《易》也，幽赞于神明而生蓍，参天两地而倚数，观变于阴阳而立卦，发挥于刚柔而生爻，和顺于道德而理于义，穷理尽性以至于命。"又曰："昔者圣人之作《易》也，将以顺性命之理，是以立天之道曰阴与阳，立地之道曰柔与刚，立人之道曰仁与义。"鬼神、天地、阴阳、刚柔、道德、义理、性命等，都通过《周易》中"神明"的筮法，得到统一和沟通。由于筮数前景莫定，故亦称"神"："是故蓍之德圆而神，卦之德方以知。""神以知来，知以藏往。"[②]筮法的演算，也体现了鬼神的奇妙："凡天地之数五十有五，此所以成变化而行鬼神也。"[③]

《周易》中的鬼神似乎也有正义感，能够福善而祸淫。《谦卦·象传》："天道亏盈而益谦，地道变盈而流谦，鬼神害盈而

---

① 黄寿祺、张善文：《周易译注·卷九·系辞下传》，中华书局，2016，第539页。

② 黄寿祺、张善文：《周易译注·卷九·系辞上传》，中华书局，2016，第497页。

③〔魏〕王弼，〔晋〕韩康伯注，〔唐〕孔颖达疏：《周易正义》，载〔清〕阮元校刻：《十三经注疏》，中华书局，1980，第80页。

福谦，人道恶盈而好谦。"其实，所谓"神"也、"明"也、"鬼"也，无非阴阳、仁义、天道、天命等决定作用的同质异辞，《周易·说卦传》云："神也者，妙万物而为言者也。"这一切的一切，都是圣人的发挥和操作在起作用："子曰：圣人立象以尽意，设卦以尽情伪，系辞焉以尽其言，变而通之以尽利，鼓之舞之以尽神。"[1] "极天下之赜者存乎卦，鼓天下之动者存乎辞，化而裁之存乎变，推而行之存乎通，神而明之存乎其人。"[2]是之谓也。

圣人对《周易》原理的设定，其实就是对天道、人事奇妙原理的事先设定和精妙模拟，只是这种模拟难以言传，神妙莫测、奇妙无方而已。《周易·系辞上》云："是以明于天之道，而察于民之故，是兴神物，以前民用。圣人以此齐（斋）戒，以神明其德夫。是故阖户谓之坤，辟户谓之乾，一阖一辟谓之变，往来不穷谓之通。见乃谓之象，形乃谓之器，制而用之谓之法，利用出入、民咸用之谓之神。"所谓"神明"就是在前知天道原理、民事规矩的前提下，运用神秘莫定的蓍草表达出来的演算方法。其原理在《周易》首卦《乾》和次卦《坤》中蕴藏着，通过辟阖、往来的动态呈现体现出来。它外现的象和器，经过人民的模仿和广泛利用，就表现出了神奇的效应。

探知阴阳的变化，就知道鬼神的情状了。《周易·系辞上》："仰以观于天文，俯以察于地理，是故知幽明之故，原始反终，故知死生之说。精气为物，游魂为变，是故知鬼神之

---

① 〔魏〕王弼，〔晋〕韩康伯注，〔唐〕孔颖达疏：《周易正义》，载〔清〕阮元校刻：《十三经注疏》，中华书局，1980，第83页。

② 黄寿祺、张善文：《周易译注·卷九·系辞上传》，中华书局，2016，第504页。

情状。"精气、游魂都是对阴阳二气运行的描写，知道它们便知道了鬼神的情状了。知道变化莫测就是通"神"了。子曰："知变化之道者，其知神之所为乎？"[①]"易无思也，无为也，寂然不动，感而遂通天下之故，非天下之至神，其孰能与于此？"[②]"唯神也，故不疾而速，不行而至。"[③]这与英国神学家凯伦·阿姆斯特朗所谓"一神论者称此超越经验为'神'"[④]，是同一原理。

如何才能使自己修得"神"圣的境界呢？一是知道变化的原理和奥秘，二是知道变化的先兆和节点。《周易·系辞上》说："穷神知化，德之盛也。"又说：'子曰：知几其神乎。"《周易·系辞上》说："阴阳不测之谓神。"可见"鬼神"就是对阴阳的形象描写，是对变化的通俗概括，是对圣人设教的神秘表述，是对事业成功的先期预测，如是而已，岂有他哉！《周易·系辞上》又说："一阴一阳之谓道。"道的运行、阴阳的消长才是"鬼神"产生和显灵的根本动力。《周易》反复将"鬼神、阴阳、天道"等联系起来就是出于这一考虑。

鬼神，说穿了仍然是人类对美好事物的预期设定，是对未知世界的哲学表达，也是对理想境界的虚幻构拟。由于人类认识不一，贤愚不等，能力不齐，功效各异，后来人们对于"鬼神"的认识便产生出很大分歧，也才生出众多名目的精灵古怪。这些鬼

---

① 黄寿祺、张善文：《周易译注·卷九·系辞上传》，中华书局，2016，第 491 页。

② 黄寿祺、张善文：《周易译注·卷九·系辞上传》，中华书局，2016，第 495 页。

③ 黄寿祺、张善文：《周易译注·卷九·系辞上传》，中华书局，2016，第 495 页。

④ ［英］阿姆斯特朗：《神的历史》（珍藏版），海南出版社，2013，第 6 页。

神也善恶不一，美丑非类。儒家的鬼神是逝去的"祖先"和消长的"阴阳"，墨家的鬼神是祸人福人的"精怪"，法家的鬼神是吓人的专制"魔王"，兵家的鬼神是知胜知败的"兵神"，而百姓的鬼神既是消灾弭祸的"福星"和避之唯恐不及、需要禳除的"恶魔"。天有神，地有祇，山有精，水有灵，家有家先，乡有土地，事事物物的神秘性都被人格化，甚至妖魔化了。所有这些都是后话，若溯其本初，无非"阴阳"的消长、"祖先"的存殁而已！

《周易·观卦·象传》曰："观天之神道而四时不忒，圣人神道设教而天下服矣。"所谓"神道"乃是圣人设教的手段，"神道设教"可谓一语道破"鬼神"学说的根源，神鬼是工具，教化才是目的，如是而已。荀子曰："君子以为文，而百姓以为神。以为文则吉，以为神则凶也。"[①]不其然乎？

三、礼乐与文明

中华礼仪曾经被讥讽为繁文缛节、精神桎梏，实际上它却是中华先民对人类文明的一大贡献。在儒家看来，"礼"是对"太一"为代表的宇宙精神的模拟，是对人类情欲的必要节制，同时也是尊重自然差别、社会等级的制度设施。"礼"自周公正式制定以来，在历史上曾起到规范人们灵魂生活、政治生活、社会生活、人伦生活的制度保障。"礼"是人与动物的分界线，也是人类社会文明与野蛮的分水岭。一个人要想修成君子、完善仁德，必须在礼仪修养方面有所造诣，做到"文质彬彬，然后君子"。当然，儒家为了确保"礼"避免落入消极的虚仪，减少阶级对抗和等级对立，时时注意对"礼乐"实质的唤醒和保存，那就是充满爱意和仁义。仁义其实才是一切礼乐文明、制度设施的实质内容。

---

① 〔清〕王先谦：《荀子集解》卷第十一，中华书局，1988，第316页。

　　在孔子所总结的夏人尊命、殷人重鬼、周人遵礼的"三统"结构中，"礼"处于敬天法祖、安人保民的重要位置。如果说"天道"代表了终极关怀、"鬼神"代表了临终关怀的话，"礼乐"实际代表了对现世人生的现实关怀，同时也是使终极关怀和临终关怀落到实处、行得其宜的文字说明。子曰："礼乎礼，夫礼所以制中也！"①岂虚语哉！要想纠正当下某些人的信仰缺失、价值倒错、行为失范等，对以"礼乐"文明为代表的"三统"体系的适当重建，不失为一种可供尝试的选择。

　　"礼"的根由。中国号称"文明礼仪之邦"，礼乐文化自古发达，这个传统其来久远，形成制度起自姬周，寻根溯源则本于天地。孔颖达《礼记正义序》论礼的起源说："夫礼者，经天纬地，本之则大一之初；原始要终，体之乃人情之欲。"认为礼的终极根源是宇宙精神（太一），其直接功能则是节制人的情欲。《说文系传》释"一"曰："惟初太极，道立于一。造分天地，化成万物。"太极，又作"太始"，也就是万物资以发生的原始状态。这就与表现为"阴阳"的天道、反映出阴阳消长的"鬼神"同其一源了。只不过，阴阳是虚的，鬼神是不可捉摸的，而礼乐则是制度化了、化为制度的"天道"和"阴阳"罢了。孔颖达还说，人有情欲，情有善恶，善者有所不为，而恶者则无所不为，因此"古先圣王鉴其若此，欲保之以正直，纳之于德义……故乃上法圆象（天），下参方载（地），道之以德，齐之以礼"。②

　　孔颖达此说的依据本于他之前的《礼记·坊记》："子云：

066

---

①〔汉〕郑玄注，〔唐〕孔颖达疏：《礼记正义》，载〔清〕阮元校刻：《十三经注疏》，中华书局，1980，第1613页。
②〔汉〕郑玄注，〔唐〕孔颖达疏：《礼记正义》，载〔清〕阮元校刻：《十三经注疏》，中华书局，1980，第1222页。

'小人贫斯约（窘迫），富斯骄；约斯盗，骄斯乱。礼者，因人之情而为之节文，以为民坊（防）者也。故圣人之制富贵也，使民富不足以骄，贫不至于约，贵不慊（不满足）于上，故乱益亡（无）。'"又曰："子云：'夫礼者，所以章（明）疑别微，以为民坊（防）者也。故贵贱有等，衣服有别，朝廷有位（尊卑），则民有所让。'"

可见礼的设置完全是为了克服人性粗野的一面，发扬其良善的一面，礼制也是对天道、地道的模拟和规范。

"礼"的起源。那么礼仪具体起源于何时呢？孔颖达说："燔黍则大亨之滥觞，土鼓乃云门之拳石，冠冕饰于轩初，玉帛朝于虞始；夏商革命，损益可知；文武重光，典章斯备。洎乎姬旦，负扆临朝，述曲礼以节威仪，制周礼而经邦国。"[①] 燔黍、土鼓是神农时代的礼乐，属于氏族社会。冠服之礼起于黄帝，玉帛朝聘起于虞舜，中经夏殷的因革和损益，至周代乃形成制度，特别是周公制礼作乐，才得到完善。孔子说："夏礼吾能言之，杞不足征也；殷礼吾能言之，宋不足征也。"[②] 又说："郁郁乎文哉！吾从周。"[③] 通过对三代礼制这番认真的考察和鉴别，孔子发现夏商之礼，皆有缺失，唯姬周之制，最为完美。《论语·八佾》云："殷因于夏礼，所损益可知也；周因于殷礼，所损益可知也。其或继周者，虽百世可知也。"可见西周的礼制也有对前代制度的继承和发展，而且将对后代的文化建设具有历史性影响。

---

① 〔汉〕郑玄注，〔唐〕孔颖达疏：《礼记正义》，载〔清〕阮元校刻：《十三经注疏》，中华书局，1980，第1222页。

② 《论语·八佾》，载〔宋〕朱熹：《四书章句集注》，中华书局，1983，第63页。

③ 《论语·八佾》，载〔宋〕朱熹：《四书章句集注》，中华书局，1983，第65页。

"礼"的节目。当时有所谓"经礼三百，曲礼三千"①之说。西周、春秋时期，"礼乐"一直是官府塑造合格接班人的重要教典，《王制》说："乐正崇四术，立四教，顺先王《诗》《书》《礼》《乐》以造士。"《左传》即将"说《礼》《乐》而敦《诗》《书》"作为选择元帅的优胜条件。

历经时代变迁，《乐经》失传，《礼经》则衍为"三礼"，即《周礼》《仪礼》及《礼记》。关于这些礼经的功能《荀子·大略》有曰："礼者，人之所履也。"《说文解字》："礼，履也。"《释名》则曰："礼，体也。"体，即身体力行。孔颖达更发挥说："礼者，体也，履也。""礼者，理也。"②体是体用之体，即根本法则，统之于心；履即实践，即体用之用，指礼节仪文指导实践；理即治理之理，指礼法具有使天下走向大治的功能。《礼记·礼运》记载孔子说在结束了"天下为公"的"大同"（原始）社会后，"今大道既隐，天下为家，各亲其亲，各子其子，货力为己，大人世及以为礼，城郭沟池以为固，礼义以为纪。以正君臣，以笃父子，以睦兄弟，以和夫妇，以设制度，以立田里，以贤（表彰）勇知，以功为己。"礼义是人类社会维系和平秩序的制度设施。

前引《周易·序卦传》"有天地然后有万物"直至"有上下然后礼义有所错"，更明白不过地表明，礼义是使天地运行、社会进化等顺利推行和完整呈现的必要措施，礼法是自然法则的一种人文延伸。

---

① 〔汉〕郑玄注，〔唐〕孔颖达疏：《礼记正义》，载〔清〕阮元校刻：《十三经注疏》，中华书局，1980，第 1435 页。
② 〔汉〕郑玄注，〔唐〕孔颖达疏：《礼记正义》，〔清〕阮元校刻：《十三经注疏》，中华书局，1980，第 1222-1223 页。

具体地讲，《周礼》属于体，是经邦治国之大经大法；《仪礼》属于履，是日常生活的行为准则。也就是文献所谓"经礼三百（周礼），曲礼三千（仪礼）"。经之与曲，体之与履，一大一小，一简一繁，各有专主，相辅为用。至于《礼记》，则主要是对《仪礼》各仪意义的解说，还有先秦儒家诸子的文献辑存，多属于治道的范围，是孔颖达"礼者，理也"的具体说明。

　　"礼"与文明。在儒家看来，真正的"人"，不是从直立、无毛和说话开始的，而应该从知道并服行礼义发轫。荀子说："人之所以为人者，非特以其二足而无毛也，以其有辨（别）也。夫禽兽有父子而无父子之亲，有牝牡而无男女之别，故人道莫不有辨，辨莫大于分，分莫大于礼。"[1]是礼将人类引向文明和秩序，也是礼将人与动物区分开来。《礼记·曲礼上》亦载："鹦鹉能言，不离飞鸟；猩猩能言，不离禽兽。今人而无礼，虽能言，不亦禽兽之心乎？夫唯禽兽无礼，故父子娶麀（共妻）。是故圣人作，为礼以教人，使人以有礼，知自别于禽兽。"

　　礼是人类区别于其他动物的重要标准，也是文明和野蛮的突出分水岭。礼是人所履行的规范。反言之，举凡人类的物质生活、精神生活、灵魂生活，以及伦理生活、社会生活和政治生活的一切规矩，无一不属于礼的范围。物质生活包括衣、食、住、行，精神生活包括教育、娱乐、学术等活动，灵魂生活包括信仰、宗教、祭祀等活动，伦理生活包括夫妇、父子、兄弟、亲戚等关系，社会生活包括朋友、师徒、邻里、同事、长幼等关系，政治生活包括君臣、上下、尊卑、贤愚等区别，等等。在文明社会里，无不有具体的礼仪制度来为之节文和设防，从而避免了人

---

① 〔清〕王先谦：《荀子集解》卷第三，中华书局，1988，第79页。

们因处理这些关系不当时造成的社会错乱。

《礼记》说："丘闻之：民之所由生，礼为大。非礼，无以节事天地之神也；非礼，无以辨君臣、上下、长幼之位也；非礼，无以别男女、父子、兄弟之亲，婚姻疏数之交也。"已将礼乐在灵魂生活、社会生活、伦理生活中的重要性言之甚明。没有礼制，就没有祭天告地的仪式，就无法辨别君臣、上下、长幼之间的职权和差别，就不能体现男女、父子、兄弟之间的亲情关系和亲戚之间的亲疏等级，从伦理关系、社会秩序到政治地位、宗教活动，都会出现混乱不堪的局面。倘若家庭不亲、伦常失序、贵贱失等、君臣失位、祭祀废弛、灵魂无归，那么这个社会就颓废了、混乱了，这个国家就不成其为国家了，社稷国祚也就不存在了。可见，礼是维系社会正常运转的必要保证，礼成了治世与乱世的分界线。

礼仪制度是为不同阶级和阶层、不同等级和类别的人们在这些领域活动中，制定出的相应的行为规范，以便人们处理好各种关系，扮演好自己的角色，以维系整个社会的秩序和谐和稳定，也造就社会向文明鼎盛发展。礼是人格自觉的人们过文明生活的实践哲学，也是社会是否文明的重要标志。人类的每一个活动领域无不浸透着礼的规定，无不存在着礼的身影。一个人如果很好地掌握了这些规定，遵守了这些规范，那他就能很好地立身并服务于这个社会，与人们和谐相处、合作共赢，就有可能获得生活的幸福和事业的成功。此即孔子之所以反复叮嘱"不知礼，无以立""不学礼，无以立"的用意所在。

"礼"的实质。为避免让礼仪落入繁文缛节的境地，儒家特别重视"礼乐"的精神实质，一定的礼仪是代表一定的文化追寻和精神诉求的。孔子说："仁者人也，亲亲为大；义者宜也，尊贤为大。亲亲之杀（差），尊贤之等，礼所生也。"①礼是仁、义的外现和物化。孟子也说："仁之实，事亲是也；义之实，从兄（尊长）是也；智之实，知斯二者弗去是也；礼之实，节文斯二者是也。"②礼是对仁、义、智三者的规定和节文。荀子也说："亲亲、故故、庸庸、劳劳，仁之杀（差别）也；贵贵、尊尊、贤贤、老老、长长，义之伦（类别）也；行之得其节（节度），礼之序（秩序）也。"③礼是使人们在施行"亲亲"等仁之差别和"贵贵"等义之伦类时，确保行得其宜、处得其度的制度设施。从本质上讲，礼乐的精神无非仁义而已。孔子曰："礼云礼云，玉帛云乎哉？乐云乐云，钟鼓云乎哉？"④于此有深意存焉。

"礼"与君子。孔子曰："恭而无礼则劳，慎而无礼则葸（胆怯），勇而无礼则乱，直而无礼则绞（尖刻）。"⑤恭则敬，慎则寡过，勇则敢为，直则无偏。这些本来都是优良品质，但如果行不由礼、处不以度，就会适得其反：恭敬而不知节度，成天精神紧张，故劳；谨慎而不知节度，委琐胆小，故葸；勇猛而不知节度，彪悍逞强，故乱；直率而不知节度，尖酸刻薄，故绞。任何好心善意，都必须以恰当的方式和尺度表达出来。这个恰当的方式，便是约定俗成、能为大家所接受的礼。礼正是保证人们行

①《中庸》，载〔宋〕朱熹：《四书章句集注》，中华书局，1983，第28页。
②《孟子·离娄上》，载〔宋〕朱熹：《四书章句集注》，中华书局，1983，第287页。
③〔清〕王先谦：《荀子集解》卷第十九，中华书局，1988，第491页。
④《论语·阳货》，载〔宋〕朱熹：《四书章句集注》，中华书局，1983，第178页。
⑤《论语·泰伯》，载〔宋〕朱熹：《四书章句集注》，中华书局，1983，第103页。

动得体的尺度，故孔子无限感慨地说："礼乎礼！夫礼所以制中（适中）也！"①

　　孔子认为，一个人要完善自己的修养，一定要以"义"为质，以"礼"为行动的规范："君子义以为质，礼以行之。"②君子本质上是行义，但为了行义的方便，却要用礼仪来文饰。君子重义，而行其所重又莫非礼仪。子路问"成人"，孔子回答说："若臧武仲之知（智），（孟）公绰之不欲，卞庄子之勇，冉求之艺（多才），文之以礼乐，亦可以为成人矣。"③孔子要求人们"克己复礼"，教导人们在伦理生活、社会生活、政治生活乃至灵魂生活等各个领域，都按礼制行事，做到"非礼勿动"。他又说："质胜文则野，文胜质则史，文质彬彬然后君子。"④

　　人们奉行孝道，无非礼的落实。孟懿子问孝，孔子曰："无违。"又曰："生事之以礼，死葬之以礼，祭之以礼。"⑤如果要从社交活动中获得教益，那就多多参加礼仪活动吧！孔子曰："益者三乐，……乐节礼乐，乐道人之善，乐多贤友，益也。"⑥要治理好民众，礼当然更不能缺少。子曰："道（导）之

---

　　①〔汉〕郑玄注，〔唐〕孔颖达疏：《礼记正义》，〔清〕阮元校刻：《十三经注疏》，中华书局，1980，第1613页。

　　②《论语·卫灵公》，载〔宋〕朱熹：《四书章句集注》，中华书局，1983，第165页。

　　③《论语·宪问》，载〔宋〕朱熹：《四书章句集注》，中华书局，1983，第151页。

　　④《论语·雍也》，载〔宋〕朱熹：《四书章句集注》，中华书局，1983，第89页。

　　⑤《论语·为政》，载〔宋〕朱熹：《四书章句集注》，中华书局，1983，第55页。

　　⑥《论语·季氏》，载〔宋〕朱熹：《四书章句集注》，中华书局，1983，第172页。

以德，齐之以礼，（民）有耻且格。"①又说："君使臣以礼，臣事君以忠。""事君尽礼。"②《孝经》更归纳起来说："教民亲爱，莫善于孝。教民礼顺，莫善于悌。移风易俗，莫善于乐。安上治民，莫善于礼！"

礼具有广泛的约束性，也具有广泛的应用价值。在修身上，如果能按礼办事，"言中规，行中伦，用中权"，就能成为仁人，成为君子。在社会上，如果能找准自己的位置，尽自己的职分，就不会与人冲撞。如此，不仅他自己的事业有成，而且社会也能惠于他，实现安定和秩序。在灵魂生活中，哪怕是对天地鬼神的礼拜，也要按礼行事。子曰："祭如在，祭神如神在。""吾不与祭，如不祭。"③否则就是对神灵的不敬，将遭天谴。作为统治者，如果将礼乐教化推行天下，人人被教，个个知礼，那么，必然处处是丝竹管弦之声，处处有行为礼貌之民。这样一来，君子何愁不成？仁德何愁不备？国家何愁不治？天下何愁不太平呢？倡礼行礼有这样多的好处和功能，无怪乎孔子要低吟婉唱："一日克己复礼，天下归仁焉。"④

第二节　贵德：儒家的教化

儒家德教问题涉及对儒学本身的认识，还有儒学当代价值的

---

①《论语·为政》，载〔宋〕朱熹：《四书章句集注》，中华书局，1983，第 54 页。

②《论语·八佾》，载〔宋〕朱熹：《四书章句集注》，中华书局，1983，第 66 页。

③《论语·八佾》，载〔宋〕朱熹：《四书章句集注》，中华书局，1983，第 64 页。

④《论语·颜渊》，载〔宋〕朱熹：《四书章句集注》，中华书局，1983，第 131 页。

判断。有人说儒学是宗教，有人说儒学是礼教，有人说儒学是经学，也有人说儒学是道学、是理学，等等。说它是宗教，是因为宗教的最终目的是劝善，儒家也讲劝善，但从世界范围来看，宗教是以神为本位来立的教，一般具有一定的排他性。这与儒学不一样。可见，儒学之为教，是教化之教，而非宗教之教。说它是"礼教"，是因为儒家讲礼，在经典里面有"三礼"，在祭天、祭地、祭祖宗，甚至执政、交游等方面都有"礼"的规定，但儒家讲礼只是手段而并不是目的。有人说它是经学，是因为儒学是从经典出发、又以经学为归趋的学术，但研究经典也不是儒家的目的，阐明"经义"——经里的道和教化，才是真正的目的。说儒学是道学、理学，这些说法的起源其实很晚。"道学"一词出于宋儒，重视"道统"也是很晚的事情；同时为了区别于道家、道教，儒学也不宜总称为道学。说它是理学，亦不无道理，因为到了"宋学"阶段，探究事物之"理"，"理在事先"也是当时学术的一个重要特征，但理学是儒学发展的后期阶段，最终也没有形成一个完整的、包容的、可以概括古今儒学特征的模式。如果考察儒学整个发展历史和整体特征，儒学的根本特征应当是"德教"，也就是注重德行教化的学术。

一、孔子内圣，儒门重德

为什么儒学根本特征是"德教"？因为孔子内圣，儒门是重德的。诸子各家，学术各有所主：道家贵道而崇尚无为；儒家尊德而珍贵仁义礼乐，墨家兼爱而近于仁；法家重政刑而近于义。"德"因其具有较强的包容性和缘起性而居于诸德目之首。孔子提倡"仁"者爱人，体现了德的真正本色；"义"者宜也，这是行德之原则；"礼乐"者，并非仅仅表现为钟鼓玉帛、铿锵鼓舞，而是为修身立德而设立的规范仪节。他强调自己的修养过程以"德"为根据，"志于道，据于德，依于仁，游于艺"，相反，如果"德之不修"，则"是吾忧也"。①《论语·里仁》又说："德不孤，必有邻。"如果一个人修养出了良好的德行，一定会有朋友。孔子将德视为交朋结友、安身立命的根本操守。他甚至将"中庸"这一至善至美的方法视为至德，说："中庸之为德，其至矣乎，民鲜久矣！"②

二、德之品类及其地位

从音训上来看，"德"，古训为"得""得到"，这个意思又有两个层面。第一个层面：德相对于道来说，是获得。《管子·心术上》篇说："德者，道之舍。""德"是"道"寄托在某一具体事物中的表现，"物得以生"，有了"德"，事物才成为具体的事物。这个"得"就表示万事万物从"道"那里分来的性质，促成这个具体事物诞生的，那就是"德"。"道"就是天地本原、运行规律，是原始的，具有最高的、最后的支配力量和决定权力。"德"则是次生的，具体事物是从"道"那里分出来的，并形成了自己特殊的个性。《礼记·中庸》说："天命之谓性，率性之谓道。"最高的是"道"，"道"下面生成的是个性，个性叫天命，亦即德性。《大戴礼记·本命》就说："分于道谓之命，成于一谓之性。"这里又出现"命"和"性"这两个词，"命"是从"道"那里分来的，其所形成的具体的、单一的个性就叫"性"。可见，这里说的性、命与道的关系和德与道的关系是相似的。道、德、性、命是相联系又相区别的概念。道，是引

075

①《论语·述尔》，载〔宋〕朱熹：《四书章句集注》，中华书局，1983，第93页。

②《论语·雍也》，载〔宋〕朱熹：《四书章句集注》，中华书局，1983，第91页。

导的意思；德，是获得的意思；性，是生成的意思；命，是命令的意思。道的本义是路，路的功能是引导人们通向目的地，因此，作为促成万物个性形成的普遍规律的道，也具有最后决定和最高主宰的内涵。

德，是道在具体事物中的体现，是具体事物禀受于道的特殊规定或特殊个性。性，正是道所促成而形成的事物的个性。命，是分受于道的必然性或使命，所以，道与德的关系是普遍与特殊、整体与个体的关系，也是体与用的关系。道是体，是元君；德是用，是臣仆。如果说道是万物生成的原动力的话，那么德就是这种生成的催化剂，它的功能得之于道，又促成道实现其生成之伟业。正如《韩非子·解老》所说："道有积而德有功，德者道之功。"德是把"道"分散到万事万物的具体的促成者，成为替天行道的使者、万事万物的司命、天地生物的助产士，因此，《道德经》第五十一章说："道生之，德畜之……万物莫不尊道而贵德。"天地万物从根本上是"道"生成的，"德"是促成这种生成之功的催化剂。

第二个层面，就德的生成之功所达到的效果而言，德还有"赢得"之义。《说文解字》训"德"字的时候说："外得于人，内得于己。"这就是有德之人。这也说明"得"有两个路向，向外是得到人们的拥护，向内是得到自我道德的圆满。"内得于己"强调自己的内在修养，使自己真正具有天地之德，也就是真正符合天地之道；"外得于人"则是说有了这种修养，天下之人就归德、顺服于他了。《释名》说："德，得也，得事宜也。"也就是具有这种符合天地之道的德性，就能适合所有的事物。《鹖冠子校注·环流》说："所谓德者，能得人者也。"如果你是有德之人，就一定会得到他人的认同和拥护，也就是孔子所说的"德不孤，必有邻"①。这些都是内得于天道、外得于人心之意。一个人的行为举止合乎事宜，内无愧于心，外无惭于人，自然会赢得人们的爱戴与崇敬，也就成为有德之主或有德之君。"德"的重要意义就在于此。可见，德是得之于道的一种功能，是助成道的必然性和规律性得以实现的忠诚的天使。顺承天道，遵奉天命，言行得宜，事事得体，万物化生，天下服顺，这就是有德。上得于道，下得于民，即"德者得也"的确诂。

道与德以及其他德目的系统关系。德为道之舍。"德"是"道"寄托在具体事物中的那个性质。道寓于万事万物之中，天地人民莫不含有大大小小、形形色色的德。天地有天地之德，如《周易·系辞上》说："天地之大德曰生"；具体事物也有具体事物之德，如《周易·系辞上》又说："蓍之德圆而神，卦之德方以智"；人类也有人类之德，如君有君德，民有民德，夫有夫德，妇有妇德。形形色色的人都有其德。

儒家讲仁，也讲仁、义、礼、智、信，这些都是具体的德目，是道分授予具体人群的表达形式，是一个人在不同方面表现出来的德性，是道与德的分殊，不是德的全部，更不是儒家思想的全部概括。"道家重道，儒家贵德"，但并不意味着二者相矛盾。相反，它们不但不矛盾，反而相互补充。例如，孔子就说过："朝闻道，夕死可矣"，②他并不排斥"道"，他也说"志于道，据于德，依于仁，游于艺"③；《老子》一书上经论道，下

①《论语集注·里仁》，载〔宋〕朱熹：《四书章句集注》，中华书局，1983，第74页。

②《论语集注·里仁》，载〔宋〕朱熹：《四书章句集注》，中华书局，1983，第71页。

③《论语集注·述而》，载〔宋〕朱熹：《四书章句集注》，中华书局，1983，第94页。

经论德，合称《道德经》，这也说明道家也尊道贵德。道与德是同根相生、唇齿相依、互相依存、互为补充的，二者重心不一样，但又相辅相成。如果没有道，德无以形成；如果没有德，道又不能成功。

"道德仁义礼"这些概念儒家有，道家也有，只不过道家是把它们看作衰减的："故失道而后德，失德而后仁，失仁而后义，失义而后礼。"①儒家不这么看，儒家认为它们是一体的，"道"是根本的、原动力的，"德"是促成"道"发挥效用的，形成事物之后，每个事物都有"德"，这些"德"就表达成"仁""义""礼"等等各种不同的规定。在儒家看来，它们只有层次先后、本末精粗的不同，不存在举一废一的问题，道是万物之本，德是万物之初，仁是同类之爱，义是行爱之则，礼是仁义之规。"德"正处于从本到末、从无形到有形、从普遍到特殊、从整体到个体、从形上到形下、从体到用的过渡阶段。

儒家之所以重"德"，而不像道家开口闭口都说"道"，原因在于儒家认为"道"是形上的，虚无缥缈，不是每个人都能把握的，可以存而不论，最关键的是要重德，这是出于万物重本、人类慎始的考虑。道家重道，道为无形，故无所施其教，所以提倡无为而治；儒家重德，德为事始，是有形之初，故需要谨慎而重视之，这就是儒家何以重德教的原因所在。就像《三字经》说的："性相近，习相远。苟不教，性乃迁"，所以要重"德"，重视"德"的教化。这也是儒家重视"德教"的原因所在。

---

① 〔春秋〕老子：《道德经》，王弼注本，凤凰出版社，2017，第28页。

三、儒家德教的当代价值

儒家重视德教，表现形式有"仁""义""礼"等等，但这些并不是儒家德教的全部内容。儒家有很多关于德教的命题。对这些命题进行正确的阐发和吸取，构建一个真正有德的社会，是儒家德教的当代价值所在。

古人论"德"，内涵丰富，层面多样。《庄子》概括儒家的教化，有这样一个词——"内圣外王"，"内圣"就是自己内在的修养，重德；"外王"就是把自己的修养推广到天下，实现王者之义，重功。可见儒家的教养有内、外之分。《大学》描述教化层级为"修齐治平"，也就是修身、齐家、治国、平天下，可见儒家之德有个人、家庭、国家和天下的区别。《周易》又说"天地之大德曰生，圣人之大宝曰位"，可见人不仅面临社会问题，还面临与自然的关系问题，也就是天人关系的问题等，也就是天地之大德。这样一来，儒家之德就有修身之德、自处之德（即私德）、治人之德、待人之德（即公德），此外，还有如何处理人与自然关系的"天地之德"（即天德，或大德）。

讲"德"的现代价值，应该说正是当下中国社会所需的。如今中国经济快速发展，国力大增，但也存在价值观紊乱、道德滑坡等现象，所以在很多领域需要重新修德。习近平总书记2014年在山东考察时明确指出："国无德不兴，人无德不立。社会主义文化建设的一个基础性工作，就是加强社会公德、职业道德、家庭美德、个人品德教育，全面提高公民道德素质。"[1]着力强调"社会公德、职业道德、家庭美德、个人品德"四德建设。党

079

---

[1]《中共中央总书记、国家主席、中央军委主席习近平近日在山东考察》，《光明日报》2013年11月29日。

的十九大明确提出，要进行生态文明建设，这就和儒家提倡的天地之德有很大的相似性。因此，在"四德"基础上，加上涉及人类和自然环境关系问题的天地之德，便是"五德"。儒家经典之中，尤其是孔孟论述中均有关于此"五德"的论述。

其一，个人品德方面，可以利用儒家"孝悌忠恕勤"的观念。孝悌是中华民族的基本伦理。《孝经·开宗明义》说："夫孝，德之本，教之所由生也。"讲修德要从"孝"开始。作为诸德之本，孝的首要含义就是养亲尊亲，正如《孝经》上所说，"始于事亲，中于事君，终于立身"；"立身行道，扬名后世，以显父母"，这就是"孝"。"悌"即事兄敬长，常与"孝"连在一起使用。有子说："孝悌也者，其为仁之本欤？"[①]一个人要修仁德，要从孝悌这里开始，将孝悌视为践行仁德的根本。

"忠恕"是待人的基本守则。"忠"即忠心、诚心，努力实心实意、尽心尽力地帮助他人。儒家经典当中"忠"的含义起初是上对下、君对民的，后来逐渐强调人与人之间都要"忠"，再后来才发展成下对上、民对君的关系。孔子提倡"居处恭，执事敬，与人忠"[②]，自己居家要恭敬，办事要有职业操守，爱岗敬业，对所有人都要"忠"。《论语》记载："子张问行，子曰：'言忠信，行笃敬，虽蛮貊之邦行矣；言不忠信，行不笃敬，虽州里行乎哉！'"这里就讲说话诚实守信，做事踏踏实实，对人恭恭敬敬，即使是在少数民族地区也是行得通的。也就是说不仅

---

① 《论语·学而》，载〔宋〕朱熹：《四书章句集注》，中华书局，1983，第48页。

② 《论语·子路》，载〔宋〕朱熹：《四书章句集注》，中华书局，1983，第146页。

对自己的人要"忠信"，对少数民族也要忠信。反过来，如果不忠信，即使在自己的家乡也行不通。曾子也说："为人谋而不忠乎？"[①]讲的也是对所有人都要忠，所以"忠"讲的是一个普遍的概念。孔子所谓"己欲立而立人，己欲达而达人"是"与人忠"的最高境界。自己能够站住脚，也希望他人也能立得起来；自己能够畅行无阻，也希望他人能够实现梦想，这就是"忠"的最高境界。什么是"恕"呢？就是将心比心，这个字是"如"加"心"，当然这既是个形声字又是个会意字，体谅他人、同情他人、理解他人，这就是"恕"道。《论语》记载："子贡问曰：'有一言而可以终身行之者乎？'子曰：'其恕乎！'"有没有一句话可以终身执行而不犯错的呢？孔子就说，恕道是一个人应当终身信守的。什么是恕呢？孔子接着说："己所不欲，勿施于人。"自己不愿意接受的失意、痛苦、灾难，也不要强加给别人，这就是将心比心。他又说："躬自厚而薄责于人，则远怨矣！"自己要严格要求自己，对他人要宽厚一点，这样就可以远离怨恨了。所谓"犯而不校"，别人冒犯了你也不计较，还有"赦小过"，这些也是"恕道"。总而言之，儒家在对待他人的时候表现出充分的谅解和同情，这就是恕道起码的态度。"勤"就是勤勉、勤谨，勤勤恳恳地学习，兢兢业业地办事，孔子否定自己是"生而知之者"，而是"学而不厌，诲人不倦"；"发愤忘食，乐以忘忧，不知老之将至"，正是勤奋事学的表率。《论语》中子夏曰："博学而笃志，切问而近思。"要广泛地学习，要踏实地做人，要不耻下问，还要善于思考。又说："百工居肆

081

---

①《论语·学而》，载〔宋〕朱熹：《四书章句集注》，中华书局，1983，第48页。

以成其事，君子学以致其道。"那些工人要在作坊里制造器具，君子就要学习来明道，这也反映出儒家以"勤"为个人修养的一面。韩愈《进学解》中说："业精于勤荒于嬉；行成于思毁于随。"也是以勤修德的表现。我们提倡孝悌忠恕勤，也对我们个人品德的修养有所帮助。

其二，家庭美德层面，信奉儒家提倡的"温良恭俭让"。"温良恭俭让"一词出于《论语·学而》："子禽问于子贡曰：'夫子至于是邦也，必闻其政，求之与？抑与之与？'子贡曰：'夫子温、良、恭、俭、让以得之。夫子之求之也，其诸异乎人之求之与！'"意思是说孔子周游列国的时候，每到一个国家都会知道这个国家的政事，这是主动去讨教的呢，还是别人主动和他说的呢？子贡就说，夫子是"温良恭俭让"得到的。什么是"温良恭俭让"呢？程颐解释说："温，和厚也。良，易直也。恭，庄敬也。俭，节制也。让，谦逊也。"①一个人做到温和、善良、恭敬，有节制，又谦虚，人们当然会愿意与其相处了，也会把一些事情与之分享并向他求教。"温良恭俭让"本来是孔子周游列国时的成功经验，今天将其用于家庭生活，也是合适的。中国这一百年来，在讨论家庭观念的时候，一方面反对族权，一方面反对夫权，还有一方面要反对神权。具体而言就是反对祖宗，反对家长，反对丈夫。好像那些都是压迫我们的，所以这一百年来的家庭关系、夫妻关系、父子母子关系就形成了一种不是"东风压倒西风"就是"西风压倒东风"的模式，搞得剑拔弩张，家庭不稳，这就太需要温良恭俭让来补救了。"温良恭俭让"五者之中，"让"尤为重要，一颗温和、善良的心，再配以

---

① 〔宋〕程颢、〔宋〕程颐：《二程集》，中华书局，2004，第1134页。

礼貌谦让的神情，自然会大受欢迎。《周易·谦卦》，说："谦谦君子，卑以自牧。"我们今天还有"谦谦君子"这一说法，"卑"就是谦虚，"自牧"就是自我约束，也就是"自修"的意思。意思是说一定要以谦虚的态度来修养自己。又说，一个人如果谦虚的话有很多好处："天道亏盈而益谦，地道变盈而流谦，鬼神害盈而福谦，人道恶盈而好谦。"天地自然之道、鬼神、人民对自高自大自盈自满的人是讨厌的，自满的人必然受到损失，而对谦虚的人有所庇佑。一谦而有四益：天、地助益，鬼神福祐，人民拥戴，所以谦让很重要。一个人很聪明，有知识，还谦虚谨慎，那必然是个贤者。

第三，在职场上要培养职业道德，就要提倡《论语》当中的"恭宽信敏惠"。《论语·阳货》载子张向孔子请教如何施行仁政，孔子曰："能行五者于天下，为仁矣。""请问之。"曰："恭、宽、信、敏、惠。恭则不侮，宽则得众，信则人任焉，敏则有功，惠则足以使人。"对人恭敬，别人就不会侮辱你；对人宽厚，就能得到人们的拥护；讲诚信，人们就会信任你；遇事反应敏捷，处事果断，那就会有功；对人有实惠，人们就会听从你的号令。古代社会，尤其是儒家提倡"治国先治吏，仁政须吏仁"，治理国家首先要治理自己的官吏，仁政首先官吏要仁，如果官吏尖酸刻薄、残暴贪婪，那就不会有仁政了。南宋学者、教育家张栻解释说："能行此五者于天下，则其心公平而周遍可知矣，然恭其本与？"[1]在这五者当中，"恭"是最根本的，其他都是从"恭"生发出来的。无戏言，不苛暴，不贪婪，不背信弃义，不迟钝，不刻薄，这都是由"恭"生发出来的。"宽则民有

---

[1] 〔宋〕张栻：《南轩先生论语解》，中华书局，2015，第277页。

所措，故得众；信则民愿为之役，故民任；敏则无失时之患，故有功。"①待人宽厚，百姓就会自由一些，也就会拥护你，否则就会"民无所措手足"；讲信誉，人民就会愿意为你役使，信任你；反应敏捷就没有错过时机的忧患，所以就有功。由此看来，恭宽信敏惠五者，正是保证官员仁慈、政教仁化的基本信条。

恭，就是恭敬，这要从两个角度来讲：敬心生于内为恭，发于外曰敬。有子曰："恭近于礼，远耻辱也。"②为人恭敬，按照礼教来办事，就会远离耻辱。待人以敬，人亦以敬待之，故曰"不侮"，因而恭敬是仁者的一大美德。"仲弓问仁，子曰：'出门如见大宾，使民如承大祭。'"可以做到"在邦无怨，在家无怨。"③出门办事，遇到任何一个人，都客客气气的，客客气气地把对方当成宾客来对待，对方肯定不会侮辱你；在驱使别人做事情的时候，不要随便，要像祭祀天地那样尊重他人，不要因为一点小事情甚至私事就去驱使自己的下级、同僚。这样就可以做到在政治领域没人怨恨你。反过来，在家里能够对每一个人恭恭敬敬，不恶言暴语，不给别人脸色看，那在家里也不会有人怨恨你。能够做到内外无怨，才是真正的成功。"樊迟问仁，子曰：'居处恭，执事敬，与人忠，虽之夷狄，不可弃也。'"④自己居住在家里要恭敬，办事情要恭敬，与人交往要诚实，走到少数民

①〔宋〕张栻：《南轩先生论语解》，中华书局，2015，第301页。
②《论语·学而》，载〔宋〕朱熹：《四书章句集注》，中华书局，1983，第52页。
③《论语·颜渊》，载〔宋〕朱熹：《四书章句集注》，中华书局，1983，第132-133页。
④《论语·子路》，载〔宋〕朱熹：《四书章句集注》，中华书局，1983，第146页。

族那里，人们也不会抛弃你的。可见，恭敬是仁人立身处世的前提条件。

宽，即宽厚，宽大为怀，宽以待人。众生贤愚，才智不齐，君子处之，不求其备。水至清无鱼，人至察无徒，故仁德之中，修之以宽。宽分两类，一是平级之间的宽厚，即"躬自厚而薄责于人，则远怨矣"①；"君子求诸己，小人求诸人"②；"人不知而不愠"；"不患人之不己知，患不知人也"③；甚至"不念旧恶"④，宽恕他人。二是上对下的宽大，即"先有司，赦小过"⑤，即执事官要身先士卒，做出表率；而对下属的小小过失，则要赦而勿究。严于律己、宽以待人，为众望所归，是以"得众"。

信，从人从言，原始意义就是人说了话要算数，这是人与人交往的重要美德，甚至早先中国人交往就是以言语来邀约的，也就是许了诺就要兑现。曾子主张"一日三省"，其中就包括对"与朋友交而不信乎"⑥的反省，也就是反省今天说的话算数了没有。《易经》说："'君子履信思顺。'若为君子之道，舍信

①《论语·卫灵公》，载〔宋〕朱熹：《四书章句集注》，中华书局，1983，第165页。

②《论语·卫灵公》，载〔宋〕朱熹：《四书章句集注》，中华书局，1983，第165页。

③《论语·学而》，载〔宋〕朱熹：《四书章句集注》，中华书局，1983，第47、53页。

④《论语·公冶长》，载〔宋〕朱熹：《四书章句集注》，中华书局，1983，第81页。

⑤《论语·子路》，载〔宋〕朱熹：《四书章句集注》，中华书局，1983，第141页。

⑥《论语·学而》，载〔宋〕朱熹：《四书章句集注》，中华书局，1983，第48页。

将安所执之邪？"①这是说，实现自己的诺言，事情才办得好。《论语》记载，子贡向孔子请教治国之道，孔子阐述了"足食，足兵，民信"三纲领。"食、兵、信"，粮食、军事、信用，此为立国的三大支柱。子贡又问"必不得已而去"，这三者何者为先呢？孔子说可以去兵。子贡又问，剩下的两个哪个可以去掉呢？孔子说去食。为什么要去食呢？当然不是说要去掉老百姓的食，而是去掉统治者的粮食，统治者在粮食和信誉之间，毋宁去掉粮食也不能去掉信誉，与诚信相比，粮食与兵皆可退居次要地位，"自古皆有死，民无信不立"②。这说明，作为统治者，取信于民极端重要。信要符合"义"，"信近于义，言可复也"③。信同样是市场经济的核心价值理念，想要在激烈的市场竞争中获得生存，实业家就必须遵守商业道德，即严守一个"信"字。

敏，即敏捷。思维敏捷，反应迅速。敏又有"审"的涵义，审时度势，迅速地做出相应的决策，敏捷地采取行动，有所建树，是即"有功"之谓。古人认为："度功而行，仁也。"④故孔子将"敏而有功"列为仁者的修养之一。

惠，即恩惠、实惠。《尚书·皋陶谟》说："安民则惠，黎民怀之。"对人民有实惠的话，广大人民才会信从你，"惠则足

①〔汉〕赵岐注，〔宋〕孙奭疏：《孟子注疏》，载〔清〕阮元校刻：《十三经注疏》，中华书局，1980，第2761页。
②《论语·颜渊》，载〔宋〕朱熹：《四书章句集注》，中华书局，1983，第135页。
③《论语·学而》，载〔宋〕朱熹：《四书章句集注》，中华书局，1983，第52页。
④〔晋〕杜预集解，〔唐〕孔颖达正义：《春秋左传正义》，载〔清〕阮元校刻：《十三经注疏》，中华书局，1980，第2091页。

以使人"。在儒家看来，惠就是利民。孔子认为善于惠民的人自己并不破费，即"君子惠而不费"，其方法是"因民之所利而利之"[①]，也就是说要善于判断人民对哪件事有利，就去兴利除害。古有云"利国之谓仁"[②]，"与民利者仁也"[③]，如果能给广大人民实惠，那你就近于圣人了，就像孔子在另一个地方讲的，"博施济众""必也圣乎"[④]，因此，孔子亦以"惠"为仁德之一。儒家具有深厚的民本思想，历史上的明君贤臣都以利民为本务。《左传》桓公六年载随季梁说："所谓道，忠于民而信于神也。上思利民，忠也；祝史正辞，信也。"君主要对人民"忠"，又要对神灵虔诚祷告，在上的人时刻考虑到要有利于民，这就是忠；向神祷告的人员说话一定要是实话，这就是信。又《左传》文公十三年载郑文公说："苟利于民，孤之利也。天生民而树之君，以利之也，民既利矣，孤必与焉。"上天生了这么多的民众，同时又立了我这个君主，原因就是让我有利于人民的，人民获得了利益，那么我就必然利在其中。可见，执政为民，兴利除害，与人安宁，给民实惠，是为执政者的重要目标。

其四，社会公德，就是更广泛一点的道德。在这方面，就离不开儒家"仁义礼智信"。这几个德行有一个形成过程。孔子说："仁者人也，亲亲为大；义者宜也，尊贤为大。亲亲之杀，尊贤之等，礼所生焉。"[⑤]这里就构建起"仁义礼"的价值组合。

---

①《论语·尧曰》，载〔宋〕朱熹：《四书章句集注》，中华书局，1983，第194页。

②〔春秋〕左丘明，徐元诰集解：《国语集解·晋语一》，中华书局，2002，第264页。

③ 黄怀信：《逸周书校补注译》，三秦出版社，2006，第301页。

④《论语·雍也》，〔宋〕朱熹：《四书章句集注》，中华书局，1983，第91页。

⑤《中庸章句》，载〔宋〕朱熹：《四书章句集注》，中华书局，1983，第28页。

孟子在仁义礼之外加入"智",构成"仁义礼智"四端或四德,《孟子》说:"恻隐之心,仁之端也;羞恶之心,义之端也;辞让之心,礼之端也;是非之心,智之端也。""恻隐之心,仁也;羞恶之心,义也;恭敬之心,礼也;是非之心,智也。仁义礼智,非由外铄我也,我固有之也,弗思耳矣。""仁义礼智"这四者是一个人修养德性的保障。到了汉代,董仲舒在四德之外加入"信",构成"仁义礼智信",而且他认为"仁义礼智信"是一个人必须经常信守、履行的德性,所以称为"五常之道",从此"仁义礼智信"成为儒家的核心价值观,也成为中国人价值体系中的核心要素而影响中国社会长达两千余年。"仁"即爱人,"义"(或谊)是合宜,"礼"即礼仪,"智"是智慧,"信"即信誉。"五常"各有专主,而"仁义"为其本。《孟子》说:"仁之实,事亲是也;义之实,从兄是也;智之实,知斯二者弗去是也;礼之实,节文斯二者是也;乐之实,乐斯二者,乐则生矣。"可见,礼乐都是对仁义的表达,"仁义"是中枢和灵魂。此中关系,论者多矣,兹不赘叙。

其五,天地大德,涉及"天道性命情"。天、地、人"三才"的关系,是中国人认识宇宙、认识世界的根本观点,儒家认为有天道、地道、人道,从而构成天、道、性、命、情这样一些规范。万事万物生于天地,人也是从天地中来,天地运行有规律,万事万物都是从规律中来的,所以人应该修"天德"。荀子赋予天、地、人三才之道以宗教意义,并在此基础上形成了"天地君亲师"的价值取向。这点可以追溯到《周易》。《周易·系辞下》说:"天地之大德曰生,圣人之大宝曰位,何以守位曰仁。"便把天地的生成之德、圣人的尊位和守位的仁德,也就是天道、地道、人道结合起来了。《荀子·天论》又说:"天有其时，地有其财，人有其治，夫是之谓能参。"天的运行是有规律、有时节的，土地生财也是有相应节度的，人要根据这个天时和地利来制定自己的行为规范。这三者吻合起来，就是"参"。唐人杨倞注说："人能治天时地财而用之，则是参于天地。"①人与天地就融为一体了。尽管天、地、人三才各有其职，但人与天地并立且立于天地间，可以充分发挥主观能动性，利用天时、地财更好地为人类自身服务。《荀子·儒效》说："道者，非天之道，非地之道，人知所以道也，君子之所道也。""道"不是高高在上、冷冰冰的天空，也不是卑微在下、无知无欲的地舆，而是人所认识的规律、君子所揭示的真理。杨倞注说："重说先王之道非阴阳、山川、怪异之事，是人所行之道也。"②天地都有各种各样的规律，万事万物有时会产生一些奇奇怪怪的事情，那些事情有的和人道是相关的，有的是不相关的，人要认识相关的那部分，根据那种认识来制定人的行动纲领。清儒王念孙说："人之所以道者，道，行也，谓人之所以行也。"③这种道是人可以做的，儒家重视的不是玄之又玄远在天边的那种恍兮惚兮的道，而是和人事息息相关的可感可行之道。可见，荀子继承了儒家天、地、人三才之道而最终归于人道的思想。《荀子》又说："在天者莫明于日月，在地者莫明于水火，……在人者莫明于礼义。"天、地、人各有其道，天道体现在天上，就是日月为代表的天体运行；地道体现在地上，就是水火为代表的五行运行；人道有很多种表现形式，最重要的是礼义，而人道之礼义又有三本。这是荀子对天地人三道的归纳。于是他对天、地、人三才之

①〔清〕王先谦:《荀子集解》卷第十一，中华书局，1988，第308页。

②〔清〕王先谦:《荀子集解》卷第四，中华书局，1988，第122页。

③〔清〕王先谦:《荀子集解》卷第四，中华书局，1988，第122页。

道有一个归纳:"礼有三本:天地者,生之本也;先祖者,类之本也;君师者,治之本也。无天地恶生?无先祖恶出?无君师恶治?三者偏亡焉,无安人。故礼上事天,下事地,尊先祖而隆君师,是礼之三本也。"①礼有三个最根本的东西要遵守,天地是万事万物生养的根本,祖先是人这个族类的根本,君主和老师是让人知道如何去治理的根本:君制定法令,要宣布诏令,师教人知识,培养人的技能,所以是人治的根本。要是没有天地,万物从哪里生呢?没有了先祖,具体的人又从哪里来呢?没有君和师,人怎么知道如何管理自己和治理天下呢?如果这三者有某一个方面没有做到的话,就没有安宁的人群。所以人制定各种"礼",儒家经典甚至说"经礼三百,曲礼三千"②,上事天,下事地,尊重先祖,隆崇君师,这就是礼的三个根本。

天、地、人三才一体,天道、地道体现在人身上就是人道,人道有一些表现形式,就是"性命情",所以"天道性命情"讲的是人与自然的关系,也涉及价值信仰和精神寄托等问题。

人性是天命的化身,是天道的分殊,人类通过尽己之心即可知道本性,通过体认本性即可感知天道。每个人身上都体现着天道,之所以有时候不能把握天道,是因为人的本心被后天的欲望掩盖了,所以王阳明说要"发明本心",孟子也说要"致其良知"。阻挡人对天道认识的就是人的欲望,就是人欲,人的欲望越多就越将掩盖我们善良的本心,所以人欲必须合乎天命、天道,和天道高度统一,不相违背,只有这样才能有利于万物的产

①〔清〕王先谦:《荀子集解》卷第十三,中华书局,1988,第349页。
②〔汉〕郑玄注,〔唐〕贾公彦疏:《周礼注疏·春官宗伯》,载〔清〕阮元校刻:《十三经注疏》,中华书局,2009,第1622页。

生和事业的成功，这种状态在儒家经典中就叫"中和"。什么叫"中和"呢？《中庸》说："喜怒哀乐之未发谓之中，发而皆中节谓之和。中也者，天下之大本也；和也者，天下之达道也。致中和，天地位焉，万物育焉。"简称"中和位育"。人有七情六欲，喜怒哀乐爱恶欲，这七情没有表达出来，就叫作"中"；"节"是"节度"，就是恰到好处的意思，表达出来又恰到好处，喜是该喜的时候喜，怒是该怒的时候怒，哀是该哀的时候哀，乐是该乐的时候乐，这就叫作"和"。"和"就是恰到好处，不生硬。"中也者，天下之大本也"：未发的状态，是天下的大本。什么意思呢？就是天下有万事万物，形形色色，形成这些的根本是"未发"那种状态，发出来了，发得好就有好的结果，发得不好就有不好的结果，所以"含而未发"的那种状态，是产生天下万事万物的出发点。发得恰到好处，就无所不通，就是前文所说的"虽蛮貊之邦，行矣"的状态。"致中和"，就是说一个人的修养要达到"中和"的那种状态，"中"就是含而不露，"和"就是发而中节。实现"中和"这种状态，天地、阴阳、上下、君臣、父子、夫妇的位置就没错，秩序就没乱，在这种状态下，产生的事物才是好的，所以"中和位育"才是儒家提倡的。儒家既不禁欲，更不灭欲，也不要"纵欲"，而是要"节欲"，要恰当地抒发自己的欲望。"和"就是那种恰当的状态，是人与人、人与自然关系相得无碍的最高境界。《国语》当中史伯说："和实生物，同则不继。""和"就是那种和谐状态，不同的力量互相补充，实现的那种和谐，这种状态下就可以产生万物，但如果只有一种状态那就产生不了。"和"也是儒家学说的最后归宿，孔子曰："礼之用，和为贵，先王之道斯为美，小大由之！"①"礼"是讲区别的，上下等级，左右差别，男女之别，贵贱不同，等等。这些都是必要的，但是"礼"要达到的最理想状态不是这些，而是要做到"和"，各行其是，不相冲突，所以他说"礼之用，和为贵，先王之道斯为美，小大由之！"必须使自己的性情欲望、道德性命，与天道、天命吻合无间，这就是提倡天道的价值所在，也是提倡人要尊崇天命的用意所在。一个人不要暴殄天物，更不要伤天害理，要保存天理，合理地满足个人的欲望。

归纳起来，重视德教既是孔子本人的特色，也是历代儒者共同的信念。道家重道，儒者贵德，但是儒家德教并不敌视道的价值，而是把它作为最高的决定性地位。也不固守仁义礼这些具体的德目，而是诸德结合，融为一体，修成一个浑圆的"德"。道、德、仁、义、礼五者，虽然有层次先后、本末精粗之别，但不存在去彼取此、存一废一的问题。"德"者上通天道，下济人事，正处于从本到末、从无形到有形、从普遍到特殊、从整体到个体、从形上到形下、从体到用的枢纽位置。儒家之所以重"德"，亦是出于万物重本、人类慎始的考虑。

第三节　孝治：儒家孝悌观

孝道是中华民族的传统美德，是人之为人的基本伦理。最基本的要求是子女和后辈知道感恩，知道报答，培养爱心，承担责任，包括尊敬、关爱、赡养老人，为父母长辈养老送终等。但孝不止于此，孝道还要求生育后代以延续生命、推恩及人以成就他人、忠孝两全以完善人生、缅怀先祖以传承文明等

---

①《论语·学而》，载〔宋〕朱熹：《四书章句集注》，中华书局，1983，第51页。

等。这是一个由肉体到精神、由个体到整体、从人类到天地，事关修身、齐家、治国、平天下、敬天地的不断延展、不断攀升的伦理体系。

在儒家看来，人之所以为人，孝道是一个试金石。孝关乎人的本质。其一，人是有情的动物，不是一个只知道食色的动物。《荀子》和《礼记》均说："草木有生而无知，禽兽有知而无义"，而人"有生有气"，即有情有义者才是人。所以儒家经典反复强调人不是因为能站起来走，身上的毛全部掉光了，或者自己能够哇啦哇啦地说话，就叫作人，这只是一个人；具有社会意义的人，应该有生，有气，有情，还有义，而这个情和义首当考究的当然是孝。其二，人还是有"德"的动物，因为人有自觉性。"德"源于"道"。"道"是万物本源，《易经》当中称作"太极"，《老子》称之为"道"，孔子称作"元"，扬雄称为"玄"，指的都是万事万物的源头，也就是霍金说的"大爆炸"之前那种状态。"道"爆炸之后的惯性、作用力就形成了各种各样的事物，这些事物所具有的个性为"德"。万事万物都有"德"，但是只有人能意识到自己有"德"，其他的动物、植物，飞禽走兽虽亦有它们的"德"，但是它们意识不到。人意识到"德"之后，为自己制定守其德、养其德、优其德、修其德的规范，即"仁""义""礼"。其三，人还是社会的动物。人的祖先具有社会性、组织性，因此能在野兽纵行的丛林时代存活下来。存活下来的人类天然具有社会性，有不断完善自己的需求。每个人都有从个人到家庭，到岗位，到社会这样一个不断延伸扩大的交流圈，在这个圈子里，必然存在大家共同遵守、认可，且互相不冲撞的行为规范及价值观。在所有价值观当中，只有"孝"是具有普遍价值的。因为每个人都爱自己的亲人，然后扩大开来，这便是社会功能的扩大。其四，人又是自觉的动物，人类一方面要求生存；另一方面又要求成就、成功，同时我们还要求善、求美。父母生养我们长大，好像我们就可以走出家门，去打天下，去求生存，寻得自己的成功。但是你的生存，你的成功，如果给你的父母带来灾难，或者没有带来一点荣耀，或者没有让他们感受到任何心灵上的愉悦，那么你的成功就不算完整的成功，所以还要求善、求美。其五，人又是追求永恒价值的动物，具体体现在人有不同的境界。冯友兰先生把人分成四个境界。第一个境界是动物境界，追求生存；第二个境界是功利境界，追求功利主义的成功；第三个境界就是道德境界，不损人利己，要"己欲立而立人，己欲达而达人""己所不欲，勿施于人"；第四个境界是天地境界，人还要解决人与环境、与自然、与天地的关系和价值。所以，人在追求这些境界的过程当中，要不断反向思考：整个宇宙的根源——"道"在哪里？人的生命的根源在哪里？答案正是在父母、在祖先那里，所以在人类的根源追溯中，不免要回归孝道。

　　所以追本溯源，懂得感恩，正是中华民族一种最基本的美德，涉及"道"、人之为人、幸福真谛、成功本质、社会价值、历史价值，甚至宇宙价值的根本尺度，也是人兽、文野、华夷之辨的重要内容。孔子思考了这些问题，由于这种思考，孔子建立起一套完整的学说——仁、义、礼。孟子将其发展成仁、义、礼、智。董仲舒进一步阐释为仁、义、礼、智、信"五常"。仁义之本即为"孝"。

　　一、天经地义：孝悌的本体论

　　《孝经》曰："夫孝，天之经也，地之义也，民之行也。"是说孝悌之道，不仅符合上天运行的法则，而且符合大地变化的规律，同时还是人们为人处世的基本准则。它从家庭伦理上升到具有普遍意义的准则，乃至天经地义的高度，是天、地、人三才之道的贯通。也就是说，孝悌之道具有客观性和必然性等特征。

《易传》曰："有天地然后有万物，有万物然后有男女，有男女然后有夫妇，有夫妇然后有父子，有父子然后有君臣，有君臣然后有上下，有上下然后礼义有所错（措）。"宇宙洪荒，天地剖判，万物就在其中产生了。《易传》又说："大哉乾元（即天），万物资始；至哉坤元（即地），万物资生！"即此意。人乃宇宙之精华，万物之灵长！

在天地初出的早期人类中，没有尊卑，也没有廉耻，群居群婚，那时只有"男女"，而没有"夫妻"，生下来的孩子只知其母，而不知其父，人类没有伦理，也没有制度。随着人类理性初启，文明肇开，排除了群婚和近亲结婚，相对固定的夫妻关系确立，男性在社会、家庭中的主体性日益增强，父子亲情也就产生了。这就是"有男女然后有夫妇，有夫妇然后有父子"。有了明确的父子关系，才有明确的养育之恩以及随之而来的财产继承和地位遗传，也才分出了等级和尊卑。为了保证这种传承的顺利进行，又设立了种种制度，形成了儒家的道德规范，如"有父子然后有君臣，有君臣然后有上下，有上下然后礼义有所错"。父母对于子女来说，犹之乎天地之于万物，具有生成长养之功，父母给予子女生命，还哺之育之，襁褓负持，教育提携，无疑是最大的施恩者，而且一心一意、全心全意，毫无保留，唯恐不及。子女对于父母来说，少而依之，长而报之，无疑是人之常情、理之自然！

不仅如此，从天地、万物、男女、夫妇、父子、君臣、上下、礼义等发展演化进程来看，生成、长养、文明、秩序，是一个自然的过程，也是一个必然的过程，天地对于万物、男女是自然，夫妇对于父子、君臣、上下、礼义是必然，这是宇宙演化的规律，也是人类进步的秩序，是不以人们意志为转移的客观存在。

董仲舒说："故孔子曰：'天地之性人为贵。'明于天性，知自贵于物。"①所引即《孝经》之言。天地生万物，是为人类而生，人为"天地之心"。天地对万物有生成之德，父母对子女有长养之情，这份情、这份义，是自然的、纯真的，也是宝贵的和伟大的！《孝经·圣治章》也说："天地之性人为贵，人之行莫大于孝。"人之于天地，子之于父母，对于这份情义能无动于衷、不思报答吗？

对天地、父母的感恩，是每一个中国人自幼便知的常识，从天子到庶民，概莫能外。天子要郊天、祭地，要立七庙祭祀列祖列宗；诸侯要建社稷（祭地祇、五谷神）、立五庙；卿大夫要建三庙；士也要建一庙；庶人虽无力建庙，但要在自己家中祭祀祖先。直至近世，百姓家依然有神龛（或称"家先"）供奉"天、地、君、亲、师"位。所有这些，都是报恩敬祖心理在文化和习俗中的深深积淀。

"孝悌"本来是一种针对人类现实生活的纯粹伦理，可是儒家本着"天人相与""天人合一"的考虑，从天地自然中找到了终极性依据。就像儒家其他伦理原则一样，"孝悌"既是现实的，也是天地的、自然的；既有现实的必要性，也有天地的必然性。这种理路在儒家其他伦理或方法论的论证上，也不乏相同的例证。如《易传》论天、地、人三才时，就将天道、地道、人道

---

① 〔汉〕班固：《汉书·董仲舒传》，中华书局，1962，第2516页。

相提并论，而且视天道地道为人道之依据；《中庸》论证"性"或"诚"时说："天命之谓性，率性之谓道"，"诚者，天之道也；成之者，人之道也"；《左传》讲"礼"制时也说："夫礼，天之经也、地之义也、民之行也。"皆属此类。在古人眼中，天与地最为神圣，也最为根本，它是万物之祖、人类之祖、人性之本、礼乐之本，天地是绝对的，是不变的；天不变，道亦不变，道不变，人性又何可改变呢？以天地为背景，这就更加衬托出了"孝悌"之道的崇高和神圣。

二、身体发肤受之父母：生命的延续

如果说《孝经》强调孝悌的"天经地义"是从宇宙演化秩序、人类进步历史中体现出来的，对人们有些陌生、不易理解的话，那么它有关"身体发肤"的论述，则将孝悌的必然性纳入个人的切身体会中，既具体又亲切。

中国人特别强调父母与子女之间的亲情关系，注重父母的养育之恩。《孝经·圣治章》说："父子之道，天性也，……父母生之，续（或作绩）莫大焉！"父母给我们以生命，养育我们，这种亲情是天生的。孔子说："子生三年，然后免于父母之怀。"[1]这其中的辛劳无可言状。父母给了我们生命，给了我们身体，继之以呕心沥血的养育！我们这副躯壳、这个生命，不仅仅属于我们自己。我们对身体的珍惜，对生命的爱护，是孝敬父母的第一课，也是人生处事的第一要务。"身体发肤，受之父母，不敢毁伤，孝之始也！"[2]

---

[1]《论语·阳货》，载〔宋〕朱熹：《四书章句集注》，中华书局，1983，第181页。

[2]〔唐〕玄宗（李隆基）御注，〔宋〕邢昺疏：《孝经注疏》，载〔清〕阮元校刻：《十三经注疏》，中华书局，1980，第2545页。

　　在儒家看来，"不敢毁伤"还有另外一层含义，即奉公守法，不犯刑律，不被刑伤。古代有"五刑"：墨（在额头上刻字涂墨）、劓（割鼻子）、剕（又作腓，剁脚）、宫（毁坏生殖系统）、大辟（死刑），每犯一刑都要在身体上予以处罚，犯罪即是伤身。孔子认为，犯罪不仅于君不忠，于己有损，而且对父母也是一种不孝。他对那种不顾后果、伤身辱亲的行为十分看不起，说："一朝之忿，忘其身以及其亲，非惑与？"[①]也就是说，因一时气愤就铤而走险，忘亲犯法，使自己生命和身体受到伤害，也使父母蒙受耻辱，这是多么的糊涂（"惑"）啊！因此，《礼记·祭义》要求人们："父母全而生之，子全而归之，可谓孝矣。不亏其体，不辱其身，可谓全矣。"王充《论衡·四讳》也说："孝者怕入刑辟，刻画身体，毁伤发肤，少德泊行，不戒慎之所致也。"

　　但是，尽忠报国、为国捐躯不在此列。孔子主张对鲁国参加卫国战争而牺牲的"童子"，不用"殇礼"而以成人礼安葬，说他们："能执干戈以卫社稷，可无殇矣。"[②]曾子甚至说："战阵无勇，非孝也。"[③]在保家卫国的战争中，如果不能冲锋陷阵、英勇杀敌，甚至贪生怕死、临阵脱逃，丧师辱国，让父母之国蒙难，那样即使苟全性命也是不孝！

　　爱惜自己的生命和身体是孝，但这远远不够，还需要让父母的生命通过自己得到延续。舜是中国第一个大孝子，可是战国

---

　　①《论语·颜渊》，载〔宋〕朱熹：《四书章句集注》，中华书局，1983，第139页。

　　②〔晋〕杜预集解，〔唐〕孔颖达正义：《春秋左传正义》，载〔清〕阮元校刻：《十三经注疏》，中华书局，1980，第2166页。

　　③〔清〕孔广森：《大戴礼记补注·曾子大孝》，中华书局，2013，第96页。

时孟子的弟子万章却表示怀疑，他问孟子说："《诗》云：'娶妻如之何？必告父母。'可是尧嫁二女于舜，舜却不告而娶，这是为什么呢？"孟子说，因为舜的父亲对他不好，如果事先禀告，舜肯定就娶不成妻。男女居室，人之大伦。为了避免"废人之大伦"，也为了避免因此事而增加自己与父母的怨怼，所以他就不告诉父母了。孟子认为，只要是合理的、必须的，即使事先不告诉父母也是可以的。

如果上述只是从人的欲望（人伦）来解释的话，孟子则从孝道的高度作了说明，他说："不孝有三，无后为大。舜不告而娶，为无后也，君子以为犹告也。"[①]意思是说，舜不告而娶的原因是怕父母没有孙子，使父母断绝后代，祖先的神灵无人祭祀，那是最大的不孝。从形式上看，舜虽有不孝（不告）嫌疑，但实质上却保证了父母有子孙，香火得延续，祖先神灵世世得以血食，因此舜的不告而娶与其他告而娶有同样的功能，都合乎孝道。

什么是"不孝有三"呢？赵岐在《十三经注疏》中说："阿意曲从、陷亲不义，一不孝也；家穷亲老、不为禄仕，二不孝也；不娶无子、绝先祖祀，三不孝也。三者之中，无后为大。"三者之中，"不娶无子"最为严重。在劳力缺乏、人丁稀少的社会，人丁兴旺就是家族致富、事业通泰的最大希望，也是种族得以延续、文化得以传承的保证。

三、友于兄弟：悌道

儒家讲爱人必然"仁义"连言，讲孝道必然"孝悌"同称。

---

① 《孟子·离娄上》，载〔宋〕朱熹：《四书章句集注》，中华书局，1983，第 286 页。

孟子说:"仁之实,事亲是也。义之实,从兄是也。"①"事亲"即孝,"从兄"即悌,换言之,孝敬父母就是仁,尊重兄长就是义。可见,孝悌和仁义是相邻而又相通的德行。

中国先民早在尧舜时代就已注意到家庭伦理建设,关注到了父、母、兄、弟、子五者关系("五品"),提倡在这五者之间应当各有一种情意来调剂,促使其达到和谐的境界,是谓"五教"。《舜典》记载:"帝曰:契,百姓不亲,五品不逊。汝作司徒,敬敷五教,在宽。"何谓"五教"?即父义、母慈、兄友、弟恭、子孝。这里父义、母慈、子孝,属于"孝"的范围;兄友、弟恭,则属于"悌"的范围。孝悌思想,早在尧舜时代就已经萌芽,这也为孟子"尧、舜之道,孝弟而已矣"找到了注脚。

随着国家的形成,阶级关系的加强,尧舜时期的"五品""五教",后来发展成为"五伦",即君臣、父子、夫妇、兄弟、朋友。孟子说:"教以人伦:父子有亲,君臣有义,夫妇有别,长幼有序,朋友有信。"②进一步明确了五伦关系。其中,"父子有亲"是孝道的内容,"长幼有序"则是悌道的内容。

殷人的悌道更为突出,以至于形成一时制度,这主要体现在王位继承上——"兄终弟及"。古代以和平方式交接的继承制不外两种,一是父死子继,即"世";一是兄死弟接,即"及"。相比之下,殷人多行兄死弟接的"及",周人则多行父死子继的"世"。

太丁、外丙、仲壬都是商朝开创者汤的儿子,其中太丁是

---

① 《孟子·离娄上》,载〔宋〕朱熹:《四书章句集注》,中华书局,1983,第287页。

② 《孟子·滕文公上》,载〔宋〕朱熹:《四书章句集注》,中华书局,1983,第259页。

太子。汤死时，太丁已死，就立次子外丙；外丙死后，又立三弟仲壬；仲壬死后，无弟可立，乃立太丁之子太甲（也就是汤的太孙）。后世殷人的君王多按这一秩序拥立（政变篡权者除外）。殷三公之一的微子，不立嫡孙腯而立次子衍，也是这一制度的产物。这是"兄友"的特别体现，也是悌道在政权交替中的表现。

周初偶用这一制度，如周太伯有三子，他未立长子太伯、次子仲虞，而立幼子昌（即文王）。文王也有三子，他未立长子伯邑考（早年被纣王所杀），而立次子发（即武王）；武王死后，文王幼子旦（即周公）一度践祚（即王位），但是周公后来制礼作乐，改变了这一传统，实行"嫡长子继承"制，将王位还给了武王的儿子，是为成王。后人为了维护周公的形象，将周公践祚称"摄政"，有人甚至否定周公称王之事，其实都是不知殷周之际继承制度的历史所致。此后，周人的王位都是嫡长子继承。在这种制度下，兄弟之间除了亲情，更多的是君臣。这是"弟恭"的表现，也属于悌道的内容。

101

传弟、传孙，都属于悌道，只是传弟更多体现的是"兄友"，因为兄长不专有祖先的遗产和名位，而要与诸弟分享；传孙则更多体现的是"弟恭"，弟弟对兄长的基业不敢觊觎，只有服从和捍卫的份。孔子甚至将处理好兄弟关系，作为善政的出发点。当有人问孔子为何不从政时，孔子说："《书》曰：'孝乎惟孝，友于兄弟，施于有政。'是亦为政，奚其为为政？"[1]他借用《尚书》上的话表示：恭行孝道，处理好兄弟关系，可以影响到政治，因此，自己在家里修身齐家，也是一种政治。

---

① 《论语·为政》，载〔宋〕朱熹：《四书章句集注》，中华书局，1983，第 59 页。

可见，讲孝道，不仅包括对父母长辈的爱，还必须包括善待同辈的兄弟。自兄言之，则是友爱胞弟，是谓"友于兄弟"；自弟言之，则是尊敬兄长，是谓"恭顺兄长"。手足情深，骨肉相亲，兄友弟恭，则悌道可成、孝道乃全。

如果将对兄长的恭顺之情推广开来，就可以形成顺长敬上的普遍法则，这就是仁义之道的"义"。《孝经·广至德章》说："教以孝，所以敬天下之为人父者也；教以悌，所以敬天下之为人兄者也。"不仅普通人如此，君王在自己的政治生活中亦要推广悌道，《孝经·感应章》说："故虽天子，必有尊也，言有父也；必有先也，言有兄也。"天子敬天祭祖，严事国老，是对"父"尽孝道；在国学中设三老五更、礼敬贤者，则是对"兄"尽悌道。

"孝"解决对长辈的爱，"悌"解决对同辈的爱；再将"孝悌"之道推广到社会国家各个领域，然后朋友、夫妇、君臣等关系也可以讲明，"五伦"之义既明，社会秩序自然就理顺了，天下自然也就太平了！

四、孝悌三阶：事亲·事君·立身

儒家的孝悌之道，不仅仅是针对亲长（"事亲"）的家庭伦理，还是面向社会、通向成功之路的社会伦理和政治伦理。真正的孝子，并不停留或满足于只针对亲人的"昏定晨省""淑水甘旨"，而是将对亲人的爱扩大到社会、政治领域。在儒家看来，这种爱的推广，同时也是使自己父母乃至先祖在自己事业的成功和道德的圆满中，享受更大更辉煌的荣耀，这就是光宗耀祖的"大孝"。因此，《孝经·开宗明义章》说："夫孝，始于事亲，中于事君，终于立身。"又说："立身行道，扬名于后世，以显父母，孝之终也。"

孝悌有三个层次：一是事亲，二是事君，三是立身。第一层次行于家庭或家族之内，第二层次行于社会、政治领域，第三层次则超越具体的范围，达到立身扬名的道德境界！

"事亲"是行孝的第一要义。《孝经·圣治章》说："不爱其亲而爱他人者，谓之悖德；不敬其亲而敬他人者，谓之悖礼。"推行德教和礼义要从自己亲人开始，孝悌更是如此。

至于事亲的具体内容，《孝经·纪孝行章》上有比较全面的说明："君子之事亲也，居则致其敬，养则致其乐，病则致其忧，丧则致其哀，祭则致其严。五者备矣，然后能事亲。事亲者，居上不骄，为下不乱，在丑不争。"从奉养、安居，到治病、送葬、服丧、祭祀，贯穿亲人生老病死全过程；即使亲人死后，也还有祭祀追念活动。不仅如此，还要注意尽孝的方法和效果。

在古代社会，孝悌的第二个层次是"事君"，也就是出仕做官。人不仅是个体的、家庭的人，还是社会的、政治的人。人不仅要在家里尽孝爱亲，还要将自己的爱心扩展开来兼善天下，尽忠爱民。正如《孝经·广扬名章》所说："君子之事亲孝，故忠可以移于君；事兄悌，故顺可移于长；居家理，故治可移于官。"也就是所谓的"移孝作忠"。"事君"的另一层含义是说，通过出仕获得俸禄以奉养亲人，赵岐《孟子注》有"家贫亲老，不为禄仕，二不孝也"可证。如何事君呢？《孝经·事君章》曰："君子之事上也，进思尽忠，退思补过，将顺其美，匡救其恶。"

此外，儒家倡导"大孝尊亲"，如何"尊亲"？就是自己"立身扬名"，在古代社会就是通过"事君"才能实现，当然那已进入"立身"境界了。

　　什么又是"立身"呢？立身首先是事业的成功，即建功立业，同时还要有道德方面的圆满，即"立身行道"。具体来说，就是"言思可道，行思可乐，德义可尊，作事可法，容止可观，进退可度"①。中国人素来推崇德业双修，不单纯地追求事业的成功，更不片面地追求财富的积累，而是要求"德业双馨"。唯此，才能实现《孝经》所说的"行成于内，而名立于后世""立身行道，扬名于后世，以显父母"。也就是说，尽孝要在家里养亲敬亲，做个孝子；在社会上取得事业的成功，做个功臣；还要在道德理想层面有所建树，做个君子、贤臣。

　　显然，《孝经》之"孝"已经不是纯粹的"养亲敬亲"情感了，它从"亲亲"的家庭伦理出发，将人与人的关爱之情、责任之心，推广到整个社会、国家、天下；将其属于父子之亲、母子之爱的伦常关系，推广开来，使上下等级、友朋交谊、君臣之道、夫妇关系等"五伦"，随之得到安顿和协调，从而达到人心端正，情感纯化，关系融洽，气氛和谐的境界。事亲敬长之孝与忠君爱民之义结合，修身齐家之德与治国平天下之道结合，这就对中华民族善良本性、谦谦君子和忠孝节义人格的铸造，起到不可低估的作用，《孝经·三才章》曰："其教不肃而成，其政不严而治。"正谓此也。

　　五、百善孝为先：孝悌与仁义礼乐

　　孝悌为仁之本。孔子的弟子有若曾经说过："君子务本，本立而道生，孝弟也者，其为仁之本与！"②仁，是君子最基本、

―――――――

　　①〔唐〕玄宗（李隆基）御注，〔宋〕邢昺疏：《孝经注疏》，载〔清〕阮元校刻：《十三经注疏》，中华书局，1980，第2554页。

　　②《论语·学而》，载〔宋〕朱熹：《四书章句集注》，中华书局，1983，第48页。

最核心，也是最崇高的修养和品德。那么，仁最基本的特征是什么呢？《论语》说："仁者，爱人。"而爱人的发轫是孝悌，因此，孝悌是践行仁德的首务。

人知道爱类（即与自己的同类和谐相处），这就是"仁"；知道报恩（报答养育之恩），这就是"孝"。有了"爱类"意识的仁，才有不残不暴、和平和谐的"仁政"；有了"报恩"意识的孝，才有爱亲敬长、仁民爱物的"善性"。《孟子》曰："亲亲而仁民，仁民而爱物。"孝是人的本性、人的善根，故有人孝是百善之先、众妙之源。马一浮先生说："一言而可该性德之全者曰仁，一言而可以该行仁之道者曰孝。"[①]可谓得其体要。

孝悌为教之始。《孝经·开宗明义章》说："夫孝，德之本也，教之所由生也。"这个命题的前半部分与有子的说法一致，"德之本"也就是"仁之本"。虽然人情百态，德行万殊，但是儒家认可的"德"是就善德而言的，善德就是仁，德之本就是仁之始。命题的后半部分，是从孝悌的影响来说的，孝悌之心可以劝善，孝悌之行可以励俗。《孝经·广要道章》说："教民亲爱，莫善于孝；教民礼顺，莫善于悌；移风易俗，莫善于乐；安上治民，莫善于礼。"孝悌、礼乐，是教爱教亲、移风易俗、实现安君乐民的有效方法。用孝悌之道来施行教化，起到的作用是非常深刻而远大的。《孝经·广至德章》说："教以孝，所以敬天下之为人父者也；教以悌，所以敬天下之为人兄者也；教以臣，所以敬天下之为人君者也。"《孝经·圣治章》又说："圣人因严以教敬，因亲以教爱。圣人之教不肃而成，其政不严而治，

---

① 马一浮：《孝经大义》，载吴光主编：《马一浮全集》第一册，虞万里、徐儒宗点校，浙江古籍出版社，2013，第 220 页。

其所因者本也。"

孝悌是文明之端。中国人的教化是教人作君子、作义士、做仁者，是"向善之教""劝善之教""勉仁之教"。有了孝悌，就会产生出一系列的礼乐制度、文明成果。要追求制度设施的人性化、文明成果的持久性，特别是要使社会达到和谐，就必须以"博爱"为特征的孝悌之道为之发轫。《孝经·三才章》说："先王见教之可以化民也，是故先之以博爱，而民莫遗其亲；陈之以德义，而民兴行。先之以敬让，而民不争；道之以礼乐，而民和睦；示之以好恶，而民知禁。"就是说，提倡"博爱"可以使六亲安顿；提倡"德义"可以使人民言行得体；提倡"敬让"可以使人民不争；提倡"礼乐"可以使人民和睦；提倡正确的"好恶"观可以使人民有所不为。这一切文明、秩序、和谐、守矩，都是孝悌之心的扩展，是爱亲心情的发抒。所以，《国语》说："孝，文之本也。"《左传》也说："孝，礼之始也。""文"和"礼"在这里指文明和秩序，"本"和"始"都指发端。"文"与"礼"都以孝悌为根本和基石。

由于孝悌是众善之源，教孝的经典《孝经》在儒家众多的经典中就有了特殊的地位。如果说"六经"是儒家的经典，是儒家传授哲学思想（《易经》）、政治思想（《尚书》《春秋》）、行为规范（《礼经》）、文学艺术（《诗经》《乐经》）的教科书，《孝经》这部记载儒家孝悌德行的总纲领，就是"六经"的总汇和概括，也是儒家各种思想的集中体现。汉代匡衡就说："《论语》《孝经》，圣人言行之要。"[①]将《孝经》与《论语》视为孔子言论最精要的体现，所以汉人读经，《孝经》《论语》

---

① 班固：《汉书·匡衡传》，中华书局，1962，第3343页。

是必读必通的经典。郑玄《六艺论》说："孔子以《六艺》题目不同，指意殊别，恐道离散，后世莫知根源，故作《孝经》以总会之。"说《孝经》是孔子在修订"六经"之后，对自己思想理论所作的一项纲领性总结。马一浮先生说："六经之旨，散在《论语》，而总在《孝经》。"①也是此意。

《孝经·感应章》说："孝悌之至，通于神明，光于四海，无所不通。"《孝经·孝治章》说："是以天下和平，灾害不生，祸乱不作。故明王之以孝治天下也如此。"在古人看来，孝悌之心，精诚不虚，自然会感动上苍，感动神灵。人心和顺，阴阳调协，戾气不作，自然便风调雨顺，无灾无难了。

六、"五等之孝"：自天子至于庶人

人人都是父母所生，故孝悌之道涵盖所有人群。不过，由于职务有尊卑、职业有分工，人们在履行孝悌之道时，又有各自的注意事项。为了指导国人自觉、正确地履行孝道，《孝经》为不同阶层的人制订出不同的行孝规则，遍及天子、诸侯、卿大夫、士人、庶人，即所谓"五孝"。

首先是"天子"。《白虎通义》说："天子者，爵称也。爵所以称天子者何？王者父天母地，为天地之子也。"引《孝经·援神契》说："天覆地载，谓之天子，上法斗极。"说天子是天地间第一人，要仿效北斗太极行事，但天子同样是父母所生所养，同样需要孝敬亲长。故《孝经》说："故虽天子，必有尊也，言有父也；必有先也，言有兄也。宗庙致敬，不忘亲也；修身慎行，恐辱先也。"除了尽常人的孝亲养老之责外，天子还需要奉行天

① 马一浮：《泰和宜山会语·法数钩玄·经典维新》第一辑，崇文书局，2019，第19页。

之命令、替天行道，敬天保民，顺天爱民。《孝经·感应章》说："昔者明王事父孝，故事天明；事母孝，故事地察；长幼顺，故上下治。天地明察，神明彰矣。"

其次是"诸侯"。《孝经·诸侯章》要求诸侯"在上不骄"，所以才能"高而不危"；"制节谨度"，所以才能"满而不盈"。"不骄"是做事谨慎，不怠慢任何人，否则就有被罢黜或推翻的危险。"制节谨度"是在物质享受上有规矩，否则就有僭越犯上之嫌。只有"高而不危"，才能长久保持自己尊贵的地位不致坠落（"长守贵"）；只有"满而不溢"，才能永远拥有自己的财富（"长守富"）。只有地位、财富兼具，才能使政权得到维持，自己也才能得到人民的拥护和爱戴。欲不可纵，志不可满，骄不可长，乐不可极，这就是长享荣华富贵的辩证法。《诗》云："战战兢兢，如临深渊，如履薄冰"，正是提醒诸侯要谨慎小心。

108

其次是"卿大夫"。《孝经·卿大夫章》要求卿大夫："非先王之法服不敢服，非先王之法言不敢言，非先王之德行不敢行"，在服饰言行上，一切遵循先王礼法："非法不言，非道不行，口无择言，身无择行。"《孝经·卿大夫章》要求卿大夫："言满天下无口过，行满天下无怨恶。"无过无错，才能"守其宗庙"。

其次是"士人"。士人，今人恒解为"知识分子"，其实非也。古之"士"固然有知识、有文化，但并非今之一些"专而不博、博而无归、知而不行、行而不笃"的所谓"知识分子"可比拟的。徐慎的《说文解字》曰："士，事也"，意思是说：士就是能任事、有担当、敢以天下为己任的人。那么，对于士人来说，如何履行孝悌之道呢？《孝经·士人章》要求他们将对父母亲人施爱的情感更加理性化，将孝心转化为忠诚，正确处理好上下级关系："资于事父以事母而爱同，资于事父以事君而敬同。故母取其爱，而君取其敬，兼之者父也。故以孝事君则忠，以敬事长则顺，忠顺不失，以事其上，然后能保其禄位，而守其祭祀。"

最后是"庶人"。上古有所谓"礼不下庶人"之说，一方面是说对于庶民不要以繁文缛礼来苛求他们；另一方面是说对庶人以下的皂隶牧舆等奴隶阶层更不要用礼去奢求，但庶人、奴隶也需要尽孝悌之道。《孝经·庶人章》要求他们："用天之道，分地之利，谨身节用，以养父母。"谨遵天道，不违农时；审度地理，开发地利；辛勤劳作，节约用度。只有这样，才有能力供养自己的父母。

在《孝经》看来，阶层不同，其社会地位、能力和财力不同，尽孝的责任、重点和要求也就不同，但对父母的养和敬、对人民的爱和善却是一致的，也是一贯的。唐玄宗《孝经注序》说："虽五孝之用则别，而百行之源不殊。"切不可借口能力有限、财力不足、公务繁忙、商场打拼等理由，推托尽孝责任。《孝经·庶人章》说："故自天子至于庶人，孝无终始而患不及己者，未之有也！"

七、养亲·敬亲：孝悌的基本原则

孝悌之道的出发点是对亲人的爱，而对亲人的爱首先必须是对亲人生命的关怀和生存的帮助，这就是"养"。《礼记·祭统》说："孝者，畜也。顺于道，不逆于伦，是谓之畜。"《释名·释言语》引"《孝经说》曰：'孝，畜也；畜，养也。'"如果连亲人都不能养，又谈何爱亲人呢？孟子曾刻画出世间五种不孝行为："世俗所谓不孝者五：惰其四支，不顾父母之养，一不孝也。博弈好饮酒，不顾父母之养，二不孝也。好货财，私妻子，不顾父母之养，三不孝也。从耳目之欲，以为父母戮，四不孝也。好勇斗狠，以危父母，五不孝也。"①在"五不孝"中，其中不养父母就占了三条，可见养父母之重要。

中国是一个重视"养老"的国度，相传尧舜夏商都有"养老"制度，至姬周达到极致。《礼记·王制》说："有虞氏养国老于上庠，养庶老于下庠；夏后氏养国老于东序，养庶老于西序；殷人养国老于右学，养庶老于左学；周人养国老于东郊，养庶老于虞庠，虞庠在国之西郊。"国家如此，家庭就更应当承担起赡养老人的责任了。

"养"包括哪些内容呢？首先是从衣、食、住、行、健康等方面来关心老人。孔子说："有酒食，先生馔""父母唯其疾之忧"。②《吕氏春秋·孝行览》归纳为"五养"："养有五道：修宫室，安床第，节饮食，养体之道也。树五色，施五采，列文章，养目之道也。正六律，和五声，杂八音，养耳之道也。熟五谷，烹六畜，和煎调，养口之道也。和颜色，说言语，敬进退，养志之道也。此五者代进而厚用之，可谓善养矣。"第一条"养体"属于衣、住、食，以优越的物质条件养老。第二、三条"养目""养耳"属于艺术，是从视觉、听觉等精神方面让老人愉悦。第四条"养口"，是以高级食品、美味珍肴让父母享受。第五条"养志"是态度方面，顺从父母意志。

其次是"敬亲"。《孝经·圣治章》曰："不爱其亲而爱他人者，谓之悖德；不敬其亲而敬他人者，谓之悖礼。"这句话包含两层含义：其一，孝之始在事亲；其二，孝含爱敬方合礼。《孝

---

① 《孟子·离娄下》，载〔宋〕朱熹：《四书章句集注》，中华书局，1983，第 299 页。

② 《论语·为政》，载〔宋〕朱熹：《四书章句集注》，中华书局，1983，第 56、55 页。

经·广要德章》曰："礼者，敬而已矣。"可见，孝不仅包含养之行，还蕴含敬之心。《论语》载"子游问孝"，孔子回答说："今之孝者，是谓能养。至于犬马，皆能有养，不敬，何以别乎？"世俗皆以能养为孝，若无敬心，便与饲养犬马无别。《论语·为政》又载"子夏问孝"，孔子曰："色难。"色难即和颜悦色为难，也就是《吕氏春秋·孝行》强调的"和颜色，说（悦）言语，敬进退"。

《荀子·子道》载"子路问于孔子曰：'有人于此，夙兴夜寐，耕耘树艺，手足胼胝，以养其亲，然而无孝之名，何也？'"是说有人早起晚归，十分努力地生产，对父母也尽到了供养责任，这完全符合《孝经》所讲"用天之道，分地之利，谨身节用，以养父母"的"庶人之孝"的要求。可是他还是没有落得个"孝子"之名，这是为什么呢？孔子回答说："意者，身不敬与？辞不逊与？色不顺与？"可见，真正的孝行，不仅"能养"，还要举止恭敬、言辞谦逊、表情柔顺，所以《孝经·纪孝行章》要求："孝子之事亲也，居则致其敬，养则致其乐。"恭敬是使亲人快乐的根本保障。当然，如果连"养"都做不到，那他就连犬马都不如了。

孝悌之道，除了上述原则外，在日常生活中还有许多细节需要注意。如：多为长者代劳："有事弟子服其劳，有酒食先生馔。"[①]时常关心父母："父母唯其疾之忧"[②]；"父母之年不

---

①《论语·为政》，载〔宋〕朱熹：《四书章句集注》，中华书局，1983，第 56 页。

②《论语·为政》，载〔宋〕朱熹：《四书章句集注》，中华书局，1983，第 55 页。

可不知也，一则以喜，一则以惧"①；"昏定晨省"②。与父母保持联系："父母在，不远游，游必有方"③；"出必告，返必面"④。为父母服"三年之丧"："父在，观其志；父没，观其行；三年无改于父之道"⑤，等等。

它们当中有的已经随着时代进步而不再提倡了，有的至今还具有某种参考价值，特别是其中贯穿着对父母时时的关心和爱敬精神，无论我们走到哪里，年代进到何时，都是具有积极意义的，也都是我们应当记取的。

八、理智之爱：不义则诤

孟子说："不顺乎亲，不可以为子"⑥，"惟顺于父母可以解忧"⑦。事亲首先要顺亲，但如果父母有过，子女究竟应曲意迎合还是以义谏诤呢？对此，《孝经·谏诤章》有明确的回答，篇中记载，曾子问孔子："子从父之令，可谓孝乎？"孔子回答："是何言与？是何言与？昔者天子有争臣七人，虽无道，不失其天下。诸侯有争臣五人，虽无道，不失其国。大夫有争

---

①《论语·里仁》，载〔宋〕朱熹：《四书章句集注》，中华书局，1983，第 74 页。

②〔汉〕郑玄注，〔唐〕孔颖达疏：《礼记正义》，载〔清〕阮元校刻：《十三经注疏》，中华书局，1980，第 1233 页。

③《论语·里仁》，载〔宋〕朱熹：《四书章句集注》，中华书局，1983，第 73 页。

④〔汉〕郑玄注，〔唐〕孔颖达疏：《礼记正义》，载〔清〕阮元校刻：《十三经注疏》，中华书局，1980，第 1233 页。

⑤《论语·学而》，载〔宋〕朱熹：《四书章句集注》，中华书局，1983，第 51 页。

⑥《孟子·离娄上》，载〔宋〕朱熹：《四书章句集注》，中华书局，1983，第 287 页。

⑦《孟子·万章上》，载〔宋〕朱熹：《四书章句集注》，中华书局，1983，第 303 页。

臣三人，虽无道，不失其家。士有争友，则身不离于令名。父有争子，则身不陷于不义。故当不义，则子不可以不争于父，臣不可以不争于君。故当不义则争之，从父之令，又焉得为孝乎？"孔子认为，从前天子无道却不失天下，诸侯无道却不失其国，大夫无道却不失其家，士能够保持美好声誉，父可以免于不义，这一切，都是因为各有勇于谏诤的臣下、朋友和儿子。故子不加分析地从父之令，不能称之为孝。君有诤臣、父有诤子、士有诤友，便可保国、保家、保身。否则危矣！因此，父母有过，子女对其进行劝谏，不但不违背孝道，反而是子女应尽之义务。

养亲安亲、敬上顺长，固然是孝悌之大伦、忠顺之准则，但前提是我们所敬顺的君父长者合乎"礼义"，否则，就要诤之谏之。不然，不义而顺，行邪不争，就是陷亲人于不义、堕尊长于不仁，那恰恰就是不孝不悌，因此，《荀子·子道》说："入孝出弟，人之小行也；上顺下笃，人之中行也；从道不从君、从义不从父，人之大行也。"荀子倡导"从道不从君、从义不从父"的辩证忠孝观。《庄子·天地》说："孝子不谀其亲，忠臣不谄其君，臣子之盛也。"与此也有异曲同工之妙。

发现对方有错，做子女、下属、朋友的应及时谏诤，但谏诤时要注意方式方法。即使对方有错，亦要怡色柔声、微谏不倦，尽可能做到情义兼备。《论语·里仁》说："事父母几谏。见志不从，又敬不违，劳而不怨。"《礼记·内则》说："父母有过，下气怡色，柔声以谏。谏若不入，起敬起孝，说则复谏。""几谏"就是要小心委婉地进谏。如果父母一时不从，不要着急，更不要冒犯，等他们心情好了再谏。这样做，即使辛苦一点也不要有怨言。可见，孝，不仅需要以"义"辅之，更需要以"术"谏之。

就谏净方式而言，有正谏、降谏、忠谏、戆谏、顺谏、窥谏、指谏、陷谏、尸谏等，孔子等主张"讽谏"，即不直指其事，而是用委婉的言辞进行劝谏，使其改正过失。具体的劝谏方式则应视情况而定。

在这里，需要注意的是，孝不是单向的顺从与尊敬，而是上、下之间一种相互的道德要求，正所谓"上行下效"是也。《孝经·三才章》也要求为人君上和为人父母者，都要首先做好表率，然后再责求于臣子："先王见教之可以化民也，是故先之以博爱，而民莫遗其亲。"《孝经·孝治章》又说："明王之以孝治天下也，不敢遗小国之君"；诸侯"治国者，不敢侮于鳏寡"；大夫"治家者，不敢失于臣妾"。只有在上者先做到德义爱敬，才能使"天下和平，灾害不生，祸乱不作"。

第四节　君子：儒家理想人格

人格，一般定义为：人们在现实社会实践中形成和发展，受个人内在综合素质及特定思想、性格和行为影响所构成的相对固定的模式。直白一点来说，人格就是"人品"。简言之，即做什么人，怎样做人。涉及如何成为一个真正意义的"人"的问题。

古希腊亚里士多德《政治学》说："人是城邦的动物。"柏拉图《政治家篇》说："人是没有羽毛的两脚直立的动物。"这都不是"人格"意义上"人"的概念。中国孟子在《孟子·离娄下》中说："人之所以异于禽兽者几希，庶民去之，君子存之。舜明于庶物，察于人伦，由仁义行。"荀子《非相篇》又说："人之所以为人者，非特以其二足而无毛也，以其有辨（别）也……故人道莫不有辨，辨莫大于分，分莫大于礼。"认为人"依礼而行""群居有分"。这些都是力图解决真正意义的"人"的本质问题，亦即人格问题。

学者研究表明，人格从根本上决定着个体或团体的人生形象和价值取向。人格可能带来人们更高的理想追求，上升到整个民族的精神风貌，甚至文化文明的高度。而理想的人格是指一定社会、民族、文化群体、政治团体或学术流派所倡导的道德上和事功上的完美典型；是人们普遍认同的完美人格形象，具有持久性影响力；是一定时期的道德要求、道德理想和价值判断的最高体现。不同的时代和社会有不同的理想人格，理想人格对人有普遍的感召力。

若从历史的角度来看，理想人格的树立和追求，是人类从自然状态走向自觉状态的产物，是人类社会从野蛮迈向文明的门槛，也是社会从一个阶段走向另一个阶段的进步的阶梯，是形成具有共同风貌的民族、团体或国家的价值认同与意义界定。东西方各个国家、民族在不同时期、不同群体中都提出过理想人格问题，也形成一些有影响的人格。古希腊有"智者"，法国中世纪有"骑士"，英国工业革命后有"绅士"，美国有"精英"，中国则是"君子"。

儒家提出了系统的人格梯阶，从"匹夫匹妇""士""成人"到"君子""圣人"，自下而上分为五个境界。"匹夫匹妇"是大众人格；"士"是追求成功中的人；"成人"是粗具德才艺礼的人；"圣人"是博施济众的人。换句话说："匹夫"虽然能持守意志（"匹夫不可夺志"），但不识大义；"士"追求进步（"推十合一谓之士"），但尚存功利；"成人"虽有担当（"久要不能忘平生之言"），但不知天命；"圣人"德业盛大（"博施而能济众"），但没有普遍性。这四种人格，不是太高

（圣人），就是不及（匹夫），或者太泛（士），或者不太完全（成人），都不是理想人格，只有文质彬彬的"君子"才是理想人格。

一、儒家君子人格面面观

作为人格的君子，其最基本的人格情态是孔子定义出来的。

《论语·宪问》载孔子定义的君子为："君子道者三，我无能焉：仁者不忧，知者不惑，勇者不惧。"孔子心目中的君子是兼具仁、智、勇三德的，所以《论语》讲"成人"具有"智""勇""艺""礼乐"诸德，但还只能称为"成人"，不能称为君子，原因是什么呢？就在于没有"仁"，可见仁是很重要的。普遍的爱心之于社会稳定和个人修养，是十分重要的。

子思《中庸》："天下之达道五，所以行之者三。曰：君臣也，父子也，夫妇也，昆弟也，朋友之交也。知、仁、勇三者，天下之达德也，所以行之者一也。"将仁、智、勇称为"三达德"，提倡这三种品德来修五个达道即"五伦"。

仁、智、勇三达德的标准是很高的。美国的哲学家威尔·杜兰说："孔子心目中的完人是一个哲圣兼备的超人。孔子心目中的这个超人，是兼备苏格拉底的'智'，尼采的'勇'，以及耶稣的'仁'，这三达德的完人。"[①]具体来说，君子具有如下表现：

其一，君子乐天知命，有形上的追求。《论语·尧曰》云："不知命，无以为君子。"不知道命不能成为君子。"命"首先是天命，其次是使命，然后是命运。《论语·季氏》云："君子有三畏：畏天命，畏大人，畏圣人之言。"君子是有所敬畏的，

---

① ［美］威尔·杜兰：《东方的遗产》，东方出版社，2003，第690页。

是形上的敬畏。

其二，君子内省不疚。《论语·颜渊》："司马牛问君子，子曰：'君子不忧不惧。'曰：'不忧不惧，斯谓之君子已乎？'"司马牛寻思：每天傻乎乎的，什么也不害怕，没有一点忧愁，这也叫君子吗？孔子回答："内省不疚，夫何忧何惧。"这里的不忧不惧不是傻乎乎的不忧不惧，而是内省，能够深刻反省，反省就是自觉，吾日三省吾身。"不疚"，就是没有任何的歉疚，也就是前面讲的"仁者不忧"，能够做到仁，也就成为君子了，何忧何惧！

其三，君子能够效法天道。这一点《周易》里有很多体现，如《周易·乾象传》："天行健，君子以自强不息。"《周易·坤象传》："地势坤，君子以厚德载物。"《周易·屯象传》："云雷，屯，君子以经纶。"经纶就是经纶天下，云雷屯就是天造草昧，政治秩序还没有建立起来，这时候不能放任小人去为祸，君子要果敢地主动出来经纶天下，定立规矩。《周易·蒙象传》云："山下出泉，蒙。君子以果行育德"，就像泉水刚从山下冒出来，君子要去引导它。《周易》中这一类法天制行的文字太多了，见卦象，知天道，然后君子就采取正确的态度。《周易》里"君子以"很多，六十四卦都有，前人专门编了一本《君子以》的书，讲君子观天象、效法天道的事。

其四，君子具有"仁义礼"的情怀。《论语·里仁》："君子去仁，恶乎成名？君子无终食之间违仁，造次必于是，颠沛必于是。"又曰："君子之于天下也，无适也，无莫也，义之与比。"君子对天下的人和事，"不适也"不要一味地顺从，"无莫也"，不要简单地否定，"义之与比"，决定"适"还是"莫"，是看合不合乎义，就像奉行孝悌一样，《荀子·臣道》说："从道不从君，从义不从父。"仁义对于是否忠孝也是很重要的。《卫灵公》载子曰："君子义以为质，礼以行之。"义是根本，是遵守的底线，礼是行为的方式、行为的规范，义和礼都不能少。《论语·阳货》子曰："君子义以为上。君子有勇而无义为乱，小人有勇而无义为盗。"乱就是扰乱法纪法规逾，盗就是犯上作乱，危害社会。

《文言传·乾文言》："君子体仁，足以长人；嘉会，足以合礼；利物，足以和义；贞固，足以干事。君子行此四德者，故曰乾：元、亨、利、贞。"君子还能够元、亨、利、贞，具体反映在人事上面就是仁、礼、和、正。《文言传·坤文言》："君子敬以直内，义以方外，敬义立而德不孤。""敬以直内"，就是要有礼；"义以方外"就是要有原则；"敬义立而德不孤"，能够忠又有义，待人有礼，就有人拥护你、追随你，当然就不会孤单了。

其五，君子志趣高尚，重义轻利。《论语·里仁》："君子喻于义，小人喻于利。""喻"是追求的意思，君子不是唯利是图，而是唯义是求。小人更多追求的是利。《论语·卫灵公》："君子固穷，小人穷斯滥矣。""固穷"就是穷而固守，君子不讲功利地坚守道义、理想、初心；"穷斯滥矣"，"滥"就是不守规矩，小人一旦正道走不通，便会想方设法，甚至变换自己的人格、方式，放弃自己的道义。因此《论语·述而》也讲："富而可求也，虽执鞭之士吾亦为之。如不可求，从吾所好。"富与贵谁都愿意要，如果可求，也就是合乎道义能够得到的话，"虽执鞭之士"也为之。执鞭之士有几种解释，一种是赶马车的，还有一种是市场的管理员，就是说古代的城管也是执鞭之士。通过合法的途径、合理的手段、不降低自己人格的方式求得的富贵，哪怕累一点、苦一点都可以；"如不可求"，关键是"不可"，就是不能够降低人格，不能放弃道义，不能放弃追求，"从吾所好"，那就要保持自己的信念。《论语·述而》："君子坦荡荡，小人长戚戚。"君子是坦荡荡的，尽管不成功，也能够处之泰然。尽管物质条件差一点，也不会降低自己的人格。但是"小人长戚戚"，无论通还是不通，无论富还是穷，小人总是得亦忧失亦忧。未得者忧其不得也，既得之又患失之，老是患得患失。

其六，君子善于处事。《论语·为政》："君子周而不比，小人比而不周。""周"意思是能够照顾每一个人，"比"就是小圈子、小集团。小人比而不周，小人只是注重小集团，不照顾大家的利益。《论语·子路》："君子和而不同，小人同而不和。""和同"也是一个重要的概念，"和"意为和谐，和谐并不是完全一样，不是相同，而是不同的观点，不同的味道达到互补的、和谐的、美味的状态。小人"同而不和"，小人不说相反的话，但是最终达到更坏的结果。《论语·卫灵公》："君子求诸己，小人求诸人。"自我要求要严格一点，这才是君子的风度。《论语·颜渊》篇也记载孔子说："君子成人之美，不成人之恶。人小反是。""成人之美，不成人之恶"就是"己欲立而立人，己欲达而达人；己所不欲，勿施于人。"

《论语·子路》篇讲："君子泰而不骄，小人骄而不泰。"泰，就是坦荡荡，但是不骄，这个是君子。小人是骄而不泰，小人一旦得志，惺惺作态，那看起来简直令人作呕，但是他觉得很爽，很得意。所以君子、小人，你一看得意、失意之间的表现，一下就判断出来了。《论语·学而》篇又记载："人不知而不愠，不亦君子乎！"这个大家都知道，《论语》开篇就是这样说的。这个"不知"不是不知道自己的名字，也不知道自己的才能，而是不欣赏自己，不认同自己的价值。不愠，就是你也不要自己过不去，他不知，那是他的问题，不是咱的问题。《论语·子张》篇说："君子有三变：望之俨然，即之也温，听其言也厉。"君子，跟他交往的时候，远远望之很威严，好像不可亲近，但你真正接近他的时候，就感到他很温和，因为他以仁爱为情怀。"听其言也厉"，这个"厉"是什么意思呢？君子是劝人为善的，不免当头棒喝，严格凌厉，不像小人那样口蜜腹剑。

其七，君子能够审时度势，掌握"中庸之道"。《中庸》："君子之中庸，小人而时中。"《周易·系辞上》："君子之道，或出或处，或默或语。二人同心，其利断金；同心之言，其臭如兰。"说明君子能够审势。

其八，君子有特定的政治形象。前边讲过，"子路问君子，子曰：'修己以敬。'"，这就是自我的修为。待人要敬。然后第二步是"修己以安人"，让你周围的人都得到安定。最后是"修己以安百姓"，这是君子最高的境界了，安百姓就是圣人境界。君子自我修养，然后修己及人，然后修己以及百姓。君子从政是爱憎分明的，《论语·阳货》："子贡曰：'君子亦有恶乎？'子曰：'有恶，恶称人之恶者，恶居下而讪上者，恶勇而无礼者，恶果敢而窒者。'"子贡问，君子也有讨厌人的时候吗？孔子举出了几种厌恶的人。

君子正己和群，无偏无党，《论语·卫灵公》："君子矜而不争，群而不党。"还要爱民利民，《论语·公冶长》："子谓子产有君子之道四焉，其行己也恭，其事上也敬，其养民也惠，其使民也义。"说子产有君子之道的四个德性：恭、敬、惠、义。自己为人谦恭，对上级忠敬，给人民实惠，驱使人民合乎道义。这就是从政者的职业道德。《论语·子张》子夏说："君子信而后劳其民。"也与"定其交而后求"同义。

二、君子养成之道

"君子"既为理想人格，那么怎样才能养成君子呢？依据《论语》《周易》《孝经》等有关论述，成为君子应从以下途径入手：

其一，树立远大理想。要想成为君子，必须树立远大理想，以"明道"（亦即追求真理）为最高目标。孔子说："君子谋道不谋食。"[①]古之士人的人生目标不外两种，一是追求形而上的真理（"道"），一是追求形而下的财富（"食"）。士者，"通古今，辨然否"者也，一个士人注定应当以追求真理（谋道）为其最高的标准，追求财利（谋食）乃是庶人、工商和皂隶的本分，欲做君子自然应当"谋道不谋食"了。当然也有既追求发财，又能够谋道，两不误的，能做到"儒商"，也称得上君子。孔子又说："耕也，馁在其中矣；学也，禄在其中矣。君子忧道不忧贫。"[②]这句话曾经有误读，以为孔子歧视生产劳动。其实不然。孔子自己就说过："吾少也贱，故能多鄙事。"《吕氏春秋》和《史记》都说他曾经"为季氏史，而料量平；为司职吏，而蓄繁息。"管理会计（计书之事）则数明账平，管理蓄牧（执鞭之士）则六蓄兴旺。怎么也不像轻视劳动的样子。这句话其实是在强调当时的社会分工，耕，就要考虑不要挨饿；学，就要讲求仕进。修君子之道，却去做小人之事，肯定南辕北辙，缘木求鱼。士追求的应该是道而不是食。到了汉代，董仲舒也说："皇皇求财利常恐乏匮者，庶人之意也；皇皇求仁义常恐不能化民

121

① 《论语·卫灵公》，载〔宋〕朱熹：《四书章句集注》，中华书局，1983，第167页。

② 《论语·卫灵公》，载〔宋〕朱熹：《四书章句集注》，中华书局，1983，第167页。

者，大夫之意也。"①不能既当官又想发财。作为士，就不应去与民争利，不能抢夺老百姓的机会。《论语·学而》子曰："君子食无求饱，居无求安，敏于事慎于言，就有道而正焉。"甚至说："朝闻道，夕死可矣！"②这也讲追求道，至死不渝。

其二，勤奋学习。谋"道"、闻"道"的关键在于"学"。子夏说："君子学以致其道。"③通过学习积累，达到对道（真理）的了解，通过"道问学"，然后达到"尊德性"。《论语·雍也》这一篇也记载孔子说："君子博学于文。"《雍也》载孔子对子夏说："汝为君子儒，无为小人儒。"儒又有两种，一种是君子儒，一种是小人儒。君子是上达，是求道之儒，是鸿儒、雅儒；小人是下达，只是求得温饱的那种儒，为稻粱谋，是小儒、贱儒。《周易·乾文言》："君子学以聚之，问以辨之，宽以居之，仁以行之。"也是学、问、宽、仁四道并发。以学来获得知识，以问来辨明是非，以宽来对待他人，以仁来待人处事。这也将学习的重要性摆在第一，故《论语》的《学而》也就在第一篇。"学"要闻道知命，探究真理。孔子说："朝闻道，夕死可矣。"又说："君子上达，小人下达。"④"上"就是"形而上者谓之道"的道，"下"是"形而下者谓之器"的器。道就是普遍规律，是必然性；器就是具体的规矩、具体的知识、具体

122

---

① 董仲舒：《对贤良策》，载〔汉〕班固：《汉书·董仲舒传》，中华书局，1962，第 2521 页。

②《论语·里仁》，载〔宋〕朱熹：《四书章句集注》中华书局，1983，第 71 页。

③《论语·子张》，载〔宋〕朱熹：《四书章句集注》，中华书局，1983，第 189 页。

④《论语·宪问》，载〔宋〕朱熹：《四书章句集注》，中华书局，1983，第 155 页。

性技能。《论语·子张》又说，子夏曰："虽小道，必有可观者焉。致远恐泥，是以君子不为也。"也就是说那些道听途说，还有博弈这些技巧，甚至礼乐射御书数那些小六艺，虽是小道（未闻天命），必有可观者焉，它也有它的用处，也有它的价值。但是"致远恐泥"，"致远"就是干大事业，其他的都排斥掉；"恐泥"就是泥溺于它，束缚了手脚，屏蔽了视野。用小技应对大事业，当然不够，相当于陷入了泥潭里边去了。"是以君子不为也"，那是修养君子之道者所不能做的，君子既要"推十合一"，还要"闻一知十"，要能够将具体知识提炼纯粹，还能够将个别事理上升到理论和道命的高度，能够"上达"天道。这是"闻道"。《论语·学而》这篇又说："君子不重则不威，学则不固。"重，实际是自重，也就是要有自己的价值提倡，要是没有价值的提倡，戏说乱说，就没有威信和肃穆，也就没有能够取信于人的生活向导和人生厚度。"学则不固"，那样学的东西也就很散乱，形不成一种真正的、整体的真知。

123

其三，谨言慎行，言行一致。孔子说："君子敏于事而慎于言。"[①]又说："君子欲讷于言而敏于行。"[②]子贡问君子，孔子说："先行其言而后从之。"[③]君子要先兑现说过的话，再提倡新东西。孔子说："君子耻其言而过其行。"[④]言要能够付诸实施。

①《论语·学而》，载〔宋〕朱熹：《四书章句集注》，中华书局，1983，第52页。

②《论语·里仁》，载〔宋〕朱熹：《四书章句集注》，中华书局，1983，第74页。

③《论语·为政》，载〔宋〕朱熹：《四书章句集注》，中华书局，1983，第57页。

④《论语·宪问》，载〔宋〕朱熹：《四书章句集注》，中华书局，1983，第156页。

《左传》襄公二十六年："信近于义言可复也。""信"，也就是言
而有信，但是要近于义，要合乎原则；"言可复也"，复就是践
履、实行的意思，就是说要以义为标准，来践行你的言论。《孝
经》曰："君子则不然，言思可道，行思可乐，德义可尊，作事
可法，容止可观，进退可度，以临其民。是以其民畏而爱之，则
而象之。故能成其德教而行其政令。"这段话的前边是讲有些人
用非法的手段，如不敬其亲、不孝其亲实现自己的愿望，但是
君子不能那样做，"言思可道"，说话的时候要想到人家也会跟着
学；"行思可乐"，做的事要让人家感到高兴；"德义可尊"，形
成的德义要获得人们的尊重；"作事可法"，做的事情要让人家
能够取法；"容止可观"，容貌举止也要可观摩学习。这里真、
善、美都有了；"进退可度"，进退举止人们会奉为法度；"以
临其民"，像这样来统治人民，做的事情都可为民表率。儒家讲
德行，以德行为民之师。"是以其民畏而爱之，则而象之"，人
民都学习他，爱戴他；"故能成其德教而行其政令"，因此他的教
化和政令都得到实施。法家李斯也提倡"以吏为师"，但吏只教
法令。儒家提倡的是"成其德教而行其政令"，重德和重法的不
同是儒法两家的重要区别。

其四，谨慎择友。《论语·卫灵公》："君子求诸己，小
人求诸人。"又讲："君子病无能焉，不病人之不己知。"《论
语·学而》："人不知而不愠，不亦君子乎！"又说："君子主忠
信，无友不如己者。""主"是依靠、投靠的意思。孔子周游列
国时，到卫时"主于蘧瑗（字伯玉，大夫蘧无咎之子。春秋时期
卫国大夫，后世奉祀于孔庙东庑第一位，道家"无为而治"的开
创者）"，"主"就是投靠，也就是说我们依靠忠信之人。"无
友"是说不要与"不如己者"交友。"不如己者"有两种解法，

一种解法是说，因为追求做君子，就不能与小人为伍，因为小人不能做到"朋友切切偲偲"，互相之间切磋、督促，帮助你进步，"不如己者"就是那种把你往下扯、拉下水的人。另外还有一种解释，读"如"为"恕"，"如"下边有个心字，"无友不恕己者"就是不要跟那些斤斤计较者交朋友。不过第二种解释在这里搭不上，尤其是与下面这句孔子所说的话："益者三友，损者三友。友直、友谅、友多闻，益矣。友便辟，友善柔，友便佞，损矣。"①不合，朋友有三种好的，有三种坏的。好的朋友，能直言相告，为人大气，见多识广，这三种是"益友"。"友便辟"，是那种以非正常手段和方式跟你交朋友之人；"友善柔"，跟你讲一些好听的话，给你小恩小惠，灌迷魂汤；"友便佞"，就是巧言令色，没有是非观念，一味讨好。这三者就是"损友"。

其五，力行孝悌。《孝经》云："不爱其亲而爱他人者，谓之悖德；不敬其亲而敬他人者，谓之悖礼。以顺则逆，民无则焉。不在于善，而皆在于凶德，虽得之，君子不贵也。"《孝经》又载孔子曰："君子之事亲孝，故忠可移于君；事兄悌，故顺可移于长；居家理，故治可移于官也。是以行成于内，而名立于后世矣。"百善孝为先。一个人如果对父母都不孝，你跟他当朋友，可靠吗？作为终身伴侣，可靠吗？这就是"求忠臣于孝子之门"。

其六，"三戒""九思"。孔子说："君子有三戒：少之时，血气未定，戒之在色；及其壮也，血气方刚，戒之在斗；及其老

---

①《论语·季氏》，载〔宋〕朱熹：《四书章句集注》，中华书局，1983，第171页。

也，血气既衰，戒之在得。"①这三戒也是非常重要的，看起来很直白，但是又很有意义、很有价值。"少之时，血气未定，戒之在色"，"色"是纵欲的意思，不是说谈恋爱都不行，恋爱可以，《诗经》就讲"窈窕淑女，君子好逑。"不是说结婚就不行，是可以的，《诗经》又说"琴瑟友之""钟鼓乐之"，但是不要纵欲，就如《礼记·曲礼》所说："欲不可纵。""及其壮也，血气方刚，戒之在斗"，壮年的时候，易生好斗之心，是睥睨一切之气，说什么顺我者昌，逆我者亡，那就一定要警惕自己。又说："及其老也，血气既衰，戒之在得"，人老了易犯经验主义，看不惯一切，那就是血气衰了，没有创新意识、自信心、宽容之心的表现。《庄子》说："行百里者半九十。""修德"是一辈子的事情。

孔子又说："君子有九思：视思明，听思聪，色思温，貌思恭，言思忠，事思敬，疑思问，忿思难，见得思义。"②"九思"，是说要三思而后行，要有所为有所不为。看要看个明白，听要听个明白，表情要温和，举止要恭顺，言语要忠厚，做事要礼敬，有疑要问明白，这些都是说修养要积极，有所作为。以下"忿思难，见得思义"，是讲有所不为：愤怒的时候想想莽撞行事是否有更大灾难；利益来了，要想想是否取之有道，合乎道义。

其七，三省改过。《论语·学而》载曾子曰："吾日三省吾身，为人谋而不忠乎？与朋友交而不信乎？传不习乎？"《孝

---

①《论语·季氏》，载〔宋〕朱熹：《四书章句集注》，中华书局，1983，第 172 页。

②《论语·季氏》，载〔宋〕朱熹：《四书章句集注》，中华书局，1983，第 173 页。

经》说："进思尽忠，退思补过。"《论语·学而》载孔子说："君子过则勿惮改。"人非圣贤孰能无过，过则勿惮改。《论语·子张》载子夏说："小人之过也必文。"君子有过就要改。《论语·子张》载子贡也说："君子之过也，如日月之食焉，过也，人皆见之；更也，人皆仰之。"都是提倡改过。《孝经》说："君子之事上也，进思尽忠，退思补过，将顺其美，匡救其恶。故上下能相亲也。"这里的改过，有人说是改君之过，补君之过，有人说是改己之过。无论改谁的过都是必须的，都是一个君子的本分。改君之过，是君子的事君之道；改己之过，是君子的做人之道。

其八，进德修业，德业并进。君子应是一个从民间来，还要回到民间去的达人、智者。《周易·乾文言》："子曰：君子进德修业（要修自己的德，同时还要修业，要完成事业）；忠信，所以进德也（提倡忠信就是在进德）；修辞立其诚，所以居业也。"为什么讲"修辞立其诚"呢？因为君子都是士，士人一般从事的是文案工作，所以要"修辞"。"修辞"要有操守（即德），不能骗人坑人，要"立其诚"，写的东西要是真的，探讨的要是真理，所以这是"居业"也。又说："君子进德修业，欲及时也。""及时"就是每一个阶段都要做恰当的修养之事；又说"君子以成德为行，日可见之行也。"君子成德就是自己的修行、德行是表率，天下以为准则。

其九，文以礼乐，举止优雅。孔子说："质胜文则野，文胜质则史，文质彬彬然后君子。"[1]"质"就是内在的干货，有知

①《论语·雍也》，载〔宋〕朱熹：《四书章句集注》，中华书局，1983，第89页。

识，有见解，甚至有技能，有忠诚，但是还不够，还要有文。"质胜于文"就野了，没有规矩准绳断然是不可以的，但是"文胜质"则史，过分地表达文采，内在诚意不够，或者本领不够，则"史"，"史"就是过分地玩文字游戏的意思。"文质彬彬然后君子"，要文与质结合、恰到好处，这才是君子风度。

《周易·坤文言》也说："君子黄中通里，正位居体，美在其中矣；畅于四支，发于事业，美之至矣！"这些都是说讲真善美。"黄中通里"，讲内在通雅，黄是正色，代表真理；"通里"，内在涵养，并要贯通。"正位居体"，"位"本指爻位，此指位置；"居体"，本指卦体，抽象讲可指身体，也就是说处于正确的位置，充实自己的躯体。"美在其中矣"，他的内在修养是很完美的。然后还要"畅于四支，发于事业"，外在要表现出来，功能要显现出来，然后才是"美之至矣"。先是美在中，美在质；然后才美在外，美在四肢。内外俱美，这才是真正的大美！

128

第五节　淑女：儒家女教

女性是人类成员的一半，女教也是人类教化的重镇。中华文化是一个早熟的文明，先贤们很早就关注到女性的教育，提出"阴阳平衡、男女和谐"的女教观，在历史上曾起到过维系世道人心、促进家庭和谐和社会稳定的作用，也诞生了一批贤妻良母、才女哲妇。在这些人的教育下诞生了哲学家、文学家和政治家。但是，曾几何时，由于社会的动荡造成了秩序的破坏，传统美德也随之被歪曲破坏，乃至丑化抛弃，造成"舆脱辐，夫妻反目"①的现象，家庭关系、男女关系缺乏规矩就会混乱，这是必

---

① 黄寿祺、张善文：《周易译注·小畜卦》，中华书局，2016，第82页。

须认真思考和校正的现实问题。

为解决当下一些人信仰缺失、诚信缺失、责任缺失、道德缺失的现实问题，我们认为有必要重新回顾传统美德，重塑新的伦理观：从信仰的层面讲，即尊从天命，莫丧天理；尊崇祖宗，勿羞先人；服从礼乐，讲究文明（是谓"新三从"）。通过尊天、敬祖、隆礼，夯实精神信仰，重塑忠孝文明的价值观。从实践层面讲，要恭行"孝悌忠恕勤"以加强个人品德，重提"温良恭俭让"以重修家庭美德；躬行"恭宽信敏惠"以改善职业道德；广行"仁义礼智信"以实现社会公德。由内而外，推己及人，由家而国，全面实现当代女性的美德重构和女教重兴，从而实现人格完美、家庭甜美、事业优美、天下和美的"至善至美"境界。这也许是我们今天讲女性美德应有的境界。

一、"三从四德"正解

"三从四德"曾是人们批判儒家文化腐朽落后的几大罪状之一，说是束缚妇女的绳索。一些研究思想史、文化史的学者，出于革命的义愤及对于女性的同情，曾对旧社会女性的遭遇进行了非常愤怒的揭批。比如革命史学家——蔡尚思，在其所著《中国礼教思想史》中说："女子被男子规定的礼教是：'在家从父，出嫁从夫，夫死从子'，即所谓'三从'。女子从生到死，都是男子的附属品。几千来年，生为女子，多么不幸啊！中国更有儒家的礼教，生为中国女子，尤其是不幸中的大不幸！"

蔡教授描述"三从"情形，即女子一切都要听从于男人，中国女性一直都处在暗无天日的深渊里，而且是最深的那一个深渊，是不幸中的大不幸！并以此理解来批判中国儒家礼教对女性不合理的、野蛮的、专横的规定！"批林批孔"运动掀起时，整个社会人云亦云，愤激地批判传统社会一直残忍地压迫女性，形成一时共识，迄今未已。然而，寻源溯流，回归经典，真实的历史情形真的如蔡著所描述的一样吗？

"三从"出自儒家经典《仪礼·丧服》。该篇《子夏传》在"期年之丧"中有这样一段话：

"（女子）为父何以期也？妇人不贰斩也。妇人不贰斩者何也？妇人有三从之义，无专用之道，故未嫁从父，既嫁从夫，夫死从子。"

这里面说的"从父、从夫、从子"这"三从"是在披麻戴孝的时候说的。古人重视血缘亲情，生者要根据与死者的亲疏远近来决定披麻戴孝的轻重，最重的要披麻戴孝三年，穿最粗糙、不用制作的丧服，这个叫"斩衰"，如儿子对父亲的服丧，就是"斩衰"；同样如果白发人送黑发人，父亲对长子，也是斩衰，丧期也是三年。

对于女性，她有可能要服三年之丧，但是她不能在同一个婚姻中两次服三年之丧。原因在于她是女性，她负责一家生计，有许多家务事要管理。她在服丧时要根据她当时所处的环境和地位来决定，未嫁时候，处于父亲当家的环境里，她服丧是根据死者与她父亲的关系来确定她这个作为女儿的人需服丧多长时间；出嫁后，她的丈夫在世时，又要根据丈夫与死者的关系来确定其作为妻子需要服戴的丧服轻重；如果丈夫也去世了，就要以儿子为主，由她儿子与死者的关系来决定她披麻戴孝的轻重。

"三从"讲的是女子为死者披麻戴孝服期的取法标准，"从"是根据的意思，指以某人为坐标来计算她丧服的轻重、长短、哀戚程度，原意并非要女性一味听从、服从、盲从男人！即使有人这样讲也是对原著的误读。

在中国古代，特别是接受传统儒家教育者，并不主张女性对男性一味盲从，儒家文献中也没有这种说教。唐代侯莫陈妻郑氏为教育侄女写的《女孝经》里面就有专门章节《谏诤章》：诸女曰："若夫廉贞孝义，事姑敬夫扬名，则闻命矣。敢问妇从夫之令，可谓贤乎？"大家曰："是何言欤……"作者（郑氏）假托有人问曹大家，妻子听丈夫的命令，这就是贤妻良母吗？大家回答："是何言欤？"接着举了三个故事来说明，首先是周宣王姜后："昔者周宣王晚朝，姜后脱簪珥待罪于永巷。宣王为之夙兴。"周宣王总是上朝迟到，姜氏就将王后的披挂、头饰卸掉，在宣王过路的永巷跪着。宣王见后问：皇后如此贤明，为何跪在这里？皇后就说：正因为我不贤明，所以造成了大王上朝迟到。宣王听了大为感动，原来当时他正宠爱另一个妃子，就"从此君王不早朝"了。宣王知错就改，夙兴夜寐，改掉了晚朝的坏毛病。第二个故事是西汉班婕妤的故事："汉成帝命班婕妤同辇，婕妤辞曰：'妾闻三代明王，皆有贤臣在侧，不闻与嬖女同乘。'成帝为之改容。"成帝让班婕妤伴乘，应该是让她受宠若惊的，但是班婕妤不同意，她说你是君王，应该有贤臣在侧，而不是由宠爱的妃子来陪乘。于是"成帝为之改容"。第三个是战国楚庄王后樊女的故事："楚庄王耽于游畋，樊女乃不食野味，庄王感焉，为之罢猎。"这些都是讲女子应当敢于也善于劝谏自己的夫君，弃恶从善。在举了这些贤明女子后，作者得出的结论是："由是观之，天子有诤臣，虽无道，不失其天下；诸侯有诤臣，虽无道，不失其国；大夫有诤臣，虽无道，不失其家；士有诤友，则不离于令名；父有诤子，则不陷于不义；夫有诤妻，则不入于非道。"可见儒家伦理是双方的，在上处尊者，首先应当自觉行善，成为下级榜样；如果没有做到，在下处卑者，可以向其进行劝谏。臣子、下属、妻子也有劝谏的权利，臣对于君王、诸侯、大夫可以劝谏；士对于朋友可以劝谏；妻对于夫也可以劝谏，目的在于纠正其错误，成就其功业，犹如"卫女矫齐桓公不听淫乐，齐姜遣晋文公而成霸业"，作为妻子应当"夫非道则谏之"。最后作者说："从夫之令，又焉得为贤乎？"并举《诗》云："犹之未远，是用大谏！"见到地位比自己高的人，谋谟未能远大，就要认真地进谏！儒家不提倡唯命是从，把"三从"曲解为丈夫强加给妻子的规定，是错误的，至少历史上没有正式这样规定过！

"四德"见于儒家经典《周礼·天官·九嫔》：

> "九嫔掌妇学之法，以教九御，妇德、妇言、妇容、妇功，各帅其属，而以时御叙于王所。"

九嫔是后宫掌教化的女官，德、言、容、功就是"四德"，九嫔用"四德"对宫廷女子进行教化，再由领班带领她们在宫里上班。因为宫廷女子对内会影响君王的情绪和决策，对外起到为天下女子表仪垂范的作用，自然要求要高一些。她们享受高级待遇，有条件、有义务接受全面的高层教育。

可见四德最先是针对宫廷女子的，而对庶人之妻是不会有如此高的要求的。后来世人觉得"四德"的要求比较好，就将其应用范围逐渐扩大，逐渐向士大夫阶层推广，此为后话。

汉代班昭撰写了中国第一部完整的女教之书——《女诫》，其《妇行章》说：

> "女有四行：一曰妇德，二曰妇言，三曰妇容，四曰妇功。"

这里已经将"四德"从宫廷教育推广到了贵族女子教育。但

"四德"要求也不苛刻：

> "夫云妇德，不必才明绝异也；妇言，不必辩言
> 利辞也；妇容，不必颜色美丽也；妇功，不必功巧过人
> 也。"

"四德"只是作为女性基本特质，班昭解释说："清闲贞静，守节整齐，行己有耻，动静有法，是谓妇德；择辞而说，不道恶语，时然后言，不厌于人，是谓妇言；盥浣尘秽，服饰鲜洁，沐浴以时，身不垢辱，是谓妇容；专心纺绩，不好戏笑，洁齐酒食，以奉宾客，是谓妇功。此四者，女人之大德也。"

班昭《女诫》教的是贵族女性，其要求也不算太高。《女诫》不提倡贵族小姐刁蛮成性、当寄生虫、饭来张口、衣来伸手，而要自己有德言容功，会自己劳动，会体贴他人，所以古代有许多贵族家的女子下嫁给书生，一样可以操持家务，助夫成功，因为她从小就接受了"四德"教育。

《女孝经》中对庶人妻的要求是另外一回事。《女孝经·庶人章》曰："为妇之道，分义之利，先人后己，以事舅姑。纺绩裳衣，社赋蒸献，此庶人妻之孝也。"作为庶人的妻子，要取分内的利、合理的利（不要穷了之后见利忘义，人穷志不短）；还有先人后己，孝敬公婆；或劳纺绩，做好敬神的贡品。对庶人的妻子没有要求德、言、容、功，要求很简单，只要缝补浆洗、会操持家务、孝敬老人就可以了，没有对女性捆上苛刻绳索将其用不切实际的高标准束缚起来。可见，古代对女性的教育还是比较公允的、温和的。

二、贤妻良母——女性的懿范

由于中国有良好的女性教育，所以在古代不乏贤妻良母、女

133

性懿范。夏、商、周三代留下文化最多的朝代是周代，开国的时候就连出了三位很贤明的母亲。

其一为太姜，有邰氏之女，她端庄美丽，性情贞静柔顺，为周太王古公亶父之妻。她应该是羌族人，古公得到大家拥戴，但处于陕北与宁夏交界的地带，少数民族看到古公对百姓非常好、得到拥戴，担心他强大后对他们不利，想削弱他，常常与他争抢地盘。古公也不与他们计较，带着他的仆人就投奔太姜的娘家——居于今天陕西周原地区——定居，在周原形成了周族，后来逐渐建立了周朝。太姜非常贤明，古公当时是属于上门女婿，地位不会很高，但是太姜没有让他有这样的感觉。太姜生子太伯、仲雍、王季三人，以身率导，皆成贤明。太王钟爱王季的儿子昌，太伯和仲雍为了传位于昌，便让位给王季，兄弟俩一起到了荆蛮之地，在这里建立了吴国。最后古公就把位传给了王季，后来王季又传给了昌，昌就是后来有所作为的周文王姬昌。这便是历史上兄弟礼让为国、友爱相处的千秋佳话。太姜既辅佐了古公让他有立足之地、安居乐业，同时家教也非常好，所以周人的强大与母亲太姜对儿子的良好教育分不开。太姜是丈夫贤明的辅佐，她以"贞顺"的女德，成为丈夫最得力的左膀右臂，是周朝创业之时的贤德的妇人。

其二为王季妻子——太任，她也是诸侯任国的女子。王季继承家业逐渐强大，太任在怀文王昌的时候，非常注意胎教，警惕自己的言行。《列女传·母仪传·周室三母》："太任者，文王之母，挚任氏中女也。王季娶为妃。太任之性，端一诚庄，惟德之行。及其有娠，目不视恶色，耳不听淫声，口不出敖言，能以胎教。"让胎儿在母体中接受正直的、有益的、善良的感染，史载"溲于豕牢，而生文王。文王生而明圣，太任教之，以一而识

134

百。君子谓太任为能胎教。"①

其三为文王妻子——太姒，亦有淑德，为西伯昌（周文王）之妻。她共为文王生了十个儿子，包括讨伐商纣取得天下的周武王，以及巩固了周朝基业的周公旦。太姒教育孩子十分成功，使他们从小到大都没有做过邪僻不正的事情。儿子们长大之后，文王继续教导他们，从而成就了武王、周公的圣德。周公曾辅佐周成王，成王年少继位，政事都靠周公处理，成王长大后周公又将政权还给了他。不仅如此，周公还制礼作乐，制定了一系列的礼法，对周朝天下的建立和稳定起了非常重要的作用。

儒家先圣、亚圣孔孟的母亲也十分伟大。孔子父亲叔梁纥先娶施氏，生9女；又娶妾，生了儿子孟皮，有腿疾；依当时礼仪不宜继嗣。再娶颜徵在，祷于尼山，而生孔子，时叔梁纥62岁，徵在18岁。孔子3岁时，叔梁纥去世，颜徵在和孔子在孔家不能参加叔梁纥的祭祀，生活也很贫困。坚强勇敢的颜徵在，在极为困难的情况下，将孔子培养成身高九尺三寸、以博学闻名的英才。孔子17岁时，孔母颜徵在由于操劳过度早逝，年仅35岁。对她个人而言人生是不幸的，但是没有她就没有孔子，没有孔子中国公元前2500年的历史就不能留存下来，后2500年的历史到底是存是续是断是灭也都说不清楚；中国之所以成为中国，一定意义上说是因为孔子，正是因为一位伟大的母亲牺牲了自己的幸福造就了一位圣人，才对中华文明做出了如此突出的贡献。

孟子的母亲以"孟母三迁"的故事而知名。《三字经》云：

---

① 张涛：《列女传译注》，山东大学出版社，1990，第15页。

"昔孟母，择邻处，子不学，断机杼。"这一典故可谓家喻户晓。《列女传》详细记载孟母对孟子的教育："孟子之少也，嬉游为墓间之事，踊跃筑埋。孟母曰：'此非吾所以居处子也。'乃去，舍市傍，其嬉戏为贾人炫卖之事。孟母又曰：'此非吾所以居处子也。'复徙舍学宫之旁。其嬉游乃设俎豆，揖让进退。孟母曰：'真可以居吾子矣。'遂居。"后来孟子在继承和发扬儒家学说特别是孔子"仁"的学说方面做出了巨大的贡献，最终成为"亚圣"。如果他母亲没有见识，孟子也就混同于市井之人了。居住的环境不一样，居住的成本也不一样，如果孟子的母亲为了省钱不搬家，可能孟子就成了办丧事的阴阳师！由此可以看出，母亲的见识非常重要，一般而言，子女能否成才、是否贤达，大多与母亲关系很大。能成就一个亚圣的母亲当然功不可没！

　　历史上像孟子之母一样，操持家务、重视子女教育的母亲还有很多。如苏轼母亲程氏，出身名门，自幼熟读诗书，深知礼仪，18岁同苏洵结婚。苏洵在27岁之前游手好闲，她勉励夫君读书，自己操持家务。在这个过程中，虽然艰苦困难，她没有让丈夫有任何低人一等的感觉。夫君长年不在家，她就成了两个儿子——苏轼、苏辙的启蒙教师。嘉祐年间，"三苏"父子凭借自己的才华文章名动京师，成为一代文豪，被传为佳话，"三苏"父子能有这样的成就，程夫人功不可没。司马光《程氏墓志铭》云："贫不以污其夫之名，富不以为其子之累；知力学，可以显其门；而直道，可以荣于世。勉夫教子，底于光大。"程氏不愧为古代一贤妻良母。

　　正由于传统女教合理合情，才造就了一批又一批优秀女性，也影响了一个又一个和谐家庭，培养出一代又一代文化名人。在中国古代，对女性的歌咏诗歌也是层出不穷，甚至超过歌颂父亲的。如《诗经·凯风》歌颂一位养育了七个子女的母亲：

> 凯风自南，吹彼棘心。棘心夭夭，母氏劬劳。
> 凯风自南，吹彼棘薪。母氏圣善，我无令人。
> 爰有寒泉？在浚之下。有子七人，母氏劳苦。
> 睍睆黄鸟，载好其音。有子七人，莫慰母心。

《诗经·蓼莪》又将母亲与父亲一起歌颂：

> 蓼蓼者莪，匪莪伊蒿。哀哀父母，生我劬劳！
> 蓼蓼者莪，匪莪伊蔚。哀哀父母，生我劳瘁！
> 瓶之罄矣，维罍之耻。鲜民之生，不如死之久矣。
> 无父何怙？无母何恃？出则衔恤，入则靡至。
> 父兮生我，母兮鞠我。抚我畜我，长我育我。
> 顾我复我，出入腹我。欲报之德，昊天罔极！

唐代及以后，咏母诗更多，唐孟郊《游子吟》："慈母手中线，游子身上衣。临行密密缝，意恐迟迟归。谁言寸草心，报得三春晖。"是为怀念母亲、感恩母亲之千古绝唱！宋王安石《将母》诗也说："将母邗沟上，留家白纻阴。月明闻杜宇，南北总关心。"刻画出母子之间无论天涯海角，还是近在咫尺，时刻都怀有天然的关心。清黄仲则《别老母》："搴帷拜母河梁去，白发愁看泪眼枯。惨惨柴门风雪夜，此时有子不如无。"更表达出母子之间难舍难分的情绪。此类互相牵挂与怀念的诗词还有很多，下面再举几首。元王冕《墨萱图》："灿灿萱草花，罗生北堂下。南风吹其心，摇摇为谁吐？慈母倚门情，游子行路苦。甘旨日以疏，音问日以阻。举头望云林，愧听慧鸟语。"
清蒋士铨《岁末到家》："爱子心无尽，归家喜及辰。寒衣针
线密，家信墨痕新。见面怜清瘦，呼儿问苦辛。低徊愧人子，
不敢叹风尘。"活灵活现地刻画出慈母关爱儿子，儿子体谅母
亲的慈心孝心。冯友兰先生《将赴美候机》诗："早岁读书赖慈
母，壮年事业有贤妻。晚来又得儿女孝，扶我云天万里飞。"也
表达一生中对三位女士的感念！

中国诗歌中，此类咏母诗、怀母吟母诗，真是举不胜举，
完全可以编出一部厚厚的书来。20世纪80年代，母亲节逐渐被
中国内地的民众所接受。从1988年开始，中国南方的广州等一
些城市开始举办母亲节的庆祝活动，并把评选"好母亲"作为
内容之一。随着中国与国际的日益接轨，20世纪末，母亲节这
一节日在中国大陆各地日益推广开来，在每年5月的第二个星期
日，各地的人们在这一天，以各种方式表达对母亲养育之恩的
感谢。

三、和谐的男女观

儒家的男女观念不是歧视和打压的关系，而是一种男女和
谐的关系。从文字上看，妻者，齐也，表示妻子与夫君是平等
的。《周易·系辞上》："一阴一阳之谓道。继之者善也，成之
者性也，仁者见之谓之仁，知者见之谓之知，百姓日用而不知，
故君子之道鲜矣。……富有之谓大业，日新之谓盛德。生生之谓
易，成象之谓乾，效法之谓坤。极数知来之谓占，通变之谓事，
阴阳不测之谓神。……日往则月来，月往则日来，日月相推而明
生焉。寒往则暑来，暑往则寒来，寒暑相推而岁成焉。往者屈
也，来者信也，屈信相感而利生焉。"道是通过一阴一阳来体
现的；家庭也是由一男一女组成的。日月相推、寒暑相替、屈

伸相感一样，男女也是相依相承才形成家庭的。只不过在这种男女相倚的进程中，由于禀赋的特质不一样，男女的分工和地位也是不一样的，一个主动，一个随顺，如此而已。中国成语有："琴瑟和谐""夫唱妇随""男主外，女主内""门内之治恩掩义，门外之治义断恩。"讲的都是男女有别，分工合作，和睦相处，家道和顺。

《易经·序卦传》："有天地然后有万物，有万物然后有男女，有男女然后有夫妇，有夫妇然后有父子，有父子然后有君臣，有君臣然后有上下，有上下然后礼义有所错。"万物是天地的产儿，家道也是夫妇和合的结果。阴阳配合很好才能成事，万事万物都是阴阳调和的产物，男女配合、夫妇和谐才是家道兴隆的保障。

前人讲宇宙产生的时候绘制有一个太极图，一边是阳，一边是阴，阴阳就构成整个太极；阳中有阴，阴中有阳，又是互相包容的。阴阳的运行产生五行，五行相生相胜的关系和作用，产生了男女、产生了万物。

在这里我们讲一个卦，《咸卦》，卦辞是"取女吉"，怎么才是吉呢？下卦是艮卦，代表少男；上面是兑卦，代表少女；少男在下，少女在上，表示男子要娶女。那么这个卦象就意味着，少男在少女面前要放下身段，自己要去求婚、要真诚、靠感化，而不是靠武力、靠金钱。《恒卦》则是长男在上，长女在下，组成家庭后才能恒久，男的要居于主导地位，卦辞叫"恒其德"，不能三心二意。还有《家人卦》，叫"富家大吉"，意思是家庭成员要对家庭做贡献，不做损家辱门的事情，只有如此，家族才能吉祥如意、和美幸福。

四、儒家女教

中国古代素来重视女教，而且有专门的女教师、女教书，认为女教是人伦之大节，而不是后来被污蔑的那样，认为女子不用教育，任其无才无德。

班昭《女诫·夫妇》："夫妇之道，参配阴阳，通达神明，信天地之弘义，人伦之大节也。是以《礼》贵男女之际，《诗》著《关雎》之义，由斯言之，不可不重也。夫不贤则无以御妇，妇不贤则无以事夫。夫不御妇则威仪废缺，妇不事夫则义理堕阙，方斯二者，其用一也。察今之君子，徒知妻妇之不可不御，威仪之不可不整，故训其男，检以书传，殊不知夫主之不可不事，礼义之不可不存也，但教男而不教女，不亦蔽于彼此之数乎？"一个家庭中对夫妻的要求是双方的，既需要丈夫好，也需要妻子贤。玉不琢不成器，人不学不知义。男的不教不知道理，女的不教不知礼义。古代素来重视女教，从汉代到清代形成了许多女教文献，前面我们提到过《女孝经》，后来又撰成了所谓"女四书"。

"女四书"是中国对女性进行特殊教育的重要经典，即《女诫》《女论语》《内训》《女范捷录》（简称《女范》）。这些经典所宣扬的教化，虽然不免时代特征，但大都具有劝人为善、导人为美的正面价值。"女四书"包括东汉班昭的《女诫》、明代仁孝文皇后所作的《内训》、唐代宋若莘、宋若昭所作的《女论语》及明代刘氏的《女范捷录》。这些都是以女性的身份和角度来写成的女性教材。

《女诫》作者东汉人班昭。她不仅是史学家班彪的女儿，也是《汉书》作者班固的妹妹。班昭曾经帮助哥哥完成《汉书》（《汉书》的写作情况是：班彪开始写，班固完成主要部分，但未全写成便下狱而死，其中八表是班昭接着写成的）。《女诫》全文仅数百字，却是第一部完整讲述女性修养的著作。该书本是班家内部用来教导自家女性做人道理的私书，包括《卑弱》《夫妇》《敬慎》《妇行》《专心》《曲从》《和叔妹》七章。强调女性在家中不要伶牙俐齿，要懂得示弱，要谦卑，以柔克刚；要顺从夫君，孝敬公婆，还要处理好姑嫂之间的关系。该书写成后曾经反响极大，著名经学家马融特别称赞，但是班昭的小姑子、曹世叔的妹妹却表示不同意见，撰文加以反驳。

《女论语》由唐代宋若莘、宋若昭两姊妹写成。姐妹两人都非常具有才华，著《女论语》十篇，大抵准《论语》，以北周韦宣文君代表孔子，曹大家等为颜、冉，推明妇道所宜。若昭注释。全书阐述"九烈""三贞"的妇道，宣扬女性的贞节，提醒女性处事要谨慎。《女论语》第十二"守节"云："古来贤妇，九烈三贞。名标青史，传到如今。后生宜学，亦匪难行。第一贞节，神鬼皆钦，有女在室，莫出闺庭。有客在户，莫露声音。不谈私语，不听淫音。黄昏来往，秉烛掌灯，暗中出入，非女之经。一行有失，百行无成。夫妻结发，义重千金。若有不幸，中路先倾。三年重服，守志坚心。保持家业，整顿坟茔。殷勤训后，存殁光荣。"这些说教在当时是规范女性行为举止的全部内容。

《内训》是仿《礼记·内则》写成的，作者是明成祖仁孝文皇后徐氏。徐氏是中山王徐达的长女。"幼贞静，好读书，称女诸生。太祖闻其贤淑，召达谓曰：'朕与卿，布衣交也。古君臣相契者，率为婚姻。卿有令女，其以朕子棣配焉。'达顿首谢。"①明成祖皇后徐氏待人处事，体贴谨慎，深受太祖及马皇后的赞许。永乐元年被册封为皇后，为成祖治国安邦献计献策。《内训》共有《德行》《修身》《慎言》《谨行》《勤励》《节俭》《警戒》《积善》《迁善》《崇圣训》《景贤范》《事父母》《事君》《事舅姑》《奉祭祀》《母仪》《睦亲》《慈幼》《逮下》《待外戚》等20章。从篇章看，主要是针对皇宫佳丽们写的，但其重视德行修身、勤励节俭、孝事父母公婆（舅姑）却具有普遍价值。

　　明末王相之母刘氏作有《女范捷录》，也是明代以来重视女教的著作。该书属于赋体文学，字句整齐，朗朗上口。除一般性地阐述女教原理外，主要讲述女性的成功或败行故事，大量引述贞妇、孝女、贤妻、良母典范，也列举烈女才女，一一加以点评，让人们有榜样可学。在谈到贞妇、烈女时说："使君有妇，罗敷有夫，赵王之意止。""杞良妻远访其夫，万里哭筑城之骨。"在谈到贤妇、才女时说："漆室处女，不绩其麻而忧鲁国；巴家寡妇，能捐己产而保乡民。""宣文之授《周礼》，六官之钜典以明；大家之续《汉书》，一代之鸿章以备。"等等。《女范》全书列有《统论》《后德》《母仪》《孝行》《贞烈》《忠义》《慈爱》《秉礼》《智慧》《勤俭》《才德》十一篇。在这之前，刘向编有《列女传》，选录周文王的母亲、王季的母亲等贤母、贤女的形象，也有末喜、妲己等坏女人的恶行，正反两方面都有。该书则主要是正面的。

　　"女四书"首先体现的哲学是儒家的男女相互和谐、相互帮衬，并且男女有别、分工合作的精神，其理论基础仍然是儒家所

---

①〔清〕张廷玉等撰：《明史》，中华书局，1974，第3509-3510页。

讲的天地、乾坤、阴阳之说。《女诫·敬顺》："阴阳殊性，男女异行""男以刚为贵，女以柔为美"。《女论语·事夫》说"夫刚妻柔"，要"将夫比天"。《内训·事君》教导凡为妻者明阴阳之义，"能推是道"以事其夫。事父母舅姑要"父天母地"，要求女子"秉坤仪""著母德"等。

第二个是提倡贞专，《女论语》在序言中，就申明了三贞的女教大义。《内训·谨行》则鲜明地教导妇女之行，要"体柔顺……服三从之训"。《女诫·专心》进一步宣讲"礼，妇无二适之文""夫故不可离也"。《女范·贞烈》更加强调"女无再醮""终身不移"。这不免堕入"男尊女卑""从一而终"的俗套。

再一个是提倡德才兼备，《女范·才德》主张女子德才兼备，斥责"女子无才便是德"之言"殊非"，提倡"德以达才，才以成德"。《女范·智慧》则宣称"有智妇人，胜于男子"。提倡整洁、勤俭、"不道恶语"等，反奢侈浪费、游闲懒惰，要求做到语言文明、行为正当。

还有，树立榜样。《内训》"崇圣训""景贤范"，阐发古哲先贤"嘉言善行"，作为典范。《女范》喜欢列举历代名女作为楷模，如班昭续《汉书》、梁红玉击鼓败金等等，宣扬古代才女与巾帼英雄。不过也有宣扬节妇、孝女的，如称颂刘氏斩指取血和药以医治婆母的孝行，称颂夏侯令女截耳割鼻以持身的贞烈行径。

另外，还要求妇女注重仪表，注意家教。《女孝经·母仪章》："大家曰：'夫为人母者，明其礼也。和之以恩爱，示之以严毅，动而合礼，言必有经。男子六岁，教之数与方名；七岁，男女不同席，不共食；八岁，习之以小学；十岁，从以师焉，出必告，反必面。所游必有常，所习必有业。居不主奥，坐不中席，行不中道，立不中门。不登高，不临深，不苟訾，不苟笑。不有私财，立必正方，耳不倾听。使男女有别，远嫌避疑，不同巾栉。女子七岁教之以四德，其母仪之道如此。皇甫士安叔母有言曰：'孟母三徙以教成人，买肉以教存信。居不卜邻，令汝鲁钝之甚。'《诗》云：'教诲尔子，式榖似之。'"

第三章　儒家经典：从"六经"到"十三经"

经典是圣人思想的载体，集中反映了儒学文化的精髓，所谓"经以载道""经者常也"。李学勤先生亦说："中国文化的主干是儒学，儒学的核心是经学。"[①]儒学研究，首先必须熟悉经学；儒学复兴，根本在于经学的新发展。

儒学历时二千五百余年，成果汗牛充栋，经典即其核心。儒家经典，有所谓"六经""五经""七经""九经""十三经"和"四书"等组合提法。"六经"即《诗》《书》《礼》《乐》《易》《春秋》，是孔子继承中国上古以及夏、商、周三代历史文献整理而成的经典教材，这些经典上记往古历史文化，下启后世思想智慧，它们既是此前历史的记录，也是此后新知的启蒙。汉代儒者只传《易》《书》《诗》《礼》《春秋》，谓之"五经"；东汉盛行"七经"，在五经之外另加《论语》《孝经》；及至唐代，又将《易》《书》《诗》与《春秋左传》《公羊传》《穀梁传》和《周易》《仪礼》《礼记》合称"九经"。五代后蜀政权在成都刊刻"蜀石经"，在"九经"之外再加《论语》《孝经》《尔雅》《孟子》，合称"十三经"。宋儒又将《礼记》

---

①《李学勤：国学的主流是儒学，儒学的核心是经学》，《光明网》2012年6月23日。

中的《大学》《中庸》析出，与《论语》《孟子》一道并称"四书"。中华五千年文明史，以"六经"为主体的儒家经典恰恰成为一个承上启下的中介，中华前此两千五百年历史因之以讲明，后此两千五百年智慧得之以点燃。

第一节 "经""传"释义

儒家是以经典传授和经典阐释为特色的学术，学习和研究儒学首先就应当关注儒家的经典以及经学成果。在经部文献形成过程中，既有经典从"旧法世传之史"向"道德仁义之经"的升华，也有从"四经"到"六经"，再到"十三经"的扩展，还包括研究和阐释这些经典而产生"传""记""诂""训""章句""注疏"等文献形式的过程。

儒学文献，特别是经部文献中，最常见的两个词就是"经""传"，它们分别代表了经学文献的两个类型，同时反映出儒学文献产生和衍变的不同阶段。郑玄《孝经注》："经者，不易之称。"刘熙《释名·释典艺》："经，径也，常典也，如径路无所不通，可常用也。"释"经"为径路（干道），干道是主路，故将内容包罗天地、人文的主体文献命名为"经"。刘勰说："经也者，恒久之至道，不刊之鸿教也。"①皇侃说："经者，常也，法也。"②王逸《离骚经注》："经，径也。"这些解说，都与刘熙所释基本相同。

不过"常道"之义，却可能是汉武帝"罢黜百家，表章六经"后尊崇经典的产物，是受董仲舒"天不变，道亦不变"③，以经为

① 〔梁〕刘勰著，黄叔琳注，李详补注，杨明照校注拾遗：《增订文心雕龙校注·宗经》，中华书局，2012，第26页。
② 〔唐〕玄宗（李隆基）御注，〔宋〕邢昺疏：《孝经注疏》，载〔清〕阮元校刻：《十三经注疏》，中华书局，1980，第2539页。
③ 〔汉〕班固：《汉书·董仲舒传》，中华书局，1962，第2519页。

垂教万世、永远不变之常道的影响，未必属于"经"的原始意义。然其以音训方法释"经"有"径路"义，则有可取者。许慎《说文解字》："经，织从（纵）丝也。""经"本为织机上的经线，古者以简策为书，必以丝绳编联之，从其形制命名即是"经"。

章学诚又考以汉制，凡政府刑律典宪诸官书，皆用二尺四寸简书之，使其更具有权威性，故谓"经"皆官书。他说："六经皆史也。古人不著书，古人未尝离事而言理，六经皆先王之政典也。"[1]于是而有"官司典常为经，而师儒讲习为传"[2]之说。这里又从六经原始文献的来源上，补充说明了六籍称"经"的历史原因。

儒学文献有"经"，亦有"传"。诸家同样对"传"这一字源和含义进行解释。章太炎说："经者，编丝缀属之称，异于百名以下用版者。传者，'专'之假借。专，六寸簿，即手版也。以其体短，有异于经。"[3]《仪礼·聘仪》"百名以上书于策，不及百名书于方"，策即编丝成册的"简策"，方即六寸长的木椟，即"专"。郑玄《论语序》："《易》《诗》《书》《礼》《乐》《春秋》，策皆二尺四寸；《孝经》谦，半之；《论语》八寸策者，三分居一，又谦焉。""经"用长简，二尺四寸；《孝经》《论语》皆谦之，或一尺二寸，或只八寸。"经"是正文，起源早，用长简，独蒙编缀（"经"）之名。"传"是辅文，用短简，起源晚，初时用版片记录，辅翼"经"典，故其字作"专"（版也）。《释名·释典艺》："传，传也，以传示后人也。"《文心雕龙·史传》："传者，转也，转受经旨，以授于

147

① 章学诚：《文史通义》，辽宁教育出版社，1998，第 1 页。

② 〔清〕章学诚撰，叶长青注：《校雠通义注·汉志六艺》，华东师范大学出版社，2012，第 1087 页。

③ 章炳麟：《国故论衡·文学总略》，上海书店出版社，2012，第 421 页。

后。""经"是正说、直说,"传"是横说、转述。由于二者功能和地位悬殊,故"经""传"又有"常道"和"转授"等分殊。

孔子既定"六经",并以"《诗》《书》《礼》《乐》教",已经形成初期解经文献。《史记》称孔子"序《书》传""故《书》传、《礼》记自孔氏";又说"孔子晚而喜易,序《彖》《系》《象》《说卦》《文言》。读《易》,韦编三绝"云云。孔子卒后,弟子退而人人异言,一经而有数家之传,于是形成多种解经文献,如《春秋》至汉初即有《左氏》《公羊传》《榖梁传》《邹氏》《夹氏》,虽然《邹氏》未有师,《夹氏》未有书,《春秋》一经犹传《公羊传》《榖梁传》《左氏》三传。礼即制度与乎礼文仪节,关于士人之礼有《士礼》(后称《仪礼》),关于《仪礼》内涵的解释则有篇目众多的《礼记》,而关于周代设官分职的则有世传之《周官》(后称《周礼》),以上合称"三礼"。关于"六经"之训诂则有《尔雅》。仲尼弟子又记录乃师言行,而成《论语》。战国孟子,又与公孙丑、万章之徒自撰《孟子》七篇。"春秋三传""三礼"之《礼记》以及《论语》《孟子》,原本为转述经典旨意的传记或子书,由于它们成书较早,说理纯正权威,亦成为后世儒者之研究对象,逐渐升格为经典著作,亦具"经"之地位,于是"经"之范畴便日益扩大。

解经文献除"传"外,又有多种形态。张华《博物志》:"圣人制作曰经,贤者著述曰传、曰记、曰章句、曰解、曰论、曰读。"此外,还有"纬""注""说""训诂"(或故训)、"言""义疏""正义"等,分别代表解释经典的不同形态,也代表不同时期儒学文献产生和发展的模式。大致而言,先秦时期多称"传""记",西汉"传"与"章句""纬"并称,西汉以后多称"注""解"或"说",六朝而后乃有"集注""义疏""讲疏"，唐代以后多作"正义""注疏"等名。

第二节　从"六经"到"十三经"：儒经体系的结集和完成

儒家经典在结集过程中，有所谓"六经"（或"五经"）"七经""九经""十二经""十三经"等概念，此外还有"十经""十一经""十四经"等称呼。它们都在一定程度上记录了儒家经典体系不同阶段不断发展的状况，反映了儒经范围不断扩大和变迁的历程。

"六经"：孔子之前，儒家赖以删述的文献处于"旧法世传之史"的状态，诸书各自以类为称，还没有一个统一的集合名词。《左传》载僖公二十七年（前633年），晋赵衰称赞郤縠"说《礼》《乐》而敦《诗》《书》"。这些"礼乐诗书"就是后来儒家祖述的原本，大致包括三代遗存的"礼类"（行为规范）、"乐类"（乐理乐谱）、"诗类"（诗歌文学）和"书类"（历史档案）文献，当时似乎还没有形成固定的经典体系。《史记·秦本纪》穆公谓由余："中国以'诗书礼乐'、法度为政。"《国语·楚语上》载楚庄王（前613—前591年在位）时申叔时论教太子，有"春秋""世""诗""礼""乐""令""语""故志""训典"等文献，其性质也大致与"诗书礼乐"相当。

春秋末年，孔子（前551—前479年）"论次《诗》《书》，修起《礼》《乐》"，"作《春秋》"①，"序《易》传"②，将

———————

① 按：语见《史记·儒林列传序》，中华书局，1982，第3115页。金景芳：《孔子与六经》，《孔子研究》1986年第1期。

② 〔汉〕司马迁：《史记·孔子世家》："孔子晚而喜《易》，序《彖》《系》《象》《说卦》《文言》"；《孔子家语·本姓解》亦称："（孔子）删《诗》述《书》，定《礼》理《乐》，制作《春秋》，赞明《易》道。"

"旧法世传"的"诗书礼乐"四类文献编成可供教学的《诗》《书》《礼》《乐》四经。孔子为何选此"四经"？早于孔子的晋人赵衰对"四经"有明确解释："《诗》《书》，义之府也；《礼》《乐》，德之则也。德、义，利之本也。"①"《诗》《书》"是仁义的宝库，"《礼》《乐》"是德教的准则，一个人要想成就自己，就必须"说《礼》《乐》而敦《诗》《书》"。《礼记·王制》载："乐正崇四术，立四教，顺先王'诗书礼乐'以造士。"孔子选这四类文献以施教，正是出于对周礼的继承和发展。

孔子晚年再加《易》和《春秋》，于是形成了儒家早期经典"六经"。②《庄子·天下篇》云："其明而在数度者，旧法世传之史尚多有之；其在于《诗》《书》《礼》《乐》者，邹鲁之士、缙绅先生多能明之……其数散于天下而设于中国者，百家之学时或称而道之。"庄子（约前369—前286年）明确揭示了从"旧法世传之史"到邹鲁之士（儒者）所诵法的"诗书礼乐"

①《春秋经传集解》僖公下第七，《四部丛刊》景宋本。
② 按：关于孔子与"六经"的关系，历史上颇多怀疑。龚自珍《六经正名答问一》（《龚自珍全集》，上海古籍出版社，1999，第39页）："仲尼未生，已有六经；仲尼之生，不作一经。"章学诚《校雠通义·原道》（王重民《通解》本，上海古籍出版社，1987，第2页）："六艺非孔氏之书，乃周官之旧典也。《易》掌太卜，《书》藏外史，《礼》在宗伯，《乐》隶司乐，《诗》领于太师，《春秋》存乎国史。"似乎孔子对"六经"毫无用功之处，实为过激之辞。董治安《先秦文献与先秦文学》（齐鲁书社，1994，第202–227页）："春秋以前，所谓'易''诗''书''礼''乐''春秋'，大体都是某类文献的通称，每类文献，或有性质相类的典籍，或有不同的传本。而事实上正是由于孔子的整理、编订、传授，才推动了战国儒家研习和重视，并最终导致了《易》《书》《诗》《礼》《乐》《春秋》至西汉开始被普遍尊崇的特殊地位。就此而言，可以说，'六经'实借孔子而得进一步弘扬，孔子则因整理、传授'六经'而愈见其重要历史贡献。"尚不失为持平之论。

（亦即"六经"），再由"六经"到"百家"诸子文献的转化过程，这正是孔子依据"旧史"修订"六经"、进而影响"诸子"这一历史进程的客观描述。所谓"旧法世传之史"即未经孔子整理的历史文献，如《左传》之"诗书礼乐"、《国语》之"春秋""诗""乐""故志""训典"等等；"邹鲁之士、缙绅先生多能明之"的《诗》《书》《礼》《乐》，乃是经过孔子删定后形成的有史实、有义理的儒家经典。

此后相当长时间内，"诗书礼乐"都是儒家经典的概称，也是儒家文献的基本范式。上引《庄子》"诗书礼乐"即兼包《易》《春秋》在内，因为春秋战国时期"邹鲁之士、缙绅先生"所"明"者非只"四经"而已，而是兼包"六经"在内。秦孝公时，商鞅（约前390—前338年）以《诗》《书》《礼》《乐》为"六虱"①。《史记·赵世家》载赵武灵王（约前340—前295）时公子成说："贤圣之所教也，仁义之所施也，《诗》《书》《礼》《乐》之所用也。"这些"诗书礼乐"都兼指"六经"而言。又《孔子世家》称"孔子以《诗》《书》《礼》《乐》教……身通六艺者七十有二人。"教"诗书礼乐"而通"六艺"，其非兼有"六经"而何！"诗书礼乐易春秋"又可简称"诗书"。《商君书·农战》："故豪杰皆可变业，务学'诗书'。"又《算地》："故事'诗书'谈说之士。"又《君臣》："上以功劳与，则民战；上以'诗书'与，则民学问。"数处"诗书"，都具有"群经"含义。

关于"六经"的性质，《庄子·天下篇》也有明确定义："《诗》以道志，《书》以道事，《礼》以道行，《乐》以道

---

①《商君书·靳令》（严万里校本，中华书局，1954，第23页）："六虱：曰《礼》《乐》，曰《诗》《书》。"

和，《易》以道阴阳，《春秋》以道名分。"后之同此说者，还有《荀子·儒效》《春秋繁露·玉杯》以及《史记·滑稽列传序》等，《汉书·艺文志序》甚至将"六经"与仁、义、礼、智、信"五常"之教对应起来，都足以说明"六经"是一个自足完美的经典体系。

春秋末年，儒家经典已有"儒书"的统称，至战国时期乃有"六经"之总名。《左传》载，哀公二十一年（前474年）鲁人与齐人战，齐人嘲鲁人："唯其'儒书'，以为二国忧。"杜预注"儒书"为"周礼"。①其时孔子已卒5年，夫子以"周礼"断"六经"，故"儒书"亦可指"周礼"。《庄子·天运篇》孔子曰："丘治《诗》《书》《礼》《乐》《易》《春秋》'六经'。"以"六经"称《诗》《书》《礼》《乐》《易》《春秋》，以此最早。不过，《庄子》之书"寓言十九"，"六经"之词是否真出自夫子还须研究，但至少在庄子时代已有此称，盖无疑义。

秦汉之际，儒家经典的类称概念又有"六艺"之称。陆贾《新书·六术》："是故内法六法，外体六行，以与（兴）《诗》《书》《易》《春秋》《礼》《乐》六者之术，以为大义，谓之'六艺'。"司马谈《论六家要旨》："儒者以六艺为法，六艺经传以千万数。"汉代"六经""六艺"可以互换，经常通用。整个先秦和汉初的儒家经典体系，都无出"六经"之外。

"五经"：西汉时，《乐经》已经不用来传授生徒，②汉时博士弟子所习皆只"五经"，汉武帝所设经学博士只有"五经博

①《春秋经传集解》哀公下第三十，《四部丛刊》景宋本。

②按：或曰"《乐》本无经"，或曰"《乐》亡秦火"，但其未被博士用以教授生徒则一。又考汉代文献，《乐》尚处处使用，时时演奏。可见，《乐》并未亡佚，只是未列入博士官传授而已。（参蒙文通：《经学抉原·焚书》，载《蒙文通文集》第三册，巴蜀书社，1995，第59-60页）

士"。《史记·儒林外传》《汉书·儒林传》叙述诸经传授线索，也只分《诗》学、《书》学、《礼》学、《易》学、《春秋》学五大群体。"六经"缺《乐》，或言"乐合于礼"，或言"乐备于诗"，于是举诗、礼之教而乐教存焉，故"五经"功能与"六经"无以异。武帝之尊显儒术，设立"五经博士"，使儒学典籍从诸子学（甚至"司空城旦书"）中脱颖而出，一跃成为被诸儒乃至朝野上下折中取法的圣经宝典，也使战国儒家从"孔子之后，儒分为八"的状态，在"五经"旗帜下得到重新整合和结集。于是"五经"就构成汉代儒家经典的基本范式，人们提到儒经，想到的自然就是"五经"；提到"五经"，联想到的也自然就是《诗》《书》《礼》《乐》《易》《春秋》。"五经"就是当时整个儒家经典的代名词，也是儒家经典的集合名称。

"七经"：首次对儒家"六经"或"五经"概念有所突破的是成都的"蜀学"。蜀本西南夷，战国末中原人士还说："今夫蜀，西辟之国而戎狄之长也。"[1]此情至汉犹存。景帝末文翁为蜀守，初到成都，"见蜀地辟陋，有蛮夷风"，翁"仁爱好教化……乃选……张叔等十余人……遣诣京师，受业博士"；"又修起学官于成都市中……县邑吏民……争欲为学官弟子"。[2]东汉末秦宓述其事说："蜀本无学士，文翁遣相如（当作张叔——引者）东受"七经"，还教吏民，于是蜀学比于齐鲁。"[3]常璩也

---

① 何建章注释：《战国策注释》卷三，中华书局，1990，第102页。

② 〔汉〕班固：《汉书·循吏传》，中华书局，1962，第3625、3626页。

③ 〔西晋〕陈寿：《三国志·蜀书·秦宓传》，中华书局，1965，第973页。按：秦宓说文翁所遣"司马相如"，常璩说是"张叔等十八人"，秦说无征，常璩之言与班固《汉书·循吏传》合，可从。学人谓《汉书》"（司马）相如事孝景帝为散骑常侍"的记载，证明司马相如成才和成名在文翁守蜀之前。又据《益部耆旧传》佚文，司马相如真正的老师为临邛隐者胡安。（《蜀中广记》卷一三，文渊阁《四库全书》本，第5-6页）说明相如学术自有渊源，非文翁所教而成。

说:"(文)翁乃立学,选吏子弟就学,遣隽士张叔等十八人,东诣博士受"七经",还以教授。学徒鳞萃,蜀学比于齐鲁。"①这就是"文翁化蜀"的历史掌故。

秦宓和常璩都说文翁化蜀的教材是"七经",什么是"七经"呢?古来解释异辞,有"六经"加《论语》说②,有"五经"加《论语》《孝经》说③。既然《乐经》在汉代不以教学,文翁石室当然也不例外,故"六经"加《论语》说为无征。考之《汉书·平帝纪》:"征天下通知逸经……及以《五经》《论语》《孝经》《尔雅》教授者。"已将《论语》《孝经》与"五经"并列;晋傅咸作《七经诗》,其中也有《论语》《孝经》④,可见"五经"加《论》《孝》之说为可信。"文翁化蜀"正是用"五经"及《论语》《孝经》为教材,实现了当时尚有"蛮夷之风"的巴蜀地区的移风易俗,迅速华化。

于是在汉代儒家经典形成了"五经""七经"两个概念。中央太学传"五经",蜀郡石室传"七经"。中原人士熟读群经称"五经兼通",许慎号"五经无双",所撰也是《五经异义》⑤;

①〔东晋〕常璩:《华阳国志》卷三,刘琳校注本,巴蜀书社,1984,第214页。
②按:《后汉书·张纯传》(中华书局,1985,第1196页):"乃案《七经谶》《明堂图》。"李贤注:"《七经》,谓《诗》《书》《礼》《乐》《易》《春秋》及《论语》也。"张纯是光武时人,当时谶纬盛行,此时纬书中有《乐纬》不假,李贤注"七经谶"有《乐》家是对的;但是作为经书,《乐经》在西汉已无传授,遑论东汉呢?因此李贤以《乐经》注"七经"又是错误的。
③〔清〕杭士骏:《经解》,《皇清文颖》卷一二,清乾隆十二年(1749年)武英殿刻本。
④〔清〕王应麟《困学纪闻》卷八"经说"(辽宁教育出版社,1998,第189页):"《春秋正义》云:'傅咸为《七经诗》,王羲之写。'今按《艺文类聚》《初学记》载傅咸《周易》《毛诗》《周官》《左传》《孝经》《论语》,皆四言,而阙其一"。
⑤〔南朝宋〕范晔:《后汉书·儒林列传·许慎》,中华书局,1965,第2588页。

桓谭"博学多通，遍习五经"①；张衡"通五经、贯六艺"②；姜
肱"博通五经，兼明星纬"③，等等。而蜀学人士熟习群经，却
多以"七经"誉之，如《后汉书·赵典传》注引《谢承书》：成
都人赵典"学孔子'七经'……靡不贯综"；《华阳国志》卷十
下载：梓潼人杨充"精究'七经'"，皆是。

汉室君臣引用《论语》《孝经》，只称"传"而不称
"经"④。自从"蜀学"将《论语》《孝经》升格为"经"之
后，东汉儒家经典范围也随之扩大，熹平年间蔡邕书刻《熹平石
经》就有《论语》，⑤郑玄、王肃诸人号称"遍注群经"，其中也包

①〔南朝宋〕范晔：《后汉书·桓谭传》，中华书局，1965，第955页。
②〔南朝宋〕范晔：《后汉书·张衡传》，中华书局，1965，第1897页。
③〔南朝宋〕范晔：《后汉书·姜肱传》，中华书局，1965，第1749页。
④按：《两汉诏令》卷一〇（文渊阁《四库全书》本）：绥和二年二月
成帝《赐翟方进诏》："传曰：'高而不危，所以长守贵也。'"所引"传"
文即《孝经》之《诸侯章》。《古文孝经》伪孔《序》（《知不足斋丛书》本）："汉
先帝发诏称其辞者，皆言'传曰'，其实今文《孝经》也。"另，《汉书·宣帝纪》
（中华书局，1962，第250页）地节三年："传曰：'弟也者，其为仁之本欤？'"
〔唐〕颜师古注："《论语》载有若之言。"又《元帝纪》（《汉书》，中华书局，
1962，第296页）建昭五年诏："传不云乎：'百姓有过，在予一人。'"师古注：
"《论语》载殷汤伐桀告天下之文也。"又《平帝纪》（《汉书》，中华书局，
1962，第358页）元始五年诏："传不云乎：'君子笃于亲则民兴于仁。'"师古注："此
《论语》载孔子之辞也。"《后汉书·邓太后传》载诏书："传曰：'非其时不食。'"
〔唐〕李贤注："《论语》曰'不时不食'"云云。又载诏书称："传不云乎：'饱
食终日，无所用心，难矣哉。'"（《汉书》，中华书局，1962，第438页）李
贤注："《论语》孔子言也。"等等甚多，兹不备举。
⑤按：历史上有称蔡邕书刻《熹平石经》为七经。《隋书·经籍志》"经
部·小学类序"（中华书局，1985，第947页）："又后汉镌刻'七经'，著于
石碑，皆蔡邕所书，正始中又立'三字石经'，相承以为《七经正字》。"《隋志》
著录有《周易》《尚书》《诗经》《仪礼》《春秋》《公羊传》《论语》，另据《后
汉书·蔡邕传》（中华书局，1985，第1990页）李贤注引《洛阳记》有"《礼记》
十五碑"。〔清〕顾蔼吉《隶辨》卷七："盖以《仪礼》《礼记》为一经，《春秋》《公
羊》为一经，与《周易》《尚书》《鲁诗》而为五经。"故《后汉书》灵帝纪、
儒林传、宦者传都称五经。《后汉书》蔡邕传、张颐传又称六经，即以五经加《论
语》。《隋志》七经之称乃三国以后"相承"而起，并非蔡邕当时即有是称。

括《论语注》和《孝经注》，这应当是"七经"概念形成的结果。

"九经"：尽管东汉学人已经接受了"七经"概念，唐人修《五经正义》却没有继承这一称号，孔颖达等受诏撰《五经正义》，只有《周易》《尚书》《诗经》《礼记》《左传》五者。唐代官方儒学，在经本文献上只重视"五经"以及依经而立之"传"（或"记"），对子书性质的儒学著作却不甚关心。唐代"明经"考试的"经典"，有"三传"（《左传》《公羊传》《穀梁传》）、"三礼"（《周礼》《仪礼》《礼记》），加原来的"五经"（《春秋》附"三传"）而成"九经"。唐人在撰定《五经正义》的同时，又撰有《周礼注疏》（贾公彦）、《仪礼注疏》（贾公彦）、《穀梁注疏》（杨士勋）、《公羊注疏》（徐彦），合称《九经正义》。

在唐代，儒家经典的总体印象是上述九部经典，时人于是呼群经为"九经"，并以"九经"一名概指群经。《旧唐书·柳仲郢传》说仲郢曾手钞"《九经》《三史》"；又《儒学传上》载谷那律"淹识群书"，被褚遂良称为"九经库"；《儒学传下》说韦表微"著《九经师授谱》"，《王友贞传》称友贞"读《九经》，皆百遍"等，所谓"九经"皆群经是也。当时《论语》《孝经》也在经学教育中有重要地位，是学童启蒙、国学释奠所必读必讲之书，在科举考试中《论语》《孝经》也曾与《老子》一起被奉为"上经"，成为考试"兼经"，但是唐人并没有将《论语》《孝经》当作自己心目中神圣崇高的"经典"。在唐人制定的科考"大经""中经""小经"中，只有"九经"：《礼记》《春秋左传》为"大经"，《诗》《周礼》《仪礼》为"中经"，《易》《尚书》《春秋》《公》《穀》为"小经"，却没有将《论语》《孝经》列为专门科目。更有甚者，《开成石经》明明刻的是十二部经典，也依然被称为"石壁九经"①；诸儒校订十二经文字，则称"校定'九经'文字"②；刻入"石经"的十二经字样，也称《九经字样》。校、刻十二书而称"九经"，其以"九经"概群经也可知。

"十二经"："十二经"之名昉于《庄子·天道篇》："（孔丘）繙'十二经'以说。"但当时"十二经"之书却不明所指。③将儒家十二部经书有意识地合叙在一起或合刻在一处，实始自唐人。由陈入唐的陆德明曾收录《周易》、《古文尚书》、《毛诗》、

①《旧唐书·文宗纪》（中华书局，1995，第571页），开成二年："郑覃进'石壁九经'一百六十卷。"。

②《旧唐书·郑覃传》（中华书局，1995，第4491页）："时太学勒石经，覃奏起居郎周墀……等校定'九经'文字。"

③按：何为"十二经"？〔唐〕陆德明《经典释文》（上海古籍出版社影宋本，1985，第1485页）和〔唐〕成玄英《庄子疏》（郭庆藩集释，《诸子集成》本，1961，第213页）俱云："十二经，说者云《诗》《书》《礼》《乐》《易》《春秋》'六经'，又加'六纬'，合为'十二经'也。"可是"纬"起哀帝、平帝，战国文献何得而记之？故"六经六纬"之说不确。陆氏、成氏又引"一说云"："《易》上下经并'十翼'为十二。"亦不确。因为《易》"十翼"中《说卦》《杂卦》两篇，迟至西汉宣帝时才由"河内女子"获得进献，庄子何以在前预知之？况且《易传》与《易经》合为一书，始于宣帝以后古文《易》学家费直，也不是战国时期的庄子所能称道的。于是陆氏、成氏再引"又一云"："《春秋》十二公经也。"《困学纪闻》卷一○（孙通海校点，辽宁教育出版社，1998，第221页）引《庄子逸篇》："仲尼读《春秋》，老聃踞灶觚而听之，曰：'是何书也？'曰：'《春秋》也。'"似乎孔、老还讨论过《春秋经》。但是孔子称"六经"时为六本书，称"十二经"反只有一部，不太匹配。庄子说"孔子西藏书于周室"，自然不会为一部《春秋经》而兴师动众。近儒廖平说："十二经：大六艺，小六艺。"（蒙文通：《经学抉原·旧史》，载《蒙文通文集》第三册，巴蜀书社，1995，第53页）意谓"十二经"即是孔子删定后的经典"六艺"和未经删定的旧史"六艺"，其说可参。不过，无论哪种解释，都不是儒家经典结集意义上的"十二经"，也不是能与"六经"匹配的十二部经典著作。

《三礼》、《春秋》（并"三传"）、《孝经》、《论语》、《老子》、《庄子》、《尔雅》等14种经典性文献，详其异文、举其异义，号为《经典释文》。去掉其中道家2种（《老子》《庄子》）著作，恰好是十二经。《经典释文》虽将儒家十二书列入"经典"，却与道家《老子》《庄子》杂处，他还没有明确的儒家"十二经"意识，也没有形成"十二经"的概念和称谓，有其实而无其名。

太和七年（833年），唐文宗命郑覃等人校刊群经入石，至开成二年（837年）成，是为《开成石经》。石经在唐人流行的"九经"之外，增加《孝经》《论语》《尔雅》三书，共为十二部，称为"石壁九经"。《唐会要》："其年（太和七年）十二月，敕于国子监讲堂两廊，创立'石壁九经'，并《孝经》《论语》《尔雅》共一百五十九卷，《字样》四十九卷。"[①]《旧唐书·文宗纪》记开成二年（837年），"郑覃进'石壁九经'一百六十卷。"此乃儒家十二部经典首次汇刻，儒家经典的新规范呼之欲出。可惜当时诸儒并无此意识，"石经"不称"十二经"，仍称"九经"；所附十二书的校订文字，也称《九经字样》，不称"十二经字样"。由此可见典型之牢、传统之顽，而新典范形成之不易。

"十三经"："十三经"始于成都文翁石室的"蜀石经"。该石经初由五代孟蜀宰相毋昭裔主持，张德昭、孙逢吉等人手写上石，直到北宋宣和时乃正式刻成。"蜀石经"刻成后，立于当时蜀郡最高学府文翁石室，称"石室十三经"。"蜀石经"有经有

---

①〔宋〕王溥：《唐会要》卷六六，上海古籍出版社，1991，第1373页。

注，是中国历代石经中规模最大的一种，"其石千数"①，学人誉为"冠天下而垂无穷"之壮举，可惜今皆失传了。石经除立体展示外，还广为拓印流行，晁公武《郡斋读书志》、曾宏父《石刻铺叙》、赵希弁《郡斋读书附志》都有著录；晁公武还对"蜀石经"进行校勘，撰有《蜀石经考异》一书，亦刻置石室之中。

晁公武《石经考异序》："按赵清献公（抃）《成都记》：'伪蜀相毋昭裔捐俸金，取九经琢石于学宫。'而或又云：毋昭裔依太和旧本，令张德钊书；国朝皇祐中田元均补刻公羊高、穀梁赤二《传》，然后'十二经'始全；至宣和间，席升献（贡）又刻'孟轲书'参焉。"②于是形成"十三经"丛刻。晁公武曾出仕成都，亲见亲历，所述具体可靠。

对此，曾宏父《石刻铺叙》也有详尽描述："益郡石经，肇于孟蜀广政……七年甲辰（944年），《孝经》《论语》《尔雅》先成，时晋出帝改元开运。至十四年辛亥（951年），《周易》继之，实周太祖广顺元年。《诗》《书》《三礼》不书岁月。逮《春秋三传》，则皇祐元年（1049年）九月讫工，时我宋有天下已九十九年矣。通蜀广政元年肇始之日，凡一百一十二祀，成之若是其艰。又七十五年，宣和五年癸卯（1123年），益帅席贡始凑镌《孟子》，运判彭慥继其成。"说明"蜀石经"因宣和五年补刻《孟子》入石而成"十三经"。清儒臧庸《拜经日记》说："宋高宗御书石经有《孟子》，可补唐'开成石经'之阙。"实

159

---

① 见《石经始末记》。《开成石经》立石114通228面，《乾隆石经》立石190通380面。

② 〔宋〕晁公武：《石经考异序》，载〔宋〕范成大《石经始末记》引，孔凡礼辑：《范成大著辑存》，中华书局，1983，第160页。

为误说。

"蜀石经"当时还有一个总名叫"石室十三经"。赵希弁在逐一著录了"蜀石经"各经的刻成时间、文字书者和经注字数后说:"以上'石室十三经',盖孟昶时所镌。"①说明汇刻了十三部经书(并注)的"蜀石经",还被学人冠以'石室十三经'这个总名,已是一部名副其实的"十三经"丛书了。②

《孟子》之入石经,是中唐以来学术界重视"义理"和"道统"的时代潮流促成的结果,也是"蜀学"素来重视子书的传统的弘扬。重视《孟子》当然不始于"蜀学",早在汉文帝所置"传记博士"中已有《孟子》博士③,但那时只是"杂学博士"中的一种,不久便被"五经博士"所取代。唐代宗广德二年(764年),杨绾申请《论语》《孟子》《孝经》兼为一经,曾经得到采纳;韩愈著论,将孟子与孔子相提并论,以为儒家道统之正传在焉,与夫子并称"孔孟";咸通四年(863年),皮日休"请以《孟子》为学科",疏入不报④。北宋二程大力表彰《孟子》,王安石将《孟子》列入科考经典,初步完成了《孟子》升经过程。⑤可是当时仍然争议很大,引得司马光、邵伯温等人群起反对,形成持续南北宋的"尊孟""非孟"之争。在此背景下,"蜀学"毅然将《孟子》刻入石经,正式将《孟子》与其他经

---

①〔宋〕晁公武:《郡斋读书志》卷五赵希弁"附志",文渊阁《四库全书》本。
② 舒大刚:《"蜀石经"与"十三经"的结集》,《周易研究》2007年第6期。
③〔汉〕赵岐注,〔宋〕孙奭疏:《孟子注疏》,重刊宋本《十三经注疏》本。
④〔宋〕王溥:《唐会要》卷七十七,中华书局,1955,第1402页。
⑤ 董洪利:《孟子研究》,江苏古籍出版社,1997,第210页。

典汇刻成一套丛书，^①促成了《十三经》固定模式的形成，可见"蜀学"重视子书的传统是起了一定作用的。此后，无论是刊刻石经、编撰目录，或是编印儒学丛书，都忘不了给予《孟子》在"经部"的特殊席位。宋高宗手书"绍兴石经"就有《孟子》，尤袤撰《遂初堂书目》，首先将《孟子》从子部提到经部，陈振孙《直斋书录解题》继之，郝经编《续后汉书》，于卷六五上《儒学》"经术总叙"中，亦列《易》《书》《诗》《春秋》《礼》《乐》《论语》《孝经》《孟子》。至《明史·艺文志》，以《孟子》入经部的著录方法正式得到确认。清乾隆立石经，《孟子》亦在其中。清代陕西巡抚贾汉复还将《孟子》补刻入西安碑林，使原本没有《孟子》的"开成石经"也凑足了"十三经"之数。所有这些，都不能不考虑"蜀石经"首刻《孟子》入经的开创之功。

从此之后，"十三经"便取代"五经""九经"成为儒家经典的基本范式，"十三经"之名也一跃成为儒家经典文献的总称和通名。南宋时，"十三经"这个名称已经被广泛使用，赵希弁《读书附志》、王应麟《玉海》都袭用了"石室十三经"一词。明清人更是如此。明人任浚说："若夫'石室十三经'，始自孟蜀。"^②清人阎若璩亦称"石室十三经"，又谓："孟蜀广政十四年镌《周易》，至宋仁宗皇祐元年，《公羊传》工毕，是为"石

161

---

① 或说"熙宁石经"有《孟子》。〔宋〕王应麟《玉海》（文渊阁《四库全书》本）卷四三："嘉祐石经：仁宗命国子监取《易》《诗》《书》《周礼》《礼记》《春秋》《孝经》为篆、隶二体，刻石两楹。"只举七经，而无《孟子》。清人丁晏所藏拓本则有之，据学人考证为元人补刻。见杜泽逊《〈孟子〉入经和〈十三经〉汇刊》，载《微湖山堂丛稿》，上海古籍出版社，2014，第55—66页。

② 〔明〕任浚:《十三经注疏序》，载雍正《山东通志》卷三五之六，文渊阁《四库全书》本。

室十三经"。"①史实虽然略有舛误，但其以"石室十三经"为称，则合乎当时实际。

北宋学人在校刻唐人《九经正义》基础上，又补撰《孝经正义》《论语正义》《尔雅正义》，南宋在朱熹之前已有人撰成《孟子正义》，据称光宗绍熙（1190—1194年）时，两浙东路茶盐司提举李沐及其继任者三山黄唐合刊《十三经注疏》，其中就收录有《孟子正义》一书。史称，宋末著名藏书家、出版家廖莹中"又欲开手节《十三经注疏》"②云云，《十三经注疏》已经于南宋形成，盖无疑义。明人李元阳以及南监、北监之辑刻《十三经注疏》，清人继之，公私两途（如乾隆、阮元）广泛刻印，于是《十三经注疏》风行天下，成为儒家经典及其注释的代表作。

至此，儒家经典完成了"从'六经'到'十三经'"的最后结集，也完成了《十三经注疏》的基本撰著。清沈廷芳《经解》："'五经'始汉武帝，'七经'始汉文翁，'九经'始唐郑覃，'十一经'始唐刘孝孙③，'十三经'始蜀毋昭裔、孙逢吉诸人，至宋淳化（应为宣和—引者注）而始定。"晚清叶德辉《书林余话》卷下："石经为经本之祖。……唐开成立'十二

---

① 〔清〕阎若璩：《古文尚书疏正》卷二"第二十三"，文渊阁《四库全书》本；《潜丘札记》卷五《刊正杨升庵石经考》，文渊阁《四库全书》本。

② 〔南宋〕周密：《癸辛杂识》后集，吴企明校点，中华书局，1997，第85页。

③ 按：〔清〕沈廷芳谓"'十一经'始唐刘孝孙"，〔清〕杭世骏《经解》亦称："洎唐刘孝孙作为《问对》，而'十一经'之名定矣。"按：唐刘孝孙，长于历法，秦王李世民"十八学士"之一。撰《古今类序诗苑》40卷。《旧唐书》卷七二、《新唐书》卷一〇二俱有传，然皆不见有其"十一经"事。按：〔元〕何异孙有《十一经问对》5卷，含《论语》《孝经》《孟子》《大学》《中庸》《书》《诗》《周礼》《仪礼》《春秋三传》《礼记》为"十一经"。怀疑沈氏、杭氏之说乃何异孙之误。

经'石经，孟蜀广政立'十三经石经'"云云，都认定"十三经"形成于"蜀石经"，基本合乎历史事实，洵有见地。前人和时贤谓"十三经"得益于南宋朱子之尊"四书"，甚至说形成于明、清两朝之汇刻《十三经注疏》，都是不准确的，应予纠正。

自从"蜀石经"形成"十三经"概念后，儒生博通群经多冠以"十三经"。宋元以后，以"十三经"命名的著述日益增多，如明代陈深《十三经解诂》、丰坊《十三经训诂》、郭正域《十三经补注》，顾梦麟《十三经通考》、田有年《十三经纂注》、史铨《十三经类聚》、罗万藻《十三经类语》，清人陆元辅《十三经注疏类抄》、阮元《十三经注疏（附校勘记）》、孙星衍《十三经注疏校记》、吴浩《十三经义疑》等，林林总总，实繁有徒，这在孟蜀"石室十三经"之前未曾经见，它们的出现实有赖于"石室十三经"典范之形成。

此外，历史上还有"十经""十一经"诸称，多是对"蜀石经"经数的误记，[①]羌无故实。历史上也存在"七经""九经""十经""十一经"同名异指的现象，如傅咸《七经诗》（有《周易》《毛诗》《周官》《左传》《孝经》《论语》，缺一），刘敞《七经小传》（《尚书》《毛诗》《周礼》《仪

————————

①〔宋〕赵抃：《成都记》（《成都文类》卷三一，文渊阁《四库全书》本）："伪蜀相毋昭裔捐俸金，取《九经》琢石于学宫。"〔宋〕张俞《华阳县学馆记》："惟孟氏踵有蜀汉，……遂勒'石书九经'。"〔宋〕席益《府学石经堂图籍记》（《全蜀艺文志》卷三六，刘琳、王晓波校点本，线装书局，2005，第999页）："蜀儒文章冠天下，其学校之盛，汉称石室、礼殿，近世则'石壁九经'。"这里"九经"一词相当于"群经"之意，并非实指。明代以来有"十一经"说。〔明〕顾起元："蜀（永）〔广政〕年之'十一经'。"（〔明〕顾起元：《说略》卷一二，万历四十一年刊本）蒋伯潜："五代时蜀主孟昶《石刻十一经》，不列《孝经》《尔雅》而加入《孟子》。"（蒋伯潜：《十三经概论》，上海古籍出版社，2010，第6页）都是想当然之辞。

礼》《礼记》《公羊传》《论语》），南朝周续之"通'五经''五纬'，谓之'十经'"（《南史》本传），日本山井鼎《七经孟子考文》（《易》《书》《诗》《礼记》《春秋左传》《论语》《孝经》，外加《孟子》），何异孙《十一经问对》（《论语》《孝经》《孟子》《大学》《中庸》《诗》《书》《周礼》《仪礼》《春秋三传》《礼记》）等，均属个人治经爱好，与经典体系形成没有关系。南宋又有人欲将《大戴礼记》附"十三经"而成"十四经"[①]；清代段玉裁又有"二十一经"之议、廖平有"十八经注疏"之说，皆未取得公认，兹不赘论。

第三节　范式转移：儒家经典扩展的意义

经典的原文无非"旧史"，但用作教典，即具有文化精神和教化价值。老子云："六经者，先王之陈迹也。"《庄子》称之为"旧法世传之史"，六经记载了尧、舜、禹、汤、文、武、周公等二帝三王亦即唐、虞、夏、商、周等历史文化，是六经者述古之"史"也。六经经过孔子整理和阐释后，又成为历史教科书，《庄子》曰："《诗》以道志，《书》以道事，《礼》以道行，《乐》以道和，《易》以道阴阳，《春秋》以道名分。"道志者，文学是也；道事者，历史是也；道行者，规范是也；道和者，美育是也；道阴阳者，哲学是也；道名分者，政治学是

164

---

① 〔宋〕史绳祖：《学斋佔毕》卷四"成王冠颂"（文渊阁《四库全书》本）："《大戴记》一书虽列之'十四经'，然其书大抵杂取《家语》之书，分析而为篇目。又其间《劝学》一篇全是荀子之辞，《保傅》一篇全是贾谊疏。以子史杂之于经，固可义矣。"清"四库"馆臣也批评说："《大戴礼记》旧附于经。史绳祖《学斋佔毕》亦有'《大戴礼记》宋列为十四经'之说。然绳祖所云，别无佐证，且其书古不立博士，今不列学官，未可臆加以'经'号。"（《四库全书总目》卷二一"礼记类"案语，中华书局，1983，第176页）

也——六经综合反映了上古哲学、史学、文学、伦理学、政治学、社会学等内容，是"六经"者，又训世之"经"也。

从"诗书礼乐"到"六经"，又从"六经"（或"五经"）到"七经"，再从"七经"到"九经""十二经""十三经"的衍进，这一过程表面上看来只是经典文献数量的增加，只是儒学知识视域的拓展，但细审其源，其实质并非如此简单。作为儒家经典的文本选择和体系扩展，不是某些儒者的率意之行，而是经过深思熟虑的、有意识、有深意的作为。作为思想家、教育家的孔子，他之选定"诗书礼乐"（或"删订六经"）以为经典教材，自有其深刻的学术用意和思想主导；后世儒家之扩展经典范围，也无不有其特别的原因和深远之目的。

如前所述，儒家经典范式的形成从春秋时代就已开始。《史记·孔子世家》说"孔子以《诗》《书》《礼》《乐》教"，孔子为何选此"《诗》《书》《礼》《乐》"？《左传》载有赵衰的明确解释："诗、书，义之府也；礼、乐，德之则也。德、义，利之本也。""诗、书"是仁义的宝库，"礼、乐"是德教的准则，一个人要想成就自己，就必须"说《礼》《乐》而敦《诗》《书》"①。赵衰此说早于孔子出生83年，可见重视"诗书礼乐"之教是周人一贯传统，《礼记·王制》载："乐正崇四术，立四教，顺先王'诗书礼乐'以造士。"即其明证。

孔子选择这四类文献以施教，正是出于对周礼的传承和发展之考虑。《史记·儒林列传序》说孔子"论次《诗》《书》，修起《礼》《乐》"。"论次"是文献整理工作，"修起"是文化重建工作，当然其中更多重新阐释和赋予新意的功夫，这是孔子"从

---

① 《春秋左传正义》卷第十六，载〔清〕阮元校刻：《十三经注疏》，中华书局，2009，第3956页。

周”而又"新周"的具体实践。孔子晚年"序《易》传""作《春秋》"，形成"六经"。"诗书礼乐"是"德义"的宝藏，作为孔子所赞所修《易》《春秋》，其主题亦复如是。《易大传》称"立天之道曰阴与阳，立地之道曰柔与刚，立人之道曰仁与义"，《易经》中也蕴含有作为"人道"的"仁与义"。《春秋》原本鲁史，经孔子修订而"加乎王心"，王心即王道，亦即"仁义"之道，于是《春秋经》也成了讲仁政德治的政治宝典。然则，"六经"之核心都是"仁义"。《庄子》载孔子自称"治‘六经’"，又说"其要在仁义"；班固说"儒家者流"，"游文于‘六经’之中，留意于仁义之际"，学"六经"而讲"仁义"，"六经"主旨非"仁义"而何？①孔子对"六经"的选择正是出于"仁义"教化的考虑。

　　语其同也，"六经"所言无非仁义；详其异也，"六籍"内容又各有侧重。相同的言论还有：

　　《荀子·儒效》："《诗》言是，其志也；《书》言是，其事也；《礼》言是，其行也；《乐》言是，其和也；《春秋》言是，其微也。"《史记·滑稽列传序》载孔子之言："‘六艺’于治一也。《礼》以节人，《乐》以发和，《书》以道事，《诗》以达意，《易》以神化，《春秋》以道义。"董仲舒《春秋繁露·玉杯》更具体地说："《诗》《书》序其志，《礼》《乐》纯其美，《易》《春秋》明其知。六学皆大而各有所长，《诗》道志，故长于质；《礼》制节，故长于文；《乐》咏德，故长于风；《书》著功，故长于事；《易》本天地，故长于数；《春秋》正是非，故长于治人。"稍后翼奉也说："臣闻之于师曰：

---

①〔汉〕班固:《汉书·艺文志》，中华书局，1962，第1728页。

天地设位，悬日月，布星辰，分阴阳，定四时，列五行，以视（示）圣人，名之曰'道'。圣人见道然后知王治之象，故画州土，建君臣，立律历，陈成败，以视贤者，名之曰'经'。贤者见经然后知人道之务，则《诗》《书》《易》《春秋》《礼》《乐》是也。"①综合诸说，可知"六经"之内涵。"六经"是圣人关于"道"的记录，包括天地之位、日月之行、阴阳之变、四时之运、五行之德等自然之道，也包括行政区划、君臣职守、声律历法和古今成败等王者之治。"六经"是天道、地道和人道的总汇。《汉书·儒林传序》："六学者，王教之典籍，先圣所以明天道、正人伦、致至治之成法也。""六经"内容虽然各有分殊，但是加起来形成合力，可以共同塑造仁义之士、德治之政、和谐之俗，并促进天下和平。

诸说各从一个侧面说明"六经"的功能，这些功能又共同以实现"仁义"为原则。《诗》是抒情文学，故长于真情实感；《书》是历史记录，故长于明事纪功；《礼》是行为规范，故长于制度文明；《乐》是音乐作品，故长于和乐盛美；《易》讲天地阴阳，故长于运数变化；《春秋》讲是非名分，故长于社会治理。"六经"各司其职，各行其是，共同塑造"仁义"之士，共同促进天下文明与和平。比类推之，楚申叔时所举"春秋""礼乐""故志""训典"，也与"六经"一样，也都各自有其特殊的教育功能。

孔子运用"六经"构建起一代儒家的文献典范，共同行使其淑世济人的教育功能，"六经"就是最早的儒家经典范式。各类文献皆有其教育功能，对这些文献的选择也是有意识的，甚至是

167

---

① 〔汉〕班固：《汉书·翼奉传》，中华书局，1962，第3172页。

精心的。

　　由前述可知，从孔子删订"六经"，到最后形成"十三经"，中间经历了西汉博士"五经"、文翁石室"七经"、唐代科举"九经"、开成石经"十二经"和孟蜀石经"十三经"等演变阶段，前后历时约1600余年之久。在儒家经典数量增加和范围扩大的背后，反映了不同时期（或不同地域）的文化背景，也反映出儒学研究者们不同的价值取向和学术旨趣。儒家"十三经"实是"史"、"经"、"传"（含"记"）、"子"的结合体，原始"六经"（或"五经"）代表了三代"旧史"和"故志"，历史性、客观性最强，也最原始；三家之《传》、"三礼"之《记》，是对《春秋》和《仪礼》这些元典性文献的阐释和阐说，主观性和现实性又较"五经""六籍"明显增加；至于《论语》《孟子》《孝经》三书，原其本相，实与"百家"之方术无别，是阐发以孔子、孟子等为主的先秦儒家的思想资料，其个性化色彩自然又比"经传""记说"大得多。

　　由此可知，儒家经典体系"由经而传"，再"由传而子"的转换过程，实际也是儒家治学风格不断转变和更新的过程，是儒家从早期注重客观记事之"经"（或"史"）向兼重（甚至"偏重"）主观说理之"子"的范式转移。正是在这一历史的转换过程中，儒学从相对严谨的"汉学"（四库馆臣谓"其弊也拘"）状态下解放出来，向崇尚自由发抒和独立思考的"宋学"（馆臣谓"其弊也肆"）境界的过渡，实现了以"通经"为原则的"经学"向以"明理"为目的的"理学"的历史跨越。儒家经典的扩展史，也是儒家经学的发展史、儒家学术的变迁史，是中国儒学发展史的重要组成部分。研究和揭示儒家经典形成和结集的过程，对完整地认识中国儒学，客观地展现儒家经学，都具有借鉴意义。

168

第四章　当代儒学

作为历经两千五百余年发展的系统学术，儒学已成为中华民族共有的精神家园和血脉灵根。然而，近百余年间，在普遍的疑古批儒风潮之下，曾经是考古知新的儒家经典被疑为非伪即残的零篇断简；曾经是精神家园的儒家思想被批驳成腐朽落后的罪因祸源；曾经是修身齐家良言的儒家伦理被诬蔑为愚忠愚孝的肿瘤毒草；曾经记载了中华数千年思想文化成果的儒家文献被斥为封建落后的故纸残书；曾经是淑世济人的儒家教育经验被不加判断地盲目抛弃和清除。在近百余年历史里，中华传统遭到亘古未有的破坏，儒家学说也遭到史无前例的打击。此实思想学术的剧变，也属儒家文化的浩劫。

面对当代儒学"游魂无归"的情况，当代儒家学者既要回答诸如"儒学在哪里""儒学为何物""儒学到底有何价值""儒学研究从何着手""儒学人才如何培养"等基本问题，也要从实践层面着手，推动国家文化教育体制改革，重塑社会观念意识及学人学术良知。

第一节　儒学复兴的必要性和迫切性

目前，国人在为中华国力大幅度提升而欣喜的同时，人们也在感慨社会道德失范、人心不古。究其原因，表面上是技术发展和经济竞争的功利性带来工具理性过分膨胀、价值理性极大萎缩造成的，根源上却是我们几代人缺失儒学传统精神护佑滋养而造成的后果。儒学传统在百余年的西风东渐大潮和中西古今之争中蒙受了历史上严重的质疑和劫难，要结束传统文化"花果飘零"和儒家精神"游魂无归"的这种状态，使中国走向"文化大复兴"，必须从国家的文化教育体制、社会的观念意识，以及学人的学术良知等方面的全面改善入手，在儒学学科建设、儒学教育考试、儒学研究和普及等方面进行重塑，让儒学的复兴获得制度保障、资源保障和观念保障。

在建设文化强国和小康社会的当代中国，儒学作为中国文化软实力的灵魂怎么强调都不为过。《论语·先进》中载孔子与子路、冉求、公西华、曾点四大弟子言志时，就说明一个政权要想长治久安，文化建设一定是必须的功课，都将经历"强兵以巩固政权"（子路之志）、"富民以安百姓"（冉求之志）、"礼乐（或文化）以定民志"（公西华之志）三个阶段，然后才能实现孔子所赞赏、曾点所向往的"悠然与天地同乐"的幸福境界。同时，《论语·子路》中表达的孔子"庶""富""教"三步走的治国方略，以及中外大国崛起的历史实践，也从正反两面证实"富国强兵"与"文化建设"同时并重的必要性。近代英国的"国教"振兴运动和德国的德意志精神建设，当代法国的法语纯洁性保护运动，日本的国学提升和韩国的儒学普及教育等做法，都是重视"教化"和"文化建设"的成功范例。孔子曾说："如有王者，必世而后仁。"①经过几十年的探索，目前我国已经实现"军事强国"和"经济大国"之梦，当下应当进入建设"文化强国"和"幸福家园"的阶段，儒学应该在这个阶段发挥自己的作用了。可以预期，党中央提出的"国家富强、民族振兴、人民幸福"的理想和目标必定能够实现。党的十八届三中全会决议和习总书记的多次重要讲话，都体现了这一重大战略构想和历史转折的必然趋势。

如何发挥儒学淑世济人的功能呢？这是历史形成而遗留至今的百年难题，历史实践昭告我们，复兴儒学的首要之举，还在于从政策上尽快恢复儒学的独立学科地位。

晚清民国初期，中国积弱积贫，面临亡国亡种的危险，内忧外患的形势逼迫志士仁人反思自身传统、学习西方长处，矫枉过正，一度误将中国一时落后于科技革命后繁荣起来的西方社会归因于中国固有传统文化的拖累，民国伊始便将"经学"学科废除了，改书院建学堂、撤孔庙建学校成为一时潮流，儒学因而失去制度依托和信仰空间。

改革开放后，儒学虽然重新得到研究和肯定，有了正常的学术研究和教学活动，但至今在教育和科研体制中仍无恰当的名分。特别是开放之后急于强起来的中国社会和中国学术界，对西方的教育体系和学术思想不免存在良莠不辨、片面接受的现象，一些半生不熟的西方理论，实用主义、工具至上的教育体制，以及人文学科自然科学化管理的学术体制，至今仍然充斥教育领域和学术领域。

① 《论语·子路》，载〔宋〕朱熹：《四书章句集注》，中华书局，1983，第144页。

近年来，尽管中央精神、领导讲话屡屡强调马克思主义的中国化、中国传统文化应成为中国特色社会主义核心价值体系建设的基石，但至今在社会公德和个人品德的改良方面却仍不尽如人意，其原因之一就是儒学至今仍然只在学术研究领域热闹，除了研究著作的层见叠出、学者自言自话外，儒学普及和社会公众参与还基本没有推行。穷其根源，是自从民国初年取消儒家"经学"学科之后，在现有以西学体系为主的所有学科体制和学术分类中，都没有"儒学"对应的学科和名目，有的只是被割裂到各分科之学中的知识化儒学，真正自成体系的儒学研究与知识普及基本还没有得到来自公众的、政府的资源扶持，儒学研究或普及难以获得体制性的资源保障，许多学者投入儒学的研究与普及、继承与发展等工作纯属自发性质，不足以形成有组织、有计划、有阶段、有规模的系统化、持久化的理论研究和创造性应用转化，儒学传统资源的发展和利用远远跟不上现实需求。

172

儒学无体制保障这一境况的形成，既有历史观念解放和转变滞后的思想原因，也有体制改革不到位的现实原因。前者症结在于，没有用全面的、辩证的、历史的、发展的眼光看待历史特殊时期对"儒学"的特殊态度，不能与时俱进地用正确的态度面对传统；后者症结在于，拘泥于从西方引进的学科体制及其管理模式，不能正确贯彻"古为今用，洋为中用"的内核，即以我为主的中国主体性原则和中外传统皆须"去其糟粕、取其精华"的扬弃的灵活性原则，甚而一方面迷信学科体系；另一方面无视中国优良传统和文化软实力。

要想改变儒学在社会公德、职业道德、家庭美德和个人品德建设中缺位的现象，必须恢复儒学固有的学科地位，发挥其应有的致君尧舜、淑世济人的社会功能。当务之急的解决方案，在于适当突破西学体系中不适合中国国情的樊篱，大胆而合理地予以相关学科体制改革，赋予"儒学"或"经学"以独立的一级学科地位，以便于整体地、全面地学习、研究和发展以儒学为核心的中国优秀文化传统，使儒学在当代得到全面的继承和弘扬，通过创造性的诠释和转化更好地为伟大的中国特色社会主义建设服务。

第二节　儒学复兴之路：经典儒学和大众儒学

毋庸置疑，儒学经过百余年坎坷和劫难，其复兴已刻不容缓，以免久假不归、元气不复而永远成为"不归的游魂""博物馆中的展品"。然而如何复兴儒学，在百年之间志士仁人探索了许多途径，这些摸索是否找到了合适的道路，值得我们回顾、反思和借鉴。

在晚清民初，随着科举废除，经科取消和五四运动"反传统"思潮兴起，失去制度依托和文化信仰的儒学流离失所，成为百年中国文化危机的核心内涵，各种民族文化重振运动纷纷奋起自救。廖平发起的尊孔尊经运动、康有为发起的孔教运动肇其始，梁启超、章太炎、胡适、学衡派等发起的传统国学、整理国故、国粹振兴等中国文化现代转化论随其后，王国维、蔡元培以哲学代经学的经学哲学化思潮，钱玄同、顾颉刚发起儒学去魅的疑古思潮，傅斯年、郭沫若的儒家经典史料化研究等，在中西古今之争中作为整体道德学问的儒学逐渐支离。现代新儒家作为文化守成主义的主力登上现当代儒学保存运动的舞台，他们把中国儒学精神与西方哲学理论结合起来，不遗余力地发展和宣传儒学，成为保存儒学的历史功臣。

改革开放之后，在中国本土复兴儒学提上了中华民族伟大复兴事业的议事日程。经过西方文化热、国学热、复古风等洗礼，中国文化复兴的主调逐渐确立，那就是通过儒学复兴作为源动力促成中国传统文化主体性实现和中国文化伟大复兴。当代儒学复兴的各种标志性事件纷至沓来：各类儒学学术会议连绵不断，儒学会等学术组织遍布全国；儒学讲座、论坛等陆续举办；孔子学院遍布全球；民间的祭孔活动蔚然成风、孔子铜像在多地落成；儿童读经班纷纷开张；大量儒学研究书籍出版发行；政府对儒学研究越来越重视；主流意识形态中儒学因素日益增多；各种以发明儒学某种特性、功能、侧面的儒学复兴理论纷纷出台。以牟宗三为代表的后期现代新儒家的"心性儒学"和对峙而兴的蒋庆为代表的"政治儒学"，是最有影响而又有互补性的两种儒学复兴思潮。此外，黄玉顺的"生活儒学"、林安梧的"公民儒学"，姚中秋的"君子儒学"，干春松的"制度儒学"，以及蒋庆、陈明等提倡的"当代儒教建设"等提法影响广泛。不过如吴光先生所言，熊十力、牟宗三先生的新心学，冯友兰先生的新理学以及马一浮先生的新经学虽然分别阐发了传统儒学的不同方面，但他们都是精英儒学、是"书斋中的学问"。而当代学者提倡"政治儒学"事实上并不符合多元、民主的现代社会，是一种乌托邦的设想。在儒学的当代复兴中，这些学说都存在不同程度的局限。

真正的儒学复兴，应该是在理论上阐明宇宙人生大义、在实践中切合人生社会日用的儒学整合复兴。董仲舒说："道之大原出于天，天不变，道亦不变。"①儒学传统有其一贯的精神实质，不会因为时代变迁而失去其本具的价值。张之洞有言："切于治身心治天下者，谓之大义。凡大义必明白平易，若荒唐险怪

___

① 〔汉〕班固：《汉书·董仲舒传》，中华书局，1962，第2518-2519页。

者乃异端，非大义也。"^①此"治身心治天下"之"大义"，通过形式上的创造性转化应用，在当代仍然得到发扬光大。吴光先生认为，在文化多元、价值观念趋同的当代社会，面向生活实践的生活儒学与重视道德人文精神、兼融中西价值观的民主仁学应该成为儒学发展的方向。民主仁学是吴先生结合儒学精髓与当代文化提出的思想体系，它以东方道德人文主义为儒学定位，主张"一元包容，多元辅补，会通古今、兼融中西"的文化观。民主仁学的要旨是仁爱民主为体、礼法科技为用，它以"一道五德"作为核心价值观，具有现代性与普世性的特点，儒学只有深入生活才能教化民众，只有弘扬民主才能立足现代化。他认为推动"儒学复兴"主要有四条：一是体制内教育，在高校设立儒学专业，建立儒学院、国学院、国学系、儒学研究中心等教育机构，将儒学课程引入大中小学课程系统，开展系统性儒学教育；二是体制外教育，建立儒学会、国学院、孔子讲堂，开办社会性讲座、大讲堂，举办专题研讨会、读书会；三是尽可能恢复各地的文庙、书院，通过学礼祭礼加深普通民众的信仰，通过书院教育使受教育者系统了解儒学知识及其道德人文精神；四是写书、编书、出版儒学丛书如《儒藏》《儒典》等，并通过媒体广泛开展儒学教育。

近十多年以来，中国各地自发形成了民间儒学的再生运动。近期郭齐勇先生对"民间儒学"进行了学理上的梳理和总结，并寄予厚望。他认为民间儒学是儒学灵根自植、重返社会的文化思想形态，使仁义礼智信、忠孝、廉耻等核心价值进入寻常百姓之

———————————
①〔清〕张之洞：《增订书目答问补正·劝学篇·守约》，中华书局，2011，第675页。

175

家，成为老百姓的生活指南与安身立命之道，安立世道人心。民间儒学，也可以理解为在民间、在日常生活世界里的儒学，或民间办儒学，即民间组织推动的儒学。现代儒学既包括乡村儒学的重振，又包括城市儒学的建设，即是使中国文化的基本做人做事之正道，即儒家仁义之道，透过广大城乡的家庭、学校、小区、企业、机关等现代公民社会的组织形式，通过冠婚丧祭之家礼等仪式，让儒家仁义之道在每个国民的心中扎根。民间儒学是多样的，它与各宗教的活动，包括外来宗教的传教活动形成健康的互动，保持文化的主体性与生态平衡。儒家学者要眼中有民，努力到民间去，弘扬儒学，把会议儒学、书本儒学转化为民间儒学、生命儒学。

对应郭齐勇先生"民间儒学"思想阐发，结合《儒藏》编纂和多年思考，笔者提出"经典儒学"与"大众儒学"并重以整体振兴儒学的构想。认为"经典儒学"可以概括传统儒学以至当下学人以经典阐释、学术创新为目的，著书立说、藏诸名山为手段的儒学的历史和现实；"民间儒学"则以儒学应世、日用常行为主旨，很好地体现了儒学"助人君，顺阴阳，明教化"①的真精神和真价值，也反映了当代社会亟需道德规范和精神信仰的现实性。不过，无论是学理儒学或是致用儒学，目前都迫切需要解决在坚持学术研究、经典阐释的同时，如何将发展了的儒学和致用性的儒学普及于民、公诸于众的问题。因此，结合儒学的历史使命和当下任务，我们建议采用"经典儒学"和"大众儒学"的结构，借以凸显儒学的当代使命和新生价值。

"经典儒学"与"大众儒学"两者是当代儒学振兴的一体两

① 〔汉〕班固：《汉书·艺文志》，中华书局，1962，第1728页。

面。这一体，指的是儒学的经典、理论和实践的一体性，是一个不可分割的整体和修己治人的依据。这一体，也指学理上的体系性和儒学复兴主体的整体努力。儒学体系重建主要解决儒学理论架构、经典诠释和应用救世的基本学理问题。

"儒学"学科发展最主要的推动者和实施者应当是这样一批学人：他们认同并实践以儒学为主流的中国传统文化精神，充满忠诚的爱国精神和强烈的历史使命感，具备忧患意识和文化自觉，勇于担当中国文化复兴和儒学服务现实的文化使命，不仅用心于书斋中的精深学问（或可称之为"经典儒学"），而且还要把儒学的学术研究与社会服务、民间日用结合起来，为社会服务，为中国社会和人类文明的健康发展服务（或可称之为"民间儒学""大众儒学"）。在一次对话中，杜维明先生认为，按中国传统，"士"必定是要关切政治的，一定要参与社会并注重文化。现在一个民族的进步和发展以及新的文化认同，需要有独立人格的公共知识分子，要靠在政府、企业、学术界、媒体、各种不同的职业团体和社会组织的公共知识分子，进行横向的沟通，来塑造"文化中国"的认同，而这个认同应是开放而多元的，是有强烈反思能力的。在此氛围下，大家对经典、对传统本身的深刻价值，就不会在教育上不闻不问。吴光先生则认为，所谓儒家知识分子就是信仰儒学、实践儒学、按照儒家理想"修己安人""经世致用"的"儒士"，其主要品格是确立道德良知、关心人类发展、坚持知行合一。要做儒家，就得实践儒道，这就是所谓"君子"人格。我们认为，这样的学人，是儒学学科发展的主体，也是推动儒学应用普及和社会伦理改善的脊梁。

"经典儒学"主要是从经典阐释、学术研究层面切入，注重学术性、创新性、总结性、传世性。"大众儒学"主要是从礼仪重建、应用实行、推广普及层面切入，注重应用性、针对性、操作性、普适性。以学科重建、经典新释、文献整理、学理转化和方法更新为内容的"经典儒学"，与以庙学重建、礼义重兴、道德重振、民间日用为儒学内容的"大众儒学"，一学一术、一体一用，是为当代儒学复兴的一体两面的现实途径。国家提倡和政府主导是儒学复兴的先导；作为儒学体系重建的主体，具有文化自觉的学人要全面系统地研究、阐释、振兴和普及儒学；而民间儒学是儒学复兴的基础和土壤，"礼失求诸野"，儒学在民间的实践活力，在实践者及周围直接受益之外，一方面给予政府和社会以文化复兴的信心和推行儒学的勇气；另一方面使学人的儒学复兴努力具备实践经验和现实依据。只有通过"经典儒学"和"大众儒学"相偕而行，在国家保障、体系重建、全面研究和系统普及的基础上，形成政府为主导、学人为主体、民间为基础的儒学复兴格局，儒学才可望浴火重生、实现淑世济人的当代价值。

我们认为，儒学复兴必须造就实现儒学研究和传播普及的现代"儒士"。研究和汲取传统儒学的教育内容、科举考试的方法和及第后的称号和表彰方式，制定当代儒学教育系统方案，可参考历史上的办法，通过专门培育，使儒士职业化、专业化，有效推进儒学普及推广，也附带为国家增加就业机会。现代"儒士"群体是儒言儒行、希贤企圣、礼乐复兴等儒学传统的实践群体，既是儒学学科发展的主体，也是推动儒学应用普及和社会伦理改善的脊梁，是儒学转化应用于淑世济人的中坚。应当汲取世界各地建立"孔子学院"的经验教训，探讨各级政府在政策和资金上支持各地恢复和兴建文庙、书院和其他公共机构，为儒学推广和教学提供场地的可行性。研究培养和造就现代儒士的途径和标准，制订建立和装备当代书院、文庙的形制和舆服、礼仪等。

招收本科和优秀高中毕业生，进行儒学和国学知识与技能培训，根据他们所掌握的经典儒学知识、大众儒学实践水平和古典文化技能娴熟程度，通过严格考核和大众品评，分别授予"秀才、举人、进士"等称号，条件成熟时还可接受全国性知识竞赛，优胜者不妨授予"状元、榜眼、探花"称号，以增强历史继承性。设立儒学研习和普及推广奖励基金，激励品学皆优的现代儒士培训优秀学员，表彰身体力行普及推广儒学、有较高经学或儒学成就的政府官员和高水平儒学专业专家，授予"循吏、经学博士（分经称，如易学博士、诗学博士、孝经学博士、论语学博士等）、翰林学士、庶吉士"等荣誉名号。

儒学复兴是中华民族伟大复兴的必要根基，而如何复兴的重任则首先落到有文化自觉的儒者肩头。我们应当更加系统和深入地总结百年来有关儒学复兴的思想阐述和有益尝试，通过对传统儒学的适当回归、综合创新和转化应用，逐渐摸索出最合时宜的儒学复兴理论，加以进一步深入、系统地阐发和建构，成为政府、学人和民间社会可以遵照实行的儒学复兴计划纲要。

第三节　儒学学科建设的必要性和可能性

自从民国初年废止儒家"经学"以来，儒学学科被分散，不仅体系不存，而且时时被歪曲、被丑化，直至被彻底地遗忘、被无情地抛弃，儒学的主体精神和核心价值被清除出去，造成整个民族集体失去儒学记忆，至今仍须唤醒。改革开放以来，虽然逐渐展开儒学学术研究，儒学人才的培养得到恢复，成果也日就月将，渐入佳境，并日积月累，蔚然可观。只是由于儒学长期没有自己完整的学科，也没有自己系统的教材，在时下的各类图书编目和项目分类中，也看不到"儒学"的名称和类目，致使儒学研究一直处于自发、偶然、单一、粗放的阶段。儒学人才的培养也处于随意、随缘、随便的状态，培养的人才虽然不乏行迈学高、聪明特达之士，但也有不少知识偏颇、技能跛脚之人。这极不利于儒学的创造性转化和创新性发展，也不利于中国特色的哲学社会科学体系建设和中国气派的人才培养。"儒学学科建设"和"儒学教材编撰"，就成了当今提升儒学研究水平和儒学人才质量所不得不考虑的问题了。

自春秋时期孔子行教以来，儒学便逐渐积累了丰富的学术内涵、治世功能和学派特征，具备了系统的信仰系统、价值尺度、学术体系、知识结构、道德规范和行为守则。《汉书·艺文志》所谓："儒家者流，盖出于司徒之官，助人君顺阴阳、明教化者也。游文于六经之中，留意于仁义之际，祖述尧舜，宪章文武，宗师仲尼，以重其言，于道为最高。"明确揭示了：儒家继承了中华民族自古以来重视伦理教化（"司徒之官"）的传统，具有系统的经典构成（"六经"）、理论体系（"仁义"）、实践价值（"顺阴阳，明教化"）、道统传承（"祖述尧舜"）、政统继述（"宪章文武"）和学统传授（"宗师仲尼"），在历史、文化、文献、学术、功能、教育等方面，都内涵丰富，自成体系。

从文化传承和学术渊源上看，儒家来源于古代的"司徒之官"。"司徒"金文又作"司土"、《尚书》《周礼》作"司徒"，是古代社会掌管土地、人民和教化的官职。《尚书·舜典》载舜帝曰："契，百姓不亲，五品不逊。汝作司徒，敬敷五教，在宽。"此处的"五品"即父、母、兄、弟、子，"五教"即义、慈、友、恭、孝；后来扩大为"五伦"关系（君臣、父子、夫妇、长幼、朋友）和"五常"教化（父子有亲、君臣有义、夫妇有别、长幼有叙、朋友有信）。重视五伦之教是儒家一贯提倡的道德伦理，已经成为中华文化的基本特征。儒家创始人孔子即使不曾做过司徒之官①，但他作为二帝三王文化的"集大成者"，也一定继承和弘扬了这一传统精神和核心价值。《庄子·渔父》就借子贡之口说："孔氏者，性服忠信，身行仁义，饰礼乐，选（整齐）人伦，上以忠于世主，下以化于齐民，将以利天下。"称赞孔子有修养、有道德（"性服忠信"）、有行为风范（"身行仁义"）、有文化追求（"饰礼乐"）、有人文关怀（"选人伦"）、有特定社会功能（"上忠世主""下化齐民"），还有最后的学术归趋："将以利天下。"与《汉志》"助人君顺阴阳、明教化"正好前后响应。孔子也以自己的人格奠定了后世儒者的基本风范和道德趋向。后世儒者大多能以天下为己任，救斯民于水火，致明君于尧舜，成就了"立德、立功、立言"的可圈可点的功勋，促进了国家的治理与天下的和平。浓浓的现实关怀，勇于担当的人文精神，正是儒学有别于宗教神学的根本所在，也是其影响中国历史文化，可望重塑当代伦理的魅力所在。

181

儒家具有用之不尽、取之不竭的理论源泉和智慧活水——"六经"。孔子继承、整理和传播了"二帝三王"的文化成果《诗》《书》《礼》《乐》《易》《春秋》（后世儒者又有《五经》《七经》《九经》《十三经》和《四书》等组合）。"六经"是上古历史的记录，也是儒家思想的集中体现。老子云："'六经'者，先王之陈迹也。"庄子也称之曰"旧法世传之史"②。"六经"上述二帝，下纪三王，是考述尧、舜、禹、

---

① 据《史记》，孔子只做过鲁国的司空、大司寇。

② 〔清〕郭庆藩：《庄子集释》，中华书局，2012，第 532、1067 页。

汤、文、武、周公等圣道王功，传承上古文明的主要依据，从这个意义上说它是"史"。"六经"经过孔子整理、阐释和传授后，又成为启迪智慧的历史教科书，从这个意义上说它是"经"。"经"与"史"的统一注定了"六经"内涵的丰富和博大。《庄子》说："《诗》以道志，《书》以道事，《礼》以道行，《乐》以道和，《易》以道阴阳，《春秋》以道名分。"集中了文学、历史、伦理、美学、哲学、政治学诸领域的学术和智慧，形成了自足完善的经典体系和知识系统。汉代太学博士传《易》《书》《诗》《礼》《春秋》"五经"；"蜀学"及东汉诸儒传"七经"（五经加《论语》《孝经》）；唐代传"九经"（《易》《书》《诗》加《春秋左传》《公羊传》《穀梁传》和《周易》《仪礼》《礼记》）；五代后蜀始刻的"蜀石经"完成古代儒家经典的最后定型——"十三经"（"九经"加《论语》《孝经》《尔雅》《孟子》）；宋儒又析《礼记》之《大学》《中庸》与《论语》《孟子》组合为"四书"，从而形成了儒家经典的多个传承模式与流通文本。中华五千年文明史，恰以"六经"为标志形成了承上启下的轴心关系，前此两千五百年的历史因之得以记载和传承，后此两千五百年的智慧据此得以启迪和照明。若非完整地、系统地研究儒家经典，就不能全面地、真实地认识中华文明的传承序列和承载模式。

在思想学术方面，儒学更是具有丰富多彩的学术内涵，在今天分属于多个学科的诸多学术问题和成就（如哲学、宗教学、政治学、经济学、军事学、伦理学、社会学、教育学等），都在儒家经典以及儒学论著中，有较为丰富的特别反映和精辟阐述。如"太极生两仪，两仪生四象""天人合一"的宇宙观和世界观；"天命（天道）""鬼神（阴阳）""礼乐（仁义）"的信仰体系；"过犹不及""中正""中庸""中和"的辩证观；"仁智勇""孝悌忠信、礼义廉耻"的伦理观；"民为邦本""民贵君轻"的"民本"思想；"仁政德治""博施济众"的治理模式；"尚和合""求大同""天下和平""天下一家"的天下观；"士人、君子、圣人"和"内圣外王"的修身模式；"立己立人，达己达人""己所不欲，勿施于人"的"忠恕"之道：这一切的一切，都经儒家的提倡、推广，融入中华民族精神之中，形成了积极向上、百折不挠的民族精神。尤其是儒家所提倡的"孝悌忠恕勤""温良恭俭让""恭宽信敏惠""仁义礼智信"等观念，对涵养当今社会的"个人品德""家庭美德""职业道德"和"社会公德"仍然具有重要的参考价值。

历经两千五百多年的发展，儒家积淀了丰厚的文化成果，具有庞大的文献积累。儒家以经典教育为本位、以著书立说为特色，在历史上产生的学术文献数以万计。孔子修订、阐释"六经"从而形成了首批经典文献；再"以《诗》《书》《礼》《乐》教"而后形成儒家知识群体"弟子三千"。在《左传》"立德、立功、立言"三不朽和孔子"君子疾没世而名不称焉"的人生观激励之下，后世儒者纷纷借"著书立说""代圣人立言"来阐发自己的学术观点，实现自我的人生价值，于是催生出许许多多解释经典的经学文献（著录于"六艺略"或"经部"），阐发儒学理论的儒家文献（著录在"诸子略"或"子部"），记载儒学发展演变的传记、碑志、学案、礼典、家乘等文献（著录在"史部"），展示儒者个人的文学、艺术以及思辨才情的诗文词赋（著录在"诗赋略"或"集部"），真可谓琳琅满目，汗牛充栋。放眼世界，传世的古典文献以中国为盛；而考诸中华，传世古文献中又以儒家居多。这些数量庞大、内涵丰富的儒学文献，遍布经、史、子、集四部，内容则包括经解、义理、考据、辞章、历史等等。它们是历史文化的载体，是儒家智慧的记录，也是中华古典文明的核心骨干，自然是我们研究中华古典文明不可忽略的。加强对它们的整理和研究，是当代及未来学人责无旁贷的神圣职责，也是一个十分漫长、十分艰辛、不断翻新的过程。

儒学在长期的传承师授过程中，创新体制，积累经验，具有举世无匹的教育成就和教学经验。孔子首开私人办学的历史先河，首创通过教育来传播文明、启迪智慧、点燃希望的康庄大道，他是中国乃至世界史上第一位职业教师。在长期的教育实践中，他形成了"建国君民，教学为先""性近习远""有教无类""因材施教""启发""激励"等教育思想和教学方法，他有弟子三千，达徒七十二，形成了庞大的儒家学派。后经子夏、子思、孟子、荀子等人的继承和发展，更加积累和丰富了儒家的教育经验。西汉文翁在成都设石室精舍传授儒家"七经"，首开郡国立学传播儒学的先例；汉武帝开太学，立"五经"博士，置弟子员，并在全国推广文翁经验，大兴郡国之学，还下令全国举明经秀才，开启了汉家文治之端。后之继起者，无论是后汉、三国，或是两晋、南北朝，或是唐、宋、元、明、清，都毫无例外，"教学为先"成为中国理想社会"建国君民"的优良传统。历代王朝继承和发展西汉以太学（或国学）、郡国府学传播儒学的教育设施，还创造和更新了以明经或进士选拔人才的科举制度，为中国古代社会培养和造就了众多的优秀人才，也启迪和影响了西方现代的文官制度。

综上所述，儒学的内涵十分丰富，其在历史上影响也是巨大和积极的。即使核以当下的学科设置标准，儒学独特的学科体系、学术体系和话语体系，也是十分显著和成功的。如果从其学说成果、历史影响和文化积淀而言，儒学的丰富性、学科性较之目前所设一百余个"一级学科"中的个别学科，更是有过之而无不及。儒家经典是中华士人考古知新的源泉，儒家思想是中华民族安身立命的精神财富，儒家文献是中华文明丰富多彩的重要载体，儒家伦理是中华民族修齐治平的康庄大道，至于儒家的教育理论和实践，更是当代中国构建具有中国特色的学科体系、学术体系、话语体系的成功典范和学习榜样。在儒学的陶冶下，历史上曾经造就出大批哲学家、政治家、军事家、文学家、历史学家和科学家，为人类历史文化创造了辉煌灿烂的精神财富。如此丰功伟绩自然是从事中华学术研究不能忽视的，而如此丰富的内涵当然也不是目前效仿西方分类体系而形成的文、史、哲、经、法等学科所能含括的。

可是，由于儒学长期缺乏制度保障，缺乏学科建设和教材建设的自觉实践，各地区、各学校所进行的儒学研究、儒学普及和儒学人才培养，目前尚处于各自为政、各行其是的自发阶段，还未形成有组织、有计划、有阵地的儒学研究和儒学传播格局，也未形成有规模、有标准的儒学人才培养系统。就目前儒学人才培养的模式而论，大陆多在"中国哲学""中国历史"或"法学"等专业下进行，台湾地区多在"中国文学"专业下进行。由于专业背景不同，各校对儒学人才培养的理念和侧重也有所差别，教学内容和培养标准也相应存在差异，其中最根本的问题就是没有系统、全面的"儒学教材"和明确可行的培养目标。人才培养的散漫性，导致了知识传授的片面性、人才衡量的不规范性。这必然影响儒学传统的真正继承和儒学人才培养的质量，当然会影响儒学的当代复兴和未来发展。

近年来，独立的"儒学学科"建设的呼声越来越强烈，"儒学教材"编撰的需求也越来越紧迫。在现有学科的框架之下，全面恢复儒学的完整的学科体系，建设独立完整的儒家学术体系，围绕"儒学原理""儒家经典""儒学历史""儒学思想""儒学文献""儒学文化"等方面，编撰出系统的儒学教材，构建起足以展示儒学在"经学""德行""政事""义理""考据""辞章"等领域真实面貌的话语体系，为培养儒学专业之基础扎实、知识全面的优秀人才，树之风声、蔚为典型，无疑是当代学人的学术使命和神圣追求。

第四节　儒学实践基地——以四川大学古籍所为例

四川大学古籍整理研究所始建于20世纪80年代初。1981年，中共中央下发《关于整理我国古籍的指示》，国务院随即成立了"全国古籍整理出版规划小组"，教育部成立了"全国高等院校古籍整理工作委员会"，号召全国有条件的大学成立古籍整理研究所，整理尘封已久的中华古籍。于是北京大学、复旦大学、四川大学、吉林大学、南开大学、华中师范大学、中山大学等18所高校，分别组合最优秀的力量，成立了古籍整理研究所。犹之乎一阳来复，贞下启元，预示了国学复苏、"经学"回归的大好前景。

川大古籍所首批学术带头人是徐中舒、缪钺和杨明照，胡昭曦、赵振铎、曾枣庄、刘琳、王晓波、舒大刚、李文泽、王小红、尹波等先后担任所长、副所长。古籍所自成立以来，一直致力于传统文献研究和整理。综观古籍所工作，大致可分为两个阶段。

一是宋代文献整理和研究阶段。本所在建设实践中，首先在宋代文献研究方面取得长足进展，形成宋代文献整理和研究重镇。先后承担上亿字的大型古籍整理项目《全宋文》（曾枣庄、刘琳主编，1985—2006年），1200万字的国家重点工程《中华大典》（宋辽金元文学分典）（曾枣庄主编，祝尚书、李文泽、吴洪泽、舒大刚、李勇先副主编，1994—1998年），出版了108册的《宋集珍本丛刊》（舒大刚主编，吴洪泽、尹波副主编，2004年）、10册的《朱熹集》（郭齐、尹波校点，1996年）、20册的《三苏全书》（曾枣庄、舒大刚主编，2002年）、12册的《宋人年谱丛刊》（吴洪泽、尹波主编，2003年）等成果，为学术研究提供了方便，在海内外产生了一定影响。同时也在川大形成了宋代文化研究基础，出版宋代文化研究著作40余种，编辑《宋代文化研究》辑刊1–28辑。更为重要的是，编纂《全宋文》的实践，为后来川大古籍所向传统文化特别是儒学研究纵深领域的发展，训练了队伍，储备了力量。

二是儒学文献整理和研究阶段。20世纪末叶，古籍所在基本完成《全宋文》编纂工作后，又继承和发扬川大历史上长于经学研究的优势，将儒学文献研究提上日程。为此，本所主要围绕文献整理、专题研究、学科建设和人才培养等方面开展了工作。

1. 文献整理。1997年，由古籍所提出，经学校批准，启动了"儒学文献调查和《中华儒藏》编纂"工程。1999年，《儒藏》被列为"国家211工程""九五"规划重点学科建设项目；2005年，又被列入"国家985工程"创新基地建设项目，同年又申请成为中国孔子基金会"重大项目"。目前已经出版《儒藏》"史部"274册、"经部"179册，学界和舆论界普遍认为"改写了儒学'自古无藏'的历史"，为构筑"中华民族的精神长城"迈出了重要一步。

2. 专题研究。为推动儒学研究，特别是配合《儒藏》编纂，古籍所有计划地组织各类儒学专题（特别是儒学史）研究，出版"四川大学'儒藏'学术丛书"，编辑论文集《儒藏论坛》。内容涵盖儒学与儒教、现代新儒家、出土文献、经典著作、书院教育、家族与学术、《儒藏》编纂法、蜀学研究等方面。本所还继承川大长于儒学史和经学史研究的传统，在儒学流派史和经学文献学研究方面，组织了系列课题研究。出版收集、整理和研究20世纪儒学和蜀学研究成果的项目"20世纪儒学大师文库"、《蜀学丛刊》等。前者面向全国，后者面向四川和重庆。希望抢救和保存先贤成果，以为后来者楷式和借鉴。

在儒学流派研究方面，我们继承"学案体"编纂方法，进行历代学案续编工作，撰著《周秦学案》《魏晋学案》《南朝学案》《北朝学案》和《隋唐五代学案》五种；还对前人所编各学案进行系统整理校勘，如黄宗羲的《明儒学案》，黄宗羲等的《宋元学案》，冯云濠、王梓材的《宋元学案补遗》，徐世昌的《清儒学案》，唐晏的《两汉三国学案》等，合计10种，约1700万字，从而构成《中国儒学通案》大型丛书。

在儒学文献研究方面，本所申请并获准了教育部人文社会科学研究重点基地（山东大学易学与中国古代哲学）重大项目"儒家文献学研究"（舒大刚）和国家社科基金项目"中国《孝经》学史"（舒大刚）、"二十世纪儒学文献研究史"（杨世文），组织青年教师和硕士、博士研究生，人各一经（或一类），分头研究，分工合作。仿朱彝尊《经义考》例，对历代各类经学文献进行了全面普查，编制了"专经（或"专类"）文献目录"，注明其存佚和版本情况；此外对每类文献进行系统研究和综述，写成《儒学文献概论》和"专经文献概论"，有力地配合了《儒藏》

编纂和儒学人才培养。

3. 学科建设。从20世纪90年代开始，古籍所致力于儒学学科重建工作。2002年，在历史文献学下增设"儒学文献研究"方向；2004年在"专门史"下增设"中国经学史"方向，招收儒学与经学研究生；2005年，又申请在"历史学"下增列"中国儒学"博士专业点，获得教育部批准。同时，本所积极争取国际儒学联合会、中国孔子基金会的支持，于2009年，在四川大学共建"国际儒学研究院"，为川大儒学研究和人才培养创造固定平台。2011年，国际儒学联合会于此设"纳通国际儒学奖"，激励四川乃至西部的儒学研究和人才培养。同年，古籍所申请成为四川省哲学社会科学重点研究基地——"儒学研究中心"，正式承担系统指导和规划本校及全省的儒学研究任务。

4. 人才培养。以上述平台为依托，古籍所对"中国儒学"学科建设和人才培养的具体方案进行了系统思考，在国际学术会议、著名学术刊物撰文，倡导"儒学学科"恢复与重建，形成"儒学历史""儒学文献""儒学思想""儒学文化""儒学文选""经学概论""专经导读""儒学与当代社会""海外儒学"等课程结构，为儒学的当代复兴和学科重建，做出了初步的尝试。目前，儒学人才培养初见成效。在强调"专经"研究的培养模式下，现已毕业的硕士、博士生中，学位论文涉及"易学"（金生杨）、"诗经学"（李冬梅）、"尚书学"（王小红）、"春秋学"（张尚英）、"周礼学"（夏微）、"孟子学"（张荷群）、"论语学"（詹勇）、"仪礼"与"礼记学"（潘斌）等专题，以及扬雄、"三苏"、张栻、杨慎、廖平等经学家。他们通过对专经文献的调查研究，既夯实了基础，也熟悉了专经，还在目录学、校勘学和经学史等方面获得了系统训练。通过专人研究，熟悉了经学历史和儒家文化。别而视之，则自成个人专经研究之特长；合而观之，则庶可成为经学研究之集体优势！

　　此外，配合《儒藏》编纂和人才培养，本所还主办"儒藏讲座""儒藏网站"，主办《儒藏论坛》辑刊。值得欣慰的是，目前，本所关于儒学文献整理、儒学学科建设的尝试逐步发挥了作用，对川大儒学传统的恢复起了积极的引领作用。《儒藏》已成为川大文科标志性成果，《儒藏》标志已成为川大文化长廊的重要内容，儒学理念也在川大校园文化建设（如楼宇命名、教学楼格言）中得到展示和发挥。

下　编　儒　藏

儒学具有庞大丰富的文献载体。儒家是以经典教育为本位、文献创造为特色的学派，儒家在历史上产生的学术文献数以万计。自孔子修订六经而后有儒家文献；自孔子"以《诗》《书》《礼》《乐》教"而后有儒家知识群体"弟子三千"；自《左传》提出"立德""立功""立言"三不朽的人生观后，形成了儒者以"著书立说"来实现自我价值的重要途径。放眼世界，传世的古典文献以中国为多；而考诸中华，传世古文献中又以儒家最盛。这些数量庞大的儒学文献，遍布经、史、子、集，内容包括儒家经典的注解和疏证、儒家诸子智慧的发挥和更新、儒学历史的记录和考订，以及儒家文化的推广和弘扬。它们是文化的载体，是智慧的记录，是中华文明的核心骨干。加强对它们的整理和研究，是认识中华古老文化的主要途径。

编纂《儒藏》之设想，最早起于明万历年间的孙羽侯（鹏初）、曹学佺（能始），复倡于清乾隆时周永年（书昌），但却一直未能成书，亦未留下合理的编纂体例，直到20世纪四川大学学人继起，才使这一设想变为现实。四川大学的儒学研究，若追述学术渊源，可以上溯自西汉文翁所建文学精舍石室学宫。东汉末年，陈留人高眹来守兹土，恢复周公礼殿建制，祭祀以周公、孔子为首的儒学人物，以及开辟以来历代圣君贤臣，形成"庙学合一"体制。至五代孟蜀王朝，宰相毋昭裔又倡刻《蜀石经》（成于北宋宣和年间），形成儒家十三经经典体系。北宋时期，石室、礼殿、石经，被誉为"冠天下而垂无穷"的蜀学三宝。清康熙四十三年（1704年），又于石室故址重建锦江书院，恢复石室学宫传统，成为当时四川最高学府。同治十三年（1874年），四川学政张之洞又在成都设置尊经书院。20世纪初，锦江书院、尊经书院与中西学堂合并，组建四川通省大学堂（后改"四川省城高等学堂"），是为四川大学的前身。1910年，四川成立存古学堂，后转为国学院（或国学专门学校），谢无量、廖平、骆成骧、宋育仁等相继执掌校事，以"弘扬国学、保存国粹"为职志。该校办学近二十年，后加入"公立四川大学"，改称"中国文学院"，成为后来四川大学文学院的主要班底，成功实现了传统学术的现代转型。当代四川大学的儒学研究，即禀承文翁石室的学术渊源，传承锦江书院、尊经书院、国学院的学术绪余，在儒学文献整理、著录体系构建和儒学学科建设等方面，进行了新的探索。

1983年，四川大学古籍整理研究所成立，延续蜀学先贤从事儒学文献研究的学术实践，古籍所学人在基本完成《汉语大字典》（两千万字）、《全宋文》（一亿字）之后，适时提出了"儒学文献调查与《中华儒藏》编纂"设想，相继列入国家"二一一工程"重点学科建设项目、国家"九八五工程"创新平台建设项目、中国孔子基金会重大项目。四川大学《儒藏》工程对历代儒学文献进行了系统调查研究，编成《儒学文献总目》（初编），撰写《儒学文献通论》（三卷），对儒学文献的曾有数量、现存状况、体例类型和著录体系，进行了系统探索和研究，从而形成"三藏二十四目"著录体系。自2005年推出《儒藏》首批成果——史部50册（含孔子类、学案类、碑传类三部分），目前已共计出版453册（史部274册，经部179册），丛书采用硬壳精装，又称精装本《儒藏》。精装本《儒藏》体系之外，2017年，汇聚《儒藏》"经""论""史"三部精粹的线装标点本《儒藏精华》260册出版。2021年，又从经部《元典》类选取篆文书写而成的《康熙篆文六经四书》，加以楷书校点对照，推出《儒藏经典·康熙篆文六经四书》。

　　《儒藏》的编纂关乎中国学术继承与发展、开拓与创新，不仅有利于儒学成果保存推广，而且有利于儒学学科重建、儒学价值重估，特别是儒家学术的再创造和再发展。以儒学为本位、以文献为载体，以"三藏二十四目"为纽带，通过重新构建儒家文献体系，达到恢复儒学大厦的效果，从而找回儒学文献的经典地位和学术价值，必将为儒学的当代传承和发展找到突破口。《儒藏》作为中国古代儒学成就之集成，可望成为中国传统文化的一个象征，与《大藏经》《道藏》鼎足而三，滋养中华民族的心灵，并且代表中国文化走出国门，走向世界。

第五章　《儒藏》的提出

中国传统文化以儒、道、释三家鼎立，经书是各家学术传承和发展的根本载体。佛教在隋代以后形成《大藏经》，道教在唐代时已有《开元道藏》。佛、道两家之"藏"成为各自卫道传经的重要依托。而始终处于中华文化的核心和主干地位的儒家文化，一直以来却没有一部规模相称的《儒藏》。四百多年前，明末大儒曹学佺即扼腕浩叹道："二氏有藏，吾儒何独无藏？"曹学佺之后，明清两代均有学者提出编纂《儒藏》建议，但因工程浩大，未能实现。儒家始终缺少一部内容和形式上都具学派性质的文献典籍汇编大全——《儒藏》。

第一节　中华《儒藏》编纂第一人——湖湘学人孙羽侯

当代《儒藏》编纂自启动以来，有人称这是"千百年来中华学人的圆梦工程"，有人称这是"前无古人的浩大工程"，还有人称这是"中华第一部《儒藏》"。这些都表明学人对本次《儒藏》编纂工作意义十分看重。当然，也有严肃的学者从学术求真的角度，对到底谁是历史上最先提倡修《儒藏》的人进行了溯源，甚至有人对上述不准确的提法提出了质疑。如南开大学来新夏就有一篇专文《新编"儒藏"三疑》说：

> "《中华读书报》的记者在报道中说汤一介教授主持的《儒藏》，是'前无古人的浩大工程'。把《儒藏》作为书名，确实未曾见过；但'儒藏'之说，据记忆所及，却是几百年前的事了。只是很少有人述其缘由，只有戴逸教授在座谈会上数典而未忘祖，提到了明末的曹学佺。他曾慨叹：'二氏（指佛、道）有藏，吾儒何独无藏？'遂决意修'儒藏'以与佛、道成鼎立之势。乃采撷四部，按类分辑，历时十年，因南明唐王覆灭以身殉，书遂中辍。曹氏不仅有说，而且有行。可惜壮志未酬，但曹氏无疑是《儒藏》的最早倡导者。"

又说：

> "时隔百余年，在清乾隆前期，山东一位著名学者周永年（1730—1791）正式提出了《儒藏说》，反复阐述了'儒藏'的正名、立意、作用和意义，并提出条约三则，具体地规划了珍善本书的刊行流通、典藏办法、经费筹措与管理、贫寒者的资助等事务。在《儒藏说》的影响下，后来又有朱筠等人积极建议和推动，清政府也为体现其盛世修典的文化一统，决定于乾隆三十八年（1773年）开馆编纂《四库全书》。"

并且说：

> "如果别去佛、道、韩、墨的内容，《四库全书》也不失为一部像样的《儒藏》。这近二百年发展历程的

言和行，至少应该算'儒藏'发展史上的先驱阶段。目前所为，可以说是在继承基础上的重大突破，说是'前无古人'，似可商榷。"

来先生以上的考证基本上是正确的，但是说"曹学佺无疑是'儒藏'的最早倡导者"，似乎也可以"商榷"。曹学佺（1574—1647年）字能始，侯官人。弱冠举万历二十三年（1595年）进士。他主张修《儒藏》之事，《明史》卷二八八《曹学佺传》有载："（学佺）尝谓二氏有藏，吾儒何独无藏？欲修《儒藏》与鼎立。采撷四库书，因类分辑。十有余年，功未及竣，两京继覆。"这段叙述是引自曹氏的《五经困学自序》："予盖欲修《儒藏》焉，以经先之也。撷四库之精华，与二氏为鼎峙，予之志愿毕矣。"

由于曹氏在文学上和文献学上的大名，他的这一倡议在清代又引起重视。清乾隆时期，周永年远相响应，撰《儒藏说》十八篇，周氏直接说："明侯官曹氏学佺欲仿二氏为《儒藏》"。又说："曹能始《儒藏》之议，自古藏书家所未及，当亦天下万世有心目者之公愿"，"曹氏《儒藏》之议见于新城说部"云云。俨然以曹氏为《儒藏》首倡而自己为响应者自居。

诚然，修撰《儒藏》的设想曹学佺确实提出过，并且也曾实践过，但是，据笔者所知，在中国古代，曹学佺似乎还不是第一个提出修《儒藏》的人，也不是第一个对修《儒藏》有所实践的人。因为比他年辈要早的著名戏剧家、文学家汤显祖（1550—1616）在《孙鹏初遂初堂集序》中就提到过另外一个修《儒藏》的人。他说："（孙鹏初）尝欲总史传，聚往略，起唐虞以来至胜国，效迁史体，为纪传之书；而因以鬎括'十三经'疏义，订核收采，号曰《儒藏》。嗟夫！公盖通博伟丽之儒矣！"文中又称孙鹏初为华容人。明葛万里《别号录》卷五有："湘：孙羽侯，鹏初。"黄虞稷《千顷堂书目》卷二五："孙羽侯《遂初堂集》十卷，字鹏初，华容人。"说明鹏初是孙羽侯的字，籍贯是湖南华容县。《明史》卷二三四曾提到孙氏其人。据雍正《湖南通志》卷一七〇所载：孙羽侯字鹏初，曾祖继芳，祖宜，父斯亿，皆有明著名文人，皆有功名，中进士或举人。羽侯于万历十七年（1589年）中焦竑榜进士，选庶吉士，历礼、刑二科给事中。万历二十三年（曹学佺及第之年）冬，明神宗因"兵部考选军政，中有副千户者不宜擅署四品职"①，诘责台省，罢科道官四十人，羽侯即在其中。后里居著书，乡里称贤。善于诗文，汤显祖称："公之所以为文也，盖江汉洞庭为水，渊巨足以滋演文貌；而鹑首祝融为火，雄精足以显发神明。然则公之文为必传，传而必久。李（梦阳）、何（景明）七子之间，有以处公矣。"②孙氏等40人受贬责之年，曹学佺方"弱冠"及进士第，年辈显然在孙氏之下。汤显祖生于1550年，卒于1616年，年龄也比曹氏为长，汤氏序中称孙羽侯为"公"，则孙氏年龄不应在汤氏之下。因此，可以肯定地说：湘人孙羽侯才是第一个提出修《儒藏》的人，也是第一个"櫽括'十三经'疏义，订核收采，号曰《儒藏》"的人。二人时代相及，孙羽侯编《儒藏》的事（或志愿）曹学佺未必不知，何以《五经困学序》于孙氏只字不提？这是值得探讨的。

　　由于史志对孙氏的生平记载简略，他对编纂《儒藏》到底

---

　　①〔清〕张廷玉等：《明史》卷二百三十四，中华书局，1974，第6103页。
　　②〔明〕贺复征：《文章辨体汇选》卷三一〇，文渊阁《四库全书》补文津阁《四库全书》本。

做了多少事情，目前还不得而知。大概与曹学佺一样，都未最终编成，故后人知之者少。再加之曹学佺后来的成就显然比孙羽侯的大，声名显然比孙羽侯要响，名人效应淹没了孙氏的首创之功，这也是事理常然。连熟读《永乐大典》和参编《四库全书》的周永年，也只知道曹学佺，而不知道孙羽侯。周氏的《儒藏说》口口声声称"曹氏《儒藏》之议，自古藏书家所未及"，他的这一说法又随着在他影响下推动的《四库全书》的完成而更加深入人心，故学人当然就更只知道有曹学佺、周永年，谁还会关心在曹氏之前还有没有最早的提倡和从事《儒藏》编纂的孙羽侯呢？

于是孙羽侯有三不幸焉：同时代的后生曹学佺，因自己的盛名而不愿提他这个前辈，此一不幸也；不同时代的周永年，过信曹氏《五经困学序》，习焉不察，将首创之功加诸曹氏，此二不幸也；时至今日，学人又因相信周永年的博学，对他的说法信而不疑，更未详考，此三不幸也。有此"三不幸"，于是孙羽侯对编纂《儒藏》的首倡之功和实践之德，至今仍无人发现！如果说《儒藏》事业有宗法可循的话，曹学佺顶多算个"宗"而不是"祖"，周永年只能算是"继别"的小宗，孙羽侯才是《儒藏》"百世不祧"之"祖"。

199

第二节　《儒藏》编撰的学理价值

儒学是中国的。两千五百多年前，中国的孔子集唐、虞、夏、商、周优秀文化之大成，总《诗》《书》《礼》《乐》《易》《春秋》为"六经"，树"仁义""忠信"之高标，垂"中庸""忠恕"之宏法，创立儒学，垂教万世。儒学生于斯，长于斯，昌盛于斯，亦曾一度衰微于斯。两千多年来，儒学是引道中国文化走向辉煌的指南北斗，是铸造中国文化特质的规矩准绳。它是中国文化之门、中国文化之蕴，对中国政治、经济、社会、思想、学术和文化各个方面都产生了重大影响，促成了中国人特有的世界观、价值观和思维方式的形成。它是中华民族精神的核心，是中国传统文化的主干和灵魂。在国际范围内，人们一提起中国文化，首先想到的无疑就是孔子，就是他所创立的儒学。在这个意义上，儒学是中国的，中国也是儒学的。要深入研究中国文化，欲准确地了解中国历史，不认识孔夫子，不研究儒学，就不能得其门而入，更不能得其精华和神韵！

儒学是东方的。古代东方，伴随着儒家"偃武修文""睦近徕远"外交方略的实施，东亚各国"成钧馆"（朝鲜）、"大学寮"（日本）、"国子监"（中国）和"国学院"（越南）等文教机构的设置，大批"遣隋使"、"遣唐使"、留学生和学问僧的派遣，儒学早已融入东方历史和社会，成为东方各个国家、各个民族共同的思想体系和价值观念的重要部分；东方各国的政治家、思想家和文化学者，或用儒学治世，或以儒理明志，与中华学人一道共同丰富和发展了儒学的思想和内涵，因此，国际"汉学界"在讨论东方社会时，无不异口同声地称之为"儒家文化圈"。崇尚"仁义礼乐"的儒家思想成了东亚各国共同标榜的文化理想。

儒学又是世界的。作为"四大文明古国"之一的中国的文化主流，儒学不仅影响了东方，而且辐射世界。就古代而言，先秦儒学是西方学者公认的世界上古文化"轴心时代"的主流思想，是古代东方思想文化的源头活水。儒学是开放性的，在历史发展演进的长河中，儒学不断以其"海纳百川""集杂为醇"的包容精神，融合涵摄了各种外来文化与文明，与时偕行，日新其德，使其思想之源长盛，学术之树常青。儒学在历史上不断兼容并包各家学术、进行自我创新的历史，是中国文化生生不息、不断创造发明的历史，是人类文化宝库日新月异、充实丰富的历史，也是儒学不断影响和辐射世界的历史。她的经典和理论曾西涉流沙，南渡重洋，对近代思想启蒙和现代文明的形成产生过不可忽视的影响。在当今世界文化格局中，她又作为14亿中国人及数千万海外华人和侨胞共同的文化符号和背景，卓尔屹立于基督教文明与伊斯兰文明之间，倡导"以和为贵""和而不同"的和平共处原则，以其"立己立人，达己达人"和"己所不欲，勿施于人"的忠恕情怀，化解各种矛盾，调停地区冲突。

儒学是历史的。在儒术盛行的时代，儒学不仅是中国古代的学术，而且几乎是中国学术的古代，它与古代中国文化的各个方面都结下了不解之缘。殷墟甲骨文有"儒"与"丘儒"之官，《周礼》有"师儒"之职，儒者在殷商时期就已发挥着重要作用。至春秋时期，孔子正式创立具有系统思想和文化特征的儒家学派，孔门弟子散游四方，友教诸侯和士大夫，"六艺"之学风行天下，开启了春秋战国时期士人的智慧，催生了诸子学派，促成了百家争鸣。从这个意义上讲，没有儒学，就没有诸子百家，也没有周秦学术。继而汉武帝"罢黜百家，表章六经"，儒家经典教育与研究影响了中国两千余年的教育、选举和文化。可以说，中国的古代史主要就是儒学影响中国的历史。没有儒学，便没有古代中国的教育，也就没有古代中国的学术，自然也就不会有如此灿烂的中国文化。人类不可能生活在没有历史的真空之中，对于逝去的昨天，对于先贤的遗产，我们应该以回顾、反观、总结与传承的态度，在历史继承的基础上进行创新，用富有民族特色的创新来丰富历史、美化生活。作为与中国历史水乳交融的儒学，当然不能游离于历史继承之外，更不会自外于伟大的文化创新。

儒学又是现实的。孔子说："殷因于夏礼，所损益可知也；周因于殷礼，所损益可知也。其或继周者，虽百世可知也。"①中国是文明古国，也是文化大国，它的"古"不仅在于历史上曾经有过，更在于其历史传统一直在延续着；它的"大"不仅在于文化积累丰富，更在于其优秀文化一直在弘扬光大着。由殷可以见夏，由周可以观殷。后世之"继周者"，有秦、有汉、有晋、有唐、有宋、有元、有明、有清，其民族则有华夏、有"四裔"，有汉族、有少数民族。然而，只要是在华夏文化圈内崛起，只要是在中华大地上立国，无论愿意不愿意，主动或被动，都必然打上儒学文化这个不朽的烙印。纵观古今历史，无一例外。即使是少数民族入主中原，也必将被中原固有文化所融合甚至同化。如果说，在春秋战国时期还存在"以夏变夷"和"以夷变夏"的争论，那么自秦汉以后的中国，无论谁来当皇帝坐天下，都毫无例外地是以"华化""汉化"为主流的多民族融合。"五胡十六国"是这样，辽、金是这样，蒙古族建立的元朝也不例外，满族建立的清朝更是如此。其原因也许多种多样，但其中以儒学为主体的华夏文化代表了当时的先进文化，代表了各族文化发展的共同方向，则是最深层的原因。特别是儒家从理论上将这一文化总结出来，建立起尧、舜、禹、汤、文、武、周公、孔子的"道统"体系，形成虞、夏、商、周、秦、汉、魏、晋、隋、唐等"正统"观念，并从教育上、实践中宣传和推广开来，

①《论语·为政》，载〔宋〕朱熹：《四书章句集注》，中华书局，1983，第59页。

从而形成了以儒学为核心的华夏文明的感召力和吸引力。尽管有些观念在今天已显得陈腐和落后，但它是千百年来维系祖国统一、加强民族团结的精神力量，更是激起"人生自古谁无死，留取丹心照汗青"之豪情的潜在动力。今天，即使我们已经跨入世界经济全球化的时代，瞬息万变、不可捉摸的世界局势，曾使传统文化被世俗化（甚至庸俗化）的社会和多元化（甚至诡异化）的思想所困厄，以至于一些人曾一度产生过摆脱文化传统"束缚"的想法。然而事实反复证明，文化传统是无法摆脱的，儒学对新世纪、新世界的作用和影响仍然是不可低估、不容忽视的。它已呈现出与日俱增、历久弥新之势。随着中国的崛起，综合国力的不断提高，中华民族的精神面貌也将焕然一新，中华民族的传统文化和中国人既有的价值观念正在得到重新审视和认同，儒学这一古老学科必将焕发绚丽的青春，儒家思想也将一如既往地作用于当今的世界。否则，20世纪80年代末，100余位诺贝尔奖得主在巴黎讨论"面向二十一世纪"问题时，怎会发出"人类要在21世纪生存下去，必须回到25个世纪以前，去汲取孔子的智慧"的呼声？2004年8月，来自世界各地的200余位专家学者齐集马来西亚首都吉隆坡，参加"第一届儒学国际大会"，代表不同文化背景的专家学者深入讨论了儒学各类理念后，形成了《吉隆坡宣言》，宣称儒家"'忠恕之道'是促进世界和平、物我相谐的基石"，提议"正式启动'以儒学救世'的机运，缔造21世纪儒学另一个国际化的新局面"！

　　儒学是理论的。儒家"游文于六经之中，留意于仁义之际"，是一个阵容庞大的学术集群。儒学是一个内容丰富的思想体系，它集哲学、政治、伦理、社会、教育以及其他文化思想观念为一体，是中国精神的集中体现。《周易·系辞上》中"太极生两仪，两仪生四象"的命题，构成了中国人的宇宙图式和世界观。"过犹不及""中正""中庸"（孔子）的辩证思维，形成了中国人高超的思维方式和处世哲学。"仁义礼智信"（孔子、孟子、董仲舒）的五常之教，成了中国人做"新民"、立"新德"的处世之道。追求和平、讲究秩序的理论，成了中国人建立和谐社会、实现文明生活的理想模式。"载舟覆舟"（孔子）的君民关系论和"民贵君轻"（孟子）的"民本"思想，成了历代志士仁人反对专制集权、追求"仁政德治"的思想武器。"始乎为士，终乎为圣人"（荀子）、"进德修业"（《周易》）、"内圣外王"（庄子）的修身模式，构成了中国人终身向往的理想人格和修身之道。"己欲立而立人，己欲达而达人""己所不欲，勿施于人"（孔子）的"忠恕"情怀，成了中国人建立和谐人际关系的无上法则。这一切的一切，都经儒家的提倡、推广，逐渐融入了中国的民族精神之中，支撑着这个民族的生存、发展、繁衍，创造和丰富着自己灿烂的文化和文明。儒家经典是中国思想的源头活水，儒家理论是中华精神的思想宝库。当今世界，经济社会发展越来越依赖于理论、制度、科技、文化等领域的创新，为了拥有引领发展的主动权，我们当然就不会拒绝这份珍贵遗产的滋润。

儒学尤其是实践的。儒家"助人君顺阴阳，明教化"，是修身之学、实践之学，伦理道德学说构成了儒家学说的核心和灵魂。儒家重视思想教育，注重个性修养和道德情操，提倡"舍生取义""杀身成仁""以天下为己任"，强调道德责任感和历史使命感。它虽然上究"天人"之际，下探"心性"之微，形上无象，玄之又玄，但在讲究"博学""慎思"的同时，又特别强调"笃行"。它的"仁"便是要"爱人"，"义"便是要行而得宜，

"礼"本身就是行为规范，"智"便是要知晓"仁义"之道而慎守弗失（孟子），"信"便是要言而行之（孔子）。儒家非常重视"五伦"教育，将其定义为人伦之始、政治之本。"五品"之教首倡于尧舜之《典》，"五教"之义复申于《左传》《孟子》，至《中庸》更将其奉为"天下之达道"。在儒家看来，五伦不顺，将伦理倒错，人将不人；五教推行，则社会和谐，政治清明。儒家成功地将个人的品德修养与国家的治理安定紧密地结合起来，把道德主体的能动作用与社会的道德感化力量有机地融为一体，从而使道德规范的约束功能与知耻自觉的自律机制更好地相辅相成。《大学》之书将"明明德""新民""止于至善"和"格物""致知""诚意""正心""修身""齐家""治国""平天下"等定义为修"大道"、闻"大义"的"三纲领""八条目"，设为儒者奉行不悖的大纲大法，更是儒家力行躬践哲学的集中体现。儒学正是以其理论与实践结合、个体修养与群体利益结合、道德修养与政治事业结合的学术思想，形成了中华民族"自强不息""厚德载物""仁义道德""孝悌忠信""民胞物与""崇德广业""诚实守信""见义勇为""文明理性""公平正直""礼义廉耻"等优秀品德，这是它有别于宗教神学的根本之处。

总之，儒学作为历经两千五百余年发展的系统理论，已成为中华文化的血脉和灵魂，成为人类文化的共同遗产和精神财富。它既是中国的，也是东方的和世界的；既是历史的，也是现实的；既是理论的，也是实践的。尽管儒学作为古代的一种意识形态和文化体系，也存在不太适应现代社会的内容，特别是经两千年间专制君主的利用与歪曲，使儒学带上了许多旧时代的特征。但是，我们无论是要认识中国，还是要研究世界；无论是要回顾历史，还是要服务现实；无论是要探讨理论，还是要躬行实践，在古今中外学术中，儒学都应位居首选，理当认真研究和弘扬。这就是儒学在历经了无数风风雨雨、艰难磨砺之后，仍能像凤凰涅槃一般不断获得新生的缘由所在。要认真地研究和认识中国，特别是中国人面对当今世界经济全球化、政治多极化、文化多样化的局面，要参与全球文明对话，重建人类文化新秩序，我们检点一下自己的文化库存，并衡之古今中外的价值标准，除了以儒学为主体的优秀传统文化外，似乎也没有其他更好的选择。

第三节　《儒藏》编撰的必要性和紧迫性

然而，由于历史的原因，特别是"西学东渐"大潮下的"中学"迷失，"疑古过勇"带来的文化虚无主义，以至于"儒学在哪里""儒学为何物""儒学研究从何着手"之类不该存在的问题，在儒学诞生之地的中国却成了"严重问题"。儒家著作或灭于劫难，或毁于人祸，或流失于重洋之外。其所存者，亦分散于群籍，杂厕于四部，未能得到有效的利用。人们常常会感到：要研究孔子而不知孔子资料何在，欲研究儒学却不见儒学文献全貌，欲研究经学却不知何经可信、何书可读。至于在汲取已有儒学与经学研究成果的基础上，做更高层次、更高水平的研究，则大有无所措手足之感。究其原因，皆在于近百年儒学传统的丢失，尤在于儒学迄今未有一部自己的文献集成。要摆脱儒学研究的这一隔世感与陌生感，确立儒学的主体存在和本位意识，认真搜集和整理儒学文献，建构完备的儒学文献库，就是十分必要的和迫切需要的了。前人为矫"心学"末流"束书不观"之弊，而倡"舍经学无理学"之说，今天要纠正"疑古过勇"造成的文化虚无之失，我们也不得不重申"舍文献无儒术"了。这就是我们提倡编纂大型儒学丛书——《儒藏》的原因所在。

在中国历史上，除了孔子"删定六经"，汉、魏、唐、五代、宋、清等朝所刊石经有"七经""三经""九经""十二经""十三经"等"儒学经典丛刻"外，较大型的儒学丛书曾有以下几次：唐代的《五经正义》和《九经正义》，北宋的《十三经注疏》、清初的《通志堂经解》、清后期的《清经解》和《续清经解》等。

唐代《五经正义》只有五部书，即孔颖达主持编撰的《周易正义》《尚书正义》《毛诗正义》《春秋左传正义》《礼记正义》；后来徐彦、贾公彦等人续成《周礼注疏》《仪礼注疏》《公羊传疏》《穀梁传疏》，形成《九经正义》。北宋形成《十三经注疏》，在唐代的《九经正义》外增加《孟子注疏》《论语注疏》《孝经注疏》《尔雅注疏》。以上丛书每类收书都只有一种，更形不成儒学文献系统的著录方法。

清徐乾学和纳兰性德等人彙刻成当时最大的儒学丛书——《通志堂经解》，收宋、元、明经书注解一百四十六种，按《易》《书》《诗》《春秋》《三礼》《孝经》《论语》《四书》《尔雅》九类编刻，又称《九经解》。继此盛举，阮元和王先谦先后主持编刻了正、续《皇清经解》，共收清代经解类著作三百八十九种，规模已经不小，但两套丛书都只以人之先后为次序，不以书为次序，所收图书未曾分类。而且以上三部丛书都限于儒家经部著作，著录范围不广，未将儒学文献尽可能地收录，不利于创建儒学文献的分类体系。

中国学术史上有所谓"三教九流"之称，"三教"即儒、释、道，"九流"即诸子百家。佛教的文献已经有中外各种版别的《大藏经》收集，道教文献也有古今诸本《道藏》汇录，就连分量并不庞大的诸子著作，也有《百子全书》《诸子集成》系列来结集。可是迄今为止，作为中国文化主干的儒学，却没有像佛、道、诸子那样，拥有自己涵盖全面的大型丛书。

儒学文献既无大型丛书，又无系统著录的状况，在明代万历年间曾引起学人的极大关注，汤显祖《孙鹏初〈遂初堂集〉序》记载，当时的湖湘学人孙羽侯（字鹏初）就曾发愿编纂《儒藏》，其文云："（鹏初）尝欲总史传，聚往略，起唐虞以来至胜国，效迁史体，为纪传之书；而因以檃括'十三经'疏义，订核收采，号曰《儒藏》。"惜未成编。既而曹学佺亦有感于"二氏有藏，吾儒何独无藏"，而"欲修《儒藏》与鼎立"[①]。曹氏《五经困学序》也曾自述："予盖欲修《儒藏》焉，以经先之也。撷四库之精华，与二氏为鼎峙。"曹氏生平曾编撰成许多大型著述，可惜《儒藏》未成，只留下《西峰儒藏》数卷，乃宋儒语录先编！清乾隆年间，山东学人周永年撰《儒藏说》一卷，推《儒藏》编纂为"学中第一要事"，但也未付诸实行。

通观中国历史，每一次大规模的文化复兴无不是伴随着对前代文献的全面搜集和整理而出现的。《隋书·经籍志序》曰："夫经籍也者，机神之妙旨，圣哲之能事，所以经天地、纬阴阳、正纪纲、弘道德。显仁足以利物，藏用足以独善，学之者将殖焉，不学者将落焉。……其王者之所以树风声、流显号、美教化、移风俗，何莫由乎斯道！"历史已经昭示，儒学的创立和战国的学术繁荣是以孔子删订"六经"为契机的；西汉的经学初成与文化复苏是以"除挟书之律，开献书之路"政策的实施为先道的；东汉的经学与文学、史学的繁盛是以西汉末年向、歆父子校

①〔清〕张廷玉等：《明史·曹学佺传》，中华书局，1974，第7401页。

书为基础的。同样，隋大业间广泛地收集图书和初唐的整理图籍，奠定了大唐文明的基石；北宋初广泛的文献整理，揭开了中国文化高峰时代"宋代文化"的序幕；清朝的《古今图书集成》和《四库全书》等大型文献修纂工程的实施，直接促成了以"乾嘉之学"为代表的"清学"的形成。

文献是文化得以传承和发展的载体，资料更是从事一切科学研究的基础，文献学和史料学正是保障文献、史料得以科学利用和有效推广的"先行官"。儒学要在新世纪得到发展和复兴，重返淑世济人之路，对其以文献为载体的成果进行彻底清理和合理继承，便是先决条件。可惜的是，大规模地搜集和整理儒学文献，并编制成大型儒学丛书，历史上虽屡有倡议，却始终没能实现，甚至专门而系统的儒学文献著录体系也未曾确立，可畏莫大的遗憾！

第六章 《儒藏》编撰分类问题

　　唐代著名史学理论家刘知几曾说："夫史之有例，犹国之有法。国之无法，则上下靡定；史之无例，则是非莫准。"①修史如此，编纂《儒藏》这样大型专业丛书就更是如此。笔者以为：举凡古之大著述大工程，无不重视体例，讲究类目，编纂丛书，也不例外。如果类例不立，系统不建，学统不清，源流无别，丛书将不成其为丛书，学术也达不到彰明之目的。即或是有旧时体例可以因循，省却许多烦恼，但如果因陋就简，不思更张，必然削足适履，难以完全适应，即或勉强采用，也是他人体例，非我自家风范。故欲成大著述者，必先明其宗旨，思其体例，首建系统，以自成风纪。是故向、歆司籍，九流以别，爰著《别录》，分立《七略》，使九流百家各有所统，诸子群书自得其归。唐撰《隋书·经籍志》，清修《四库全书总目》，虽然改六分为四部，类目也有很大调整，但其"辨章学术，考镜源流"、建立类例、以统群籍之功用，实与向、歆父子无别。

　　当代《儒藏》编者宣称："《儒藏》编纂工程，字数将超过8

----

①〔唐〕刘知几：《史通》，黄寿成校点，辽宁教育出版社，1997，第25页。

亿，规模相当于《四库全书》"，这无疑是一项规模浩大的文化工程。如何编纂，一时有多种设想，或说按"经史子集"，或说按"作者生卒年代编排"，或还有的说按"经史子集丛"编，众说纷纭，莫衷一是。吾人以为，作为《儒藏》这样大型的、专题的也是前无古人的丛书，如果没有良好分类，如果无所创新，不仅与如此浩大工程的地位极不相称，而且也与儒学文献的具体实际、学人阅读和使用《儒藏》时的特殊需求极不吻合。因为"按作者生卒年代编排"的构想似乎不尽合乎"辨章学术，考镜源流"的需要，似不宜作为大型丛书（特别是《儒藏》这样的学术性丛书）的编纂方法。"经、史、子、集、丛五分法"，这是在丛书中又列"丛书"，无异《儒藏》中再有"儒藏"，大有叠床架屋、繁复缴绕之感。故兹二说，这里暂且不予讨论。那么，据说是"最能代表儒家学术观"的"四部法"又如何呢？我们的直观感觉是：道大难容，缺乏创意。因为"四部分类法"自魏、晋时期就已经成为国家图书的收储方法和著录体系，渊源可谓久远，但它是百科群书、三教九流等综合性图书分类体系，儒学只是其中的一家，今天要编专科型《儒藏》，如何能够兼备众体？因此，"四部分类法"虽然已注意到要为《儒藏》找到一个"分类体系"，但是找到的并不一定科学、合理，因此仍有进一步讨论的必要。

四川大学自1997年以来，即对儒学文献做过一番调查和分析，在分类问题上也曾有过初步探索，这里愿结合这些摸索，谈点个人关于《儒藏》分类体系的体会，以就正于方家。更希望学界从事文献目录和儒学研究的专家学者，对此问题展开认真的讨论。

211

第一节　分类问题总论

一、论"四部分类法"的形成和适用范围

诚然，"四部分类法"确是中国古代文献分类的主要方法，但它不是唯一的方法，也不是一成不变的方法。就像它的形成有一个历史过程一样，它的适应对象也有其特定的范围。"四部法"是在中国古代文献类别不断增加、同时部分图书又在日渐减少的情况下逐渐形成的，它是针对中国古代综合性文献的状况（即无所不包，无所不有）而设立的。

中国目录之学自西汉刘向、刘歆父子创立以来，经历了许多次演变，其分类有六分、四分、五分、七分、八分、九分、十分、十二分之别，甚至更多。每次分类的增减，都与当时面对的图书实际和学术需要有密切关系。由刘歆在其父《别录》基础上删定成的《七略》，首开中国图书分类著录之风。班固"删其要"而成的《汉书·艺文志》，至今还保留了《七略》分类的梗概：有《六艺略》《诸子略》《诗赋略》《兵书略》《术数略》《方技略》，"其一篇即六篇之总最，故以《辑略》为名"①。《辑略》即各类小序，因此《七略》实只分为6类，故王充《论衡·对作篇》说："六略之书，万三千篇。"第一类《六艺略》即纪儒家经传诸书，第二类《诸子略》第一子目即是"儒家类"，都是汉代"表章六经"政策在目录分类领域的表现。刘歆《七略》、班固《艺文志》都表现"表章六经"或"以儒学统众学"的学术观，非"四部"才有。这一分类，在学术上当然有"辨章学术，考镜源流"的作用，但也与当时图书实际和整理时的分工

①〔南朝梁〕阮孝绪:《七录序》，《广弘明集》卷三，《四部丛刊》景明本。

有关系。如兵书、数术、方技实难与诸子严格区分，只因当时兵书为步兵校尉任宏所校，数术为太史令尹咸所校，方技为侍医李柱国所校，故皆别立一个大类，与刘向、刘歆父子领校的经传、诸子、诗赋之书并列。又如《世本》《战国策》《奏事》《楚汉春秋》《太史公》（即《史记》）等皆是史书，实与"六艺"有别，但因当时只有8家、410篇，数量太少，难以自立门户，故追其渊源，附于《六艺略》"春秋类"下；至于诗赋，如果准此原则追究其渊源，亦系本之《诗经》，却因有106家、1318篇之多，卷帙浩繁，难以寄生，故别立《诗赋》一略。

后世图书目录类别之分合，方法至多，要其准则，虽云本之向、歆，实亦因当时文献状况增减而在类目上有所损益，这是历代图书分类的通则。如魏晋时期，兵书、数术、方技以及先秦诸子书籍锐减，而历史、地理类文献又日益激增，故荀勖的《中经新簿》已不再坚持《七略》的六分法，只将中央藏书分为"四部"：一曰甲部，纪六艺及小学；二曰乙部，有古诸子、近世诸子、兵书、术数；三曰丙部，有史记、旧事、皇览簿、杂事；四曰丁部，有诗赋、图赞、汲冢书。甲部当《七略》"六艺略"；乙部则当其"诸子""兵书""数术""方技"四略；丙部即后之"史部"，已从《六艺》中"春秋类"的附庸独立出来；丁部则当《七略》"诗赋略"。

由于荀勖将中国图书按四大类分编，有以简驭繁之效，故历代书目多所采用。东晋李充又将其乙、丙二部互换位置，将史书提于子部之前，从此之后，"秘阁以为永制"，著录奉为常法。南朝梁元帝时，又将四部之书各冠以"经、史、子、集"四者之名。唐修《隋书·经籍志》，以"四部"分类，用经、史、子、集命名各部，于是经、史、子、集的四分法遂成为中国百科图书主要的分类形式。连事事欲超越前人、处处想自立风范的乾隆皇帝也无法更改，由他"钦定"的《四库全书》和《四库全书总目》皆采用"四分法"。及至20世纪50年代，上海图书馆在为2797种丛书编制子目索引时，其《中国丛书综录》第二册即"以子目为单位，采用'四部'分类，部下又析为类、属"的方法编制而成。可见，"四部分类法"自魏晋朝以下至于近世，都是中国古籍图书主要的分类方法。

从发展眼光看，"四部"分类并不是放之四海而皆准的十全十美的方法，故荀勖、李充之后，对其进行改造者仍不乏其人。南朝宋王俭为公家撰著《元徽书目》，虽用"四部法"，而反映本人学术思想的《七志》，却用七分法：一曰经典志，纪六艺、小学、史记、杂传；二曰诸子志，纪今古诸子；三曰文翰志，纪诗赋；四曰军书志，纪兵书；五曰阴阳志，纪阴阳、图纬；六曰术艺志，纪方技；七曰图谱志，纪地域及图书。另有佛、道二类附于书末，实为九类。如果说其前六志系用刘歆《七略》而略变其名，其第七志乃根据南北朝时期地图、谱录增加，故立图谱志；附录二志则因其时佛、道二教盛行，经典骤增，故设佛、道两志。之后，刘孝标和祖暅又有"五部目录"，南朝阮孝绪作《七录》又创为七分：一曰经典录，纪六艺；二曰记传录，纪史传；三曰子兵录，纪子书、兵书；四曰文集录，纪诗赋；五曰技术录，纪数术，谓之内篇。外篇则为佛法录、仙道录。合内外二篇，共为七部。唐、宋以后，书籍倍增于前，学术日繁于后，无论是体例还是内容，这些书籍都无法用经、史、子、集来包举了。故宋人编目，多只按"四部法"略略将群书归于相近的部居，而不再总标以经、史、子、集之名。欧阳修等《崇文总目》、陈振孙《直斋书录解题》皆是如此。李淑、邓寅、郑樵等人，又在"四部法"之外更出新招，李淑《邯郸图书志》在经、史、子、集之外，更益以艺术志、道书志、书志、画志，共为8类；邓寅《邓氏书目》在"四部"之外，增加艺录、方技录、类录，共为7部；郑樵《通志·艺文略》于经类外，又有礼、乐、小学；诸子类外，有天文、五行、艺术、医方、类书，加上史类、文类，共12类。直至清儒，虽然官修《四库全书》及其《总目》已经"钦定"为"四部"，但是学人著书仍在继续探索新的方法，孙星衍《孙氏祠堂书目》在史学外，有地理、金石；诸子外，有天文、医律、类书、书画；加上经学、小学、词赋共为10类。这些探索都更接近群书增损的实际，也更符合日益专深的学科研究之需要。

　　总结以上所述，目录分类方法的创立，其原则不外两种，一是便于"辨章学术，考镜源流"；二是图书种类和数量的增减。有其书并已达到一定数量，就应为之立目；无其书（或是虽有而量太少），就没有必要空存其目。要其总归，端在于切于实际和合于实用而已。故余嘉锡先生说："自来言及书目，辄曰经、史、子、集四部。实则自齐、梁以后已尝数变矣。今之学术，日新月异而岁不同，绝非昔之类例所能赅括。夫四部可变而为五（祖暅），为六（《隋志》），为七（阮孝绪、许善心、郑寅），为八（李淑），为九（王俭），为十（孙星衍），为十二（郑樵），今何尝不可为数十，以至于百乎？必谓四部之法不可变，甚且欲返之于《七略》，无源而强祖之以为源，非流而强纳之以为流，甚非所以'辨章学术，考镜源流'也！"①实可铖死

215

　　①〔北齐〕颜之推：《观我生赋》自注，载〔唐〕李百药：《北齐书·卷四十五》"颜之推传"，中华书局，1972，第622页。

守"四部"法者之膏肓矣！

　　吾人谈《儒藏》分类，是袭用《七略》，抑或采用"四部"，或是采用其他，首先必须知道，《七略》、"四部"等都是百科全书的分类方法，并不是为专题丛书而设的，更不是专为《儒藏》而设的。《汉志》以《六艺略》统六经、小学之书（附录史部之书）；《诸子略》统儒、道、名、墨、法等九流十家著作；《诗赋略》统赋、诗等作品；《兵书略》统军事理论及技巧等著作；《数术略》统天文、历法等著作；《方技略》统医药、神仙之书。除《六艺略》（史学著作又除外）、《诸子略》的"儒家"之外，几乎都不是直接的、真正的儒学文献。"四部法"也是如此，其"经部"大部（除少量小学著作外）、"子部"之"儒家"，尚可以说是儒学著作，其他各部（如"史部""集部"）都只有少部分属于儒学作品（如"史部""正史类"的儒林传，"传记类"的孝子传、忠臣传等；"编年类"的名儒年谱，"综录类"的学案等。至于"纪事本末类""别史类""史钞类""载记类""地理类"并不直言儒学，故留之无益。"集部"实为杂汇，多半不言儒理，一概存之，亦非良法），因此再一成不变地保留一个"史部"或"集部"就完全没有必要了。由此可见，专题性丛书如果再一味照搬综合性丛书的分类法，就显得不伦不类、"道大难容"了。

　　二、论专题丛书当自立门户、别构营图

　　专题性丛书，必须结合专题文献的具体实际，根据专题研究的学术需要，进行既科学又实用的分类。中国历史上的佛教丛书《大藏经》和道教丛书《道藏》就是如此。《大藏经》用经、律、论来统摄大小乘佛学文献；《道藏》用"三洞四辅"来统摄道教文献，都是从自身文献的实际情况出发，并没有直接照搬刘氏的六分法或荀勖的"四部法"。可惜的是，迄今为止，儒学丛书的编纂还没有探讨出一套系统的科学体例来。

《史记·儒林列传》说："孔子闵王路废而邪道兴，于是论次诗、书，修起礼、乐。"《孔子世家》也说："孔子以诗、书、礼、乐教，弟子盖三千焉，身通六艺者七十有二人。"《庄子·天道篇》载孔子"修诗、书、礼、乐、易、春秋六经""繙十二经以说"。说明孔子是最早将儒家经典汇集在一起，使儒学文献形成"六经"或"十二经"概念的人。

汉代刘向、刘歆父子整理群书，编成《别录》《七略》，《七略》是中国第一部目录学著作。班固据《七略》删成《汉书·艺文志》，其中《六艺略》记录儒家经部图书（按易、书、诗、礼、乐、春秋、论语、孝经、小学排列，附史书于《春秋》之后）一百零三家、三千一百二十三篇；《诸子略》的"儒家类"记录《晏子》《子思》《曾子》以下至"刘向所序""扬雄所序"儒学诸子五十三家、八百三十六篇。两类共有儒学文献一百五十六种、三千九百五十九篇，已备儒学文献"经部""论部"二体。但在整个《汉书·艺文志》著录的"六略三十八种、五百九十六家、万三千二百六十九卷"中，儒学文献只占一小部分。

三国、西晋有《中经簿》及《中经新簿》，创立了"四分法"，《七略》也非儒学文献专目。魏秘书郎郑默始制《中经》，晋秘书监荀勖又因《中经》更著《新簿》，"分为四部，总括群书"。荀氏创立以甲、乙、丙、丁标目，甲部即后来的"经部"，著录与《汉书·艺文志·六艺略》相同；乙部即《汉书·艺文志》的《诸子略》《兵书略》《术数略》，即后来的"子部"；丙部即后之"史部"；丁部即《汉书·艺文志》的

《诗赋略》，亦即后来的"集部"。《隋书·经籍志》承之，并正式以经、史、子、集命名四部。此后，直至《四库全书总目》，"四分法"作为中国图书分类的主流，成了古典目录分类的固定体例。需要特别指出的是，六分也好，四部也好，都是百科书目，不是专科目录，更不是儒学文献的总目。

在南北朝时期，佛教有梁人僧佑《出三藏集记》，道教已有宋人陆修静《三洞经书目录》，开元时期佛教又有《开元释教录》，佛、道二教都创立了很好的专题文献著录体系，唯独儒学专目未见，这在以儒立国的中华大地似乎不好理解。唯一值得注意的是，《魏书·儒林传》载孙惠蔚上疏："观、阁旧典，先无定目，新故杂糅，首尾不全。……臣今依前丞臣卢昶所撰《甲乙新录》，欲裨残补阙。"并"求令四门博士及在京儒生四十人"帮助完成其事。这里的《甲乙新录》是什么样的书呢？文献无明确记载。考虑到魏以来目录书用"甲乙丙丁"分部，也许此处的"甲乙"即荀勖《中经新簿》"甲部纪六艺、小学，乙部纪诸子"云云的"甲""乙"，也即是"经部"和"子部"，孙上疏特别提到"经记浩博，诸子纷纶，部帙既多，章篇纰缪"，表明他特别重视经部、子部之书。联系孙惠蔚自称"儒"者，申请"四门博士及在京儒生"共事，他所指的"乙部"可能系指儒学诸子。这样的话，由卢昶初创、孙惠蔚修订的《甲乙新录》可能就是中国最早的"儒家文献目录"。可惜此书久佚，《隋志》也未提及，其具体内容已经完全无考了。

中国现存真正意义上的儒学文献目录，是清初朱彝尊《经义考》。其书共三百卷，《四库全书总目》卷八五述其结构说："是编统考历朝经义之目，初名《经义存亡考》，惟列存、亡二例。后分例曰存，曰阙，曰佚，曰未见，因改今名。凡御注、敕撰一卷，易七十卷，书二十六卷，诗二十二卷，周礼十卷，仪礼八卷，礼记二十五卷，通礼四卷，乐一卷，春秋四十三卷，论语十一卷，孝经九卷，孟子六卷，尔雅二卷，群经十三卷，四书八卷，逸经三卷，毖纬五卷，拟经十三卷，承师五卷，宣讲、立学共一卷，刊石五卷，书壁、镂板、著录各一卷，通说四卷，家学、自述各一卷。其宣讲、立学、家学、自述三卷，皆有录无书，盖撰辑未竟也。"朱目主要对儒学的经部文献进行了详尽的分类和著录，只以少量篇幅涉及儒学师承、宣讲、立学、刊石、书壁、镂版、著录、通说、家学和自述等，又可惜其中的宣讲、立学、家学、自述四类阙载内容。《经义考》对儒学文献中的经部文献著录最全，但对儒学诸子（理论类）和儒学史料等文献，却注意不够。因此，《经义考》尽管是一部有相当规模的"儒学文献目录"，但也还不是儒学文献的全部著录，也还未能对所有儒学文献进行系统分类。

清代还编修而成三部大型儒学丛书——《通志堂经解》及正、续《清经解》。但三书未曾分类，且收书都限于经部（《清经解》间涉笔记和别集数据），著录范围都不太宽，也谈不上创建科学的儒学文献分类体系。

没有严整的、科学的分类，对于小型丛书来说倒也无妨，但是对于将容纳数千种乃至近万种图书的《儒藏》来说，就绝不可引以为法了。更何况上述几种儒学丛书都仅限于经部文献，对于其他儒家理论著作和史料文献，都一概付之阙如，这当然不能完整地反映儒学的历史全貌，也不能完全系统地收集、整理、保存和传布儒学文献，更不能达到"辨章学术，考镜源流"之目的。

20世纪90年代，由孔子的故乡——山东省出版总社组织编纂了《孔子文化大全》，这是一部力图"比较全面地展示出孔子文化和儒家学说全貌"的丛书，虽无"儒藏"之名，却初具"儒藏"规模。其书"编辑体例细密严谨而又有所创新"，突破了传统的"四部分类法"，将入选诸书分为"经典、论著、史志、杂纂、艺文、述闻"六类。其前三类和第五类显然有继承传统分类法经、史、子、集的地方，但是又增加杂纂、述闻二类以济"四部"之穷，显示出良好的灵活性和创新意识。但其书总共收书只有106种，是在"与儒家有关的著述不在数万部之下"的众多群书中，经过一番"去芜取精"才编成的，数量是十分有限的，只对孔子、曾子、颜回、孟子等儒家代表人物的数据收录较全，其他诸儒的著作和数据未能涉猎。显然远远没有达到集儒学文献之大成、总儒学资料之全书，亦即儒学之"藏"的水平。《孔子文化大全》虽然对儒学文献已有分类，但由于所涉图书类别有限，还未能对所有儒学文献进行分类处理。目前要编纂大型儒学丛书，如何创立一种新型的《儒藏》编纂方法和儒学文献分类体系，是迫切需要解决的问题。

三、论《儒藏》当以"三藏二十四目"类编儒学文献

科学的分类必须建立在全面调查研究的基础上，探讨儒学文献的分类体系，也必须首先对儒学文献的分布情况和主要类别有全面了解。现存儒学文献，即以《中国丛书综录》"经部"论，其著录现存丛书的经部子目约四千余种。如果再加上儒学诸子、儒学史料等书，无虑万余种之多。这些还只是丛书收录的，在丛书之外无疑还有大量单刻本存在，若计其种类，或相倍蓰，或至十百于兹。

最保守的估计，现存儒学著作也在三万种左右。这些儒学文献，就传统的分类目录而言，当然会散见于经部、史部、子部、集部之中，故前辈学人欲编《儒藏》，都想从四库图书中寻找数

据。《明史·曹学佺传》载："（学佺）尝谓二氏有藏，吾儒何独无藏？欲修《儒藏》与鼎立。采撷四库书，一因类分辑。"曹氏《五经困学自序》也说："予盖欲修《儒藏》焉，以经先之也。撷四库之精华，与二氏为鼎峙。"但这只能说明儒学文献散于"四部"这一特点，曹学佺编《儒藏》想从四库文献余录精华成果，并不是一定按"四部"来分类。

在明代，人们提出编《儒藏》还没有一致成熟的意见。汤显祖《孙鹏初遂初堂集序》载："（鹏初）尝欲总史传，聚往略，起唐虞以来至胜国，效迁史体，为纪传之书；而因以櫽括'十三经'疏义，订核收采，号曰《儒藏》。"孙鹏初本名羽侯，湖南华容人，晚明文学家。万历十七年焦竑榜进士，官礼、兵二科给事中。万历二十三年被贬逐，同年曹学佺"弱冠中第"，说明他的年辈比曹学佺为早。如果要推究《儒藏》的首倡者，孙羽侯才是当之无愧的"第一人"，周永年以及今人说曹学佺首先提出编《儒藏》是不对的。孙氏的《儒藏》是"櫽括'十三经'疏义"而成，约当"经解集成"（或"经义集解"）之类，与曹学佺欲"采四部精华"而成的《儒藏》体例又自不同。

由于孙、曹之书卒未编成，曹学佺只留下宋儒语录选编性质的《西峰儒藏》。所以他二人编《儒藏》的具体设想和体例，无可详考。百余年后，周永年曾揣度说："曹氏《儒藏》议……大约须分四部，将现存有关系之书尽入之，四部可分四藏，而合为一大藏，犹释氏之以经、律、论为三藏也。"[①]这大概也是周永年根据历史上隋炀帝嘉则殿藏书体制的猜想。

周永年撰《儒藏说》，大声疾呼收集和编纂《儒藏》。他

221

---

①〔清〕周永年：《儒藏说》，李冬梅校点，《儒藏论坛》2006年第1期。

讲到修纂步骤时曾说："《儒藏》不可旦夕而成，先有一变通之法：经、史、子、集凡有板之书，在今日颇为易得，若于数百里内择胜地名区，建义学，设义田。凡有志斯事者，或出其家藏，或捐金购买于中，以待四方能读之人，胜于一家之藏。"①这显然是建公共图书馆。后又在《复韩青田师》书中说："偶感于曹能始《儒藏》之议，窃思续而成之。经、史、子、集宜先分四藏，而后合为一。经有注疏及昆山所刻《经解》，增添有限。史自全史而外，可入者亦无多。惟子、集二门，搜辑颇难。近闻陶九成《说郛》全本归安庆府城内王氏，若获此书，则子藏可成矣。"似乎周氏编《儒藏》仍然沿袭经、史、子、集"四部法"。其实，周氏说"先有一变通之法"，可见非成熟意见。他又说："先分四藏，而后合为一大藏。"按"四部"分藏只是收书时的权宜之计，其"合为一大藏"才是正式修纂《儒藏》，故不能将"四部法"视为周氏《儒藏》的成法。

222

　　退一步讲，即使当初周氏就是想用"四部法"来修《儒藏》，也是有感于当时还没有一部像《大藏经》《道藏》那样规模宏大的、能够统摄佛、道二教以外各类文献的大型丛书。后来由于有了《四库全书》，百家之书已经得到了保护和流通，如果周氏还要修《儒藏》，肯定也不会再按"经、史、子、集"来"分四藏"了。如果像有的先生所指出的那样："除去其佛、道、韩、墨的内容，《四库全书》也不失为一部像样的《儒藏》"，②那么，我们今天如对《四库》无所创新，仍用其例，就只需要将《四库全书》改名《儒藏》即可再版，何需劳神费事

---

① 〔清〕周永年：《儒藏说》，李冬梅校点，《儒藏论坛》2006年第1期。
② 来新夏：《新编"儒藏"三疑》，《北京日报》2003年6月23日。

地去"编"呢？况且，目前市面上不仅广泛流通着"文渊阁本"《四库全书》，还有《四库存目丛书》《四库禁毁丛书》《四库未收丛书》《续修四库全书》。此外，还有"文津阁本"《四库全书》的重印，"文渊阁本"《四库全书》甚至连方便实用的电子检索版也有了。它们的卷帙，少则数百册，多则一千册、两千册，数量不可谓不多，卷帙不可谓不丰。如果仍然坚持"四部法"，确实就没有再编《儒藏》的必要。看来，今天重提编《儒藏》的事，自有其特殊的需要，当然也应有自成其独家的体例。在诸多的《四库》系列之外，另编出一套面目全新的《儒藏》来，仍然是新时代从事儒学及其文献研究的学者的当务之急。

从学术史的角度审察，儒学文献的类别大致不外乎解经、说理、言事三类，即以经书为主体的经注、经解和经说著作系列（可定名为"经藏"）；以儒学理论为主体的儒家理论、礼教、政论等系列（可定名为"论藏"）；以儒学历史为内容的人物、流派、制度等史料著作系列（可定名为"史藏"）。换种称呼，即"儒经""儒论""儒史"；或简称为"经""论""史"。

儒经，即解经系列，是以"十三经"本经为核心，以历代儒者对于"十三经"的解释、阐说和论述为主体的经类图书，这略相当于综合性丛书中的"经部"（或《汉志》的"六艺略"）。

儒论，即说理系列，是在"十三经"启发下产生的儒家理论著作，略相当于综合性丛书"子部"的"儒家类"著作。

儒史，即言事系列，是有关儒学史的著作和资料，如儒学人物传、年谱、学案，有关儒学教育、选举、机构等制度的著作。它们分布于综合性丛书"史部"的各个子目（如传记、编年、政书等）之中。

至于"四部分类法"中的"集部"，从大处着眼无非论说。故余嘉锡说："古之诸子，即今之文集。"但是如果细审其内容，"集部"十分庞杂，难以笼统进入《儒藏》，所以没有必要专立一部，但也不能不要，因为其中有许多儒学理论资料、群经论述甚至经解资料，儒学人物传记、评论、学记等儒学史料，都不能不管，应该有选择地收入。从前阮元编刻《皇清经解》，除收录经解著作外，凡是见于杂家、小说家及文集中者，皆按序次编录。如果名儒别集整部都是论儒理的（如程颐程颐的《二程遗书》、陈淳的《北溪大全集》等），可以进入《论藏》；如果只有部分论儒，而其个人又无法成集的，可以选辑出来，以时代、地域或类别合编成一书，别起新名。如果是论经、解经的篇什，则可以入《经藏》。其记述儒学史或儒学人物者，可以入《史藏》。没有必要沿袭综合性丛书（或综合目录书）例，再立一个集部。

至于丛书，无论是专题丛书，还是综合丛书，都可以析其子目，随类进入经、论、史三藏之下，如果系综论"五经"（或"四书""十三经"）而又不便分析者，可以进入《经藏》"四书类"或"群经总义"类，也没有必要另立"丛部"。

经、论、史三大藏，可以统摄所有儒学著作和儒学史料。每部之下，再根据需要，将文献分为若干类目：如《经藏》仍可按传统分类，以元典、周易、尚书、诗经、三礼、春秋、孝经、四书、尔雅、群经、谶纬等著录。《论藏》可分儒家、性理、政治、礼教、杂论等。《史藏》可分孔孟类、年谱类、学案类、碑传类、史传类、学校类、礼乐类、杂考类等。用此"三藏二十四目"，庶可将所有儒学著作和儒学史料统摄无余。

四、论"三藏"及其子目排列应反映儒学文献发生发展的过程

"三藏二十四目",既可以总摄儒学文献,又可借以反映儒学发展之历程。首先,儒者的特征是"游文于六经之中",经是首位的。有了儒经才有儒学,故《经藏》应居《儒藏》之首。汉人说:"圣人所传谓之经,贤者所传谓之传。"既有儒经,才有儒学;既有儒学,才有儒理,故统纪儒家理论著作的《论藏》居其次。有儒经之传授和儒理之阐发,才形成了儒学发生、发展与壮大之历史,故以《史藏》殿焉。

一部之下子目的排列,也应体现出一种学术体系的构思:如《经藏》,先秦诸子称引儒经(如《庄子》《荀子》《礼记·经解》等),其排列顺序是《诗》《书》《礼》《乐》《易》《春秋》(《左传》作"礼、乐、诗、书"),此孔子教学、知行之秩序,于六经学术内涵无与焉。至西汉的刘歆、班固,始立易、书、诗、礼、乐、春秋、论语、孝经、小学(含《尔雅》)的顺序,他们的理念是:《诗》《书》《礼》《乐》《春秋》主"五常"之道,而《易》为五常之源。《汉志》述刘歆之遗法曰:"六艺之文,《乐》以和神,仁之表也;《诗》以正言,义之用也;《礼》以明体,明者著见,故无训也;《书》以广听,知之术也;《春秋》以断事,信之符也。五者盖五常之道,相须而备,而《易》为之原。"故《汉志》"六艺略"以《易》居众经之首,以下各经,则以其书内容所反映时代的早晚来排列。此说虽于孔子言论无征,但是将儒家经典之间的辩证关系系统化、哲理化,也是有见地的,显然比《诗》《书》《礼》《乐》的排列要好,故多为后世所遵循。陆德明《经典释文序录》承之,推而至于"十三经"之顺序:

《礼记·经解》之说，以《诗》为首。《七略》《艺文志》所记，用《易》居前；阮孝绪《七录》亦同此次，而王俭《七志》，《孝经》为初。原其后前，义各有旨。今欲以著述早晚，经义总别，以成次第，出之如左：

《周易》虽文起周代，而卦肇伏羲，既处名教之初，故《易》为七经之首。

《古文尚书》既起五帝之末，理后三皇之经，故次于《易》。

《毛诗》既起周文，又兼《商颂》，故在尧、舜之后，次于《易》《书》。

《三礼》：《周》《仪》二礼，并周公所制，宜次文王；《礼记》虽有戴圣所录，然忘名已久，又记二礼朗遗，故相从次于《诗》下。

《春秋》既是孔子所作，理当后于周公，故次于《礼》。左丘明受之于仲尼，公羊高受之于子夏，穀梁赤乃后代传闻，《三传》次第自显。

《孝经》虽与《春秋》俱是夫子述作，然《春秋》周公垂训，史书旧章，《孝经》专是夫子之意，故宜在《春秋》之后。

《论语》此是门徒所记，故次《孝经》。

《尔雅》周公所作，复为后人所益，既释于经，又非□□□次，故殿末焉。

这是对自《汉志》以下经部排列顺序的系统的文字说明，虽未尽善，也不无道理，故《儒藏》经部排列顺序仍然可以承袭此法。宋代以后出现的"四书"归类，可次于"十三经"之后。儒经之外，有衍说群经之"谶纬"，传播众经之"石刻"以及出土的战国文献、秦简汉帛、敦煌遗书等，都可附录于各经之末。

《论藏》则按先原理而后实用的原则排列，故儒学诸子居首，而杂论居其次。儒学诸子至多，故可按儒学的时代特征及著述内容，分为儒家、性理、政治、礼教、杂论等。

《史藏》以孔孟、碑传、学案、年谱、史传、学校、礼乐、杂史的顺序排列。原因是，举凡一个学派，必具备经典、理论和学人三要素。儒家之成为儒家，端赖于有孔子为首的一批儒家人物，故以"孔孟"居《史藏》之首。有儒学群体而后大师出焉，故次之以名儒"碑传""年谱""史传"。有群体，有大师，于是乃有师传授受，故继之以"学案"。有大师，有学派，而后成教育之历史，故"学校"继之。儒以"礼乐"为教，故礼乐文献不容忽视。史料有纯驳，有专精，其驳杂者或因内容庞杂而无法专立专目；其纯粹者又因数量太少而无以成为专类，如儒学目录、儒家学校、儒学祠庙等，虽间有其书而种类不多，故统以"杂史"名焉。凡此六类，构成儒学史之大端。

如果每类之下书籍过多，还可根据其著述形式再分细目，这可采用《中国丛书综录》的方法略作变通，如《经藏》专经各类下都可以再设：正文、注解、图说、分篇、专论、经例、文字音义等，从而更具体、更深入地反映儒学文献的不同类别，也更方便地为读者提供"即类求书，因书就学"的门径。

将儒学文献以"三藏二十四目"分类著录，以书籍内容和体例分类，逐级展开，形成以儒学为核心，以儒经、儒理、儒史为基本框架的儒学文献著录体系，庶可收到类例既明、著录有序、重点突出、源流明晰的效果。上可综录儒学群书，下可方便来学使用；内可保存儒学书籍，外可宣传儒学理论，于古于今，于西于中，皆各得其所。

新编的《儒藏》，既按经、论、史三大类及二十四个专题分类著录儒学文献；内部子目又用时代先后排列，将儒学发展的不同时期反映出来，不仅即类可以求书，而且因书可以究学。如果再辅以分编、分类的《儒藏总目提要》，则一部用图书形式反映出来的两千五百多年儒学发展历史，就规模初具了。以"三藏二十四目"著录儒学文献，基本可以反映出儒学发展在不同阶段（或地域）的特点和成就，也可以分类统摄儒学文献的不同类型，不能说就一定科学系统，但是方便实用却是可以肯定的。不仅如此，这还有利于我们分阶段、分类别地组织实施《儒藏》这一大型工程的编纂和研究。既有合理性，又具操作性，于理于情，实为两便。

第二节　《儒藏》"论部"的分类方法

《儒藏》"论部"所要面对的是儒家各个领域的理论文献，这些文献虽然论的都是"儒"，谈的都是"理"，但是儒有派别，理有分殊，主题不同，观点亦异，如何将这些著作系统归类，编成著录科学、使用方便的专题丛书，又是编纂"论部"所必须探讨的。

目前有一种论调，以为编纂《儒藏》可以照搬《四库全书》体例，儒家的理论著作可以直接承用"子部"分类方法。我们以为不可。如果照搬"子部"，不是失之"太杂"，就是失之"不全"，不足以承载整个儒学文献。

一、旧有"子部"的局限性

（一）所谓"太杂"，是由于"子部"非仅儒学一家，而是兼容诸子。虽然"子部"所录主要是理论性和技术性著作，"儒家"文献也在其中，而且从某种意义上讲，其他诸家也都受到儒家思想的影响，不同程度地带有"儒"的烙印，但是《四库全书》系综合性丛书，其"子部"系诸子百家著作的总汇，严格意义上的儒只是其中一家，我们要编纂儒学的专题丛书，当然不能将其他诸家也一并揽入。仅此一例，即可断然说之胶柱鼓瑟、滞碍不通了。

从历史上目录书的著录情况考察，综合性目录"子部"都是诸子并重、百家兼录的。《汉书·艺文志》虽然上承秦氏"焚书"、汉武"罢黜"之后，"诸子略"还著录诸子著作189家、4324篇，包含了儒家、道家、阴阳家、法家、名家、墨家、纵横家、农家、杂家、小说家"九流十家"之书。儒家虽居其首，但只有53家、836篇而已，占整体篇卷分量还不到五分之一。

即使在儒学至上时代，虽然战国时期如《汉志》所说"各引一端，崇其所善，以此驰说取合诸侯，其言虽殊，辟犹水火"的"诸子"已经不复存在，但是由于"子学"概念的扩大，目录分类的调整，"道术"降成"方术"，"七略"转为"四部"，其他言技艺、方术的著作也包含在"子部"之中了。《隋书·经籍志》所谓："儒、道、小说，圣人之教也，而有所偏。兵及医方，圣人之政也，所施各异，世之治也。"并且以为："折之中道，亦可以兴化致治者矣。"正是这一思潮的反映，于是《隋志》将《汉志》所分"《诸子》《兵书》《数术》《方伎》之略""合而叙之为十四种，谓之'子部'"。《汉志》中还有独立于"诸子略"以外的兵书、方技、数术等著作，现在都统统进入了"子部"，于是形成儒、道、法、名、墨、纵横、杂、农、小说、兵、天文、历数、五行、医方等14个类目。《隋志》所录诸子853部、6437卷（未计末附的佛教、道教作品）；儒家只有

44部、530卷（即使"通计亡书"，也才66部、609卷），在其中只占有十分之一。《旧唐书·经籍志》《新唐书·艺文志》《宋史·艺文志》的"子部"都是如此，收录的子书达17类，儒学只占其中一类。这一情况即使到了被部分学人认为具有"儒藏"性质的《四库全书》也没有改变多少，"子部"仍有儒家、兵家、法家、农家、医家、天文、算法、术数、艺术、谱录、杂家、类书、小说、释家、道家，内中还包括《隋志》的名、墨、纵横等家以及佛、道二教。进入20世纪以后，由于图书数量的极大增加，"子部"图籍更为广博。50年代上海图书馆主编的全国丛书联合目录《中国丛书综录》第二册为所收2797种丛书子目进行分类时，"子部"就有周秦诸子、儒学、兵书、农家、工艺、医家、历算、术数、艺术、杂学、典故、小说、道教、佛教和其他宗教共15大类。

固然，在儒学主导的时代，各种思想无不受儒家影响，无不打上"儒学"的烙印，《汉志》说"合其要归，亦《六经》之支与流裔"，《隋志》也将兵家与医方说成是"圣人之道"在"治世"的各个领域表现出来的"圣人之政"，但是那也只能是儒学之变或儒学之用，不是儒学之本、儒学之体。如果单从"用"的角度看，儒生可以运用"医方"来悬壶济世，道家、佛家又何尝不是这样呢？如果说儒学对其他诸子有影响而使其带上"儒"的特征，那么道教、佛教又何尝没有对诸子甚至对儒学产生影响呢？《儒藏》之不能将整个"子部"搬入，犹如《佛藏》《道藏》不能将"儒学"搬入一样，是不言自明的。从前道教徒编纂《道藏》，将墨家、名家、阴阳家、法家乃至医家的书籍都收录其中，就曾引起学人的疵议，今天编《儒藏》当然不能重蹈其覆辙。

著名宗教文献研究学者钟肇鹏在《略谈〈儒藏〉的编纂》中即明确指出："例如《道藏》，从宋陆修静《三洞经书目录》就收入医药类的书籍。北周时的《玄都经目》收入诸子书800余卷。现在明正统《道藏》中也有《黄帝内经》《八十一难经》《本草》等医书凡20种。诸子书收得更庞杂。《道藏》中把属于道家的《老子》《庄子》《列子》编入是无可非议的。但将《墨子》《韩非子》《鬼谷子》《尹文子》《公孙龙子》，甚至《孙子兵法》都收入《道藏》中，显然就不恰当。但《道藏》编纂有一千多年的历史，传统就是如此，后世只好遵循。现在编《儒藏》恐怕不能把医书及儒家之外的诸子百家均收到《儒藏》中。"① 所言十分中肯，值得我们深思。不仅在战国时期"百家争鸣"状态下各呈其说的"诸子"不能以一个儒家来概括，就是从汉武帝"罢黜百家、表章六经"后，虽然各鸣其"道"的诸子已经不复存在，但是由于天文、历法、农艺、医术、卜筮、艺术等学艺、方术之书乃至缁流黄冠著作都转入了"子部"，这以后的"子部"似乎更不能用"儒学"来涵盖了。因而无论是"百家争鸣"时的"子"，还是儒学得势后的"子"，都不能整体地搬进《儒藏》。

（二）所谓"不全"，是指传统"子部"不能涵盖所有儒学理论文献，如果只收"子部"而不顾其他，又会出现"偏举不备"的现象。历史上儒者的成就是多面的，许多儒者既有经学、子学著作，也有其他方面的著作，他们在其他著作中也常常甚至大量讲明儒理。孔子既删订"六经"，又留下了《论语》（弟子门人

231

所编）；孟子既传《诗》《书》，又与万章、公孙丑著《孟子》
十一篇；荀子既传《礼》《乐》，又著《荀子》一书。这在当时
而言，以《诗》《书》《礼》《乐》为代表的"六经"，是以旧
史为教本的经典文献；而《论语》《孟子》《荀子》等则是孔、
孟、荀的私家著述，属于在思想上受经书影响而文献上并非历史
的著作，本当属之诸子，故战国、秦汉之世统称之为"传记"。
汉以后由于尊孔孟而退荀卿，《论语》《孟子》皆置博士以授弟
子。至刘向、刘歆整齐百家，撰《别录》《七略》，《论语》列
在"六艺略"而获"经"的待遇；《孟子》至南宋陈振孙《直
斋书录解题》、马端临《文献通考》，也与《论语》同列"论孟
类"而著"经部"，至《明史》则为"经部"的"四书"之一。
至于《荀子》，则一直以"儒家类"的身份抑居"子部"。

　　后世儒者，或依经立传、附传作疏以阐哲思；或别立新说，
自为起讫，另成专著；或随感而发，因事立论，撰为文章。其依
经立传者，皆随经著录在"经部"；其自成专书者，则作为"儒
家类"列在"子部"；其发为文章者，则随文集收在"集部"
之中。如大文豪苏东坡，著有《东坡易传》《东坡书传》《论
语说》，其弟子由有《春秋集解》《诗集传》，是为"经部"著
作；东坡又有《东坡志林》《仇池笔记》，子由有《老子解》
（主"三教合一"），是为"子部"著作；另外，他们还有多篇
学术论文，如《易论》《诗论》《书论》《春秋说》《诗说》
《论语拾遗》《孟子解》，以及其他"史论""政论"等文章，却
收在了各自的文集之内。编《儒藏》当然要收他们的"经部"著
作、"子部"著作，但也不能忽略其"集部"的学术文章，相比
之下，他们文集中的专论比之"子部"诸书更加贴近儒学。《四
库全书总目》说："自《六经》以外立说者，皆子书也。"是有道

232

理的。朱一新谓："古来文字只有二体，叙事纪言者为史体，自写性真者为子体。圣人之言足为世法，尊之为经，经固兼子、史二体也。文事日兴，变态百出，歧而为集，集亦子、史之绪余也。"[①]也是就此而言的。

传统目录书由于受"四部法"的限制，儒家的这些理论著作被分散在各处，不仅"经部"有，"子部"有，而且在"史部"和"集部"也大量存在。如果说儒家的"经部"文献是"依经说事、据经说理"的话；则其脱离经书直言义理的著作，在先秦两汉则集为"子书"，被目录书列入"诸子略"或"子部"。魏晋以后，由于"别集""总集"的渐次兴起，后儒的这类理论性文章又被收录到"集部"。随着儒家理论体系的逐渐完善，儒家经世致用思想的影响，儒家不仅在思想文化，而且在政治、经济、历史等各个领域都产生了大量的理论著作，这些著作又被传统目录书随方编入"四部"各处了。其以史论事或以儒论史的著作，被放在了"史部"的"史评类"；以儒论政或以政辅儒的政论性书籍被放在了"史部"的"政书类"。天下文字，不归"子"则归"史"，儒家著述也不例外，不在"子部"即在"史部"，甚至还广泛地分散在"集部"。我们要编纂一部反映儒学成就及其历史的大型丛书，这些著作显然是不可忽略的。

由于我们已经将《儒藏》"史部"定议为"学史"即"儒学之历史"的主题，儒家"史学"特别是"史论"的著作当然就不能再放入"史部"。我们又考察得知"集部"文献相当复杂，不宜一概收录入《儒藏》，也不可能再像《四库全书》那样设一个"集部"来加以收录。如果要完整充分地收录儒家的理论文献，

233

---

① 〔清〕朱一新：《无邪堂答问》卷四，清光绪二十一年广雅书局刻本。

全面系统地展现儒学理论成就，就必须突破传统"子部"范围，而将"史部"和"集部"的相关内容选编和辑录出来，编成一个个专题论集，汇入《儒藏》"论部"。这样，一部综合收录和系统整理儒学理论文献的"儒论集成"就规模粗具了，这就突出地表现出了《儒藏》编纂的"继承"与"创新"的特点。

由上可知，传统"子部"一方面著录百家，不专儒术，整体收之，杂而不淳；另一方面儒家理论又散在"四部"，今日编《儒藏》，应力求其全，如果局限于"子部"，不管其他，必将挂一漏万，"偏而不全"。既"杂而不淳"，又"偏而不全"，照搬或局限《四库》"子部"之论，亦可休矣。

二、儒家理论文献的复杂性

儒家诸子文献有一个动态的、发展的过程，儒学文献的类别也是由单一到复杂、由综合到专门的过程。即使在"子部·儒家类"中，也不可不加别择，不加区分，一概照搬。

自孔子创立儒学，后学沿波，历两千五百余年，其间流派众多，学术各异。孔门四科有德行、言语、文学、政事之别。《韩非子·显学》有"儒八、墨三"之分，《荀子》亦有"非十二子"之说。自后"子学"演为"经学"，"汉学"变为"宋学"，宋学之中又有"朱陆之争"，心学之内又有"陆王之别"。时代既异，学术亦变，道既不同，谋亦异趋。古之儒者，立身行己，诵法先王，通经致用而已。后世学人，自命圣贤，穷性尽命，务极造化，遂蹈于虚玄之境。于是"性理"与"道命"日兴，"心学"与"理学"呈能。于是言道德者有之，言政事者有之，言性理者有之，言经学者亦有之。自昔孔门有"君子儒、小人儒"之分、"尚思派、博学派"之别，孔子之后岂无"实用家、玄学家"之别？儒学风格既变，儒家理论亦繁，儒家的子部文献在数量上也日益激增，其内容及主题都异常丰富。

如果说，《汉书·艺文志》阶段的中国儒学还是以德行、政事、言语、文学（即经学）为主体，那时"儒家"文献还在于对儒家道德、政事等基本问题发表看法，还属于儒学"性相近"的阶段的话，那么，进入魏晋以后，儒学诸子则进入了"习相远"的时代。儒学积极入世、热情救世的总体特征，使其理论日益深入到社会生活的各个领域，对各类社会问题、人伦问题甚至历史问题进行专题的思考和分别论述。由于玄、佛、道等不同的思想方法的浸入，也使儒家学者最关注的课题、认识问题的方法也产生了变化，于是涌现出了许许多多的专题文献。儒学诸子无论是在数量上，还是在主题上，都大大地有别于前，已经不宜只用一个"儒家"的称谓来概括一切了。《儒藏》如果只笼统以一个"儒家类"（或"儒学类"）来予以收录，势必杂乱无章，主题不明，著录无序，求书无门。不仅不能很好地展现儒学在各个专门领域的创造性成果，而且也不利于现代和未来学人从事儒学理论的专题研究。

如《汉志》"儒家类"所录有：《子思》《曾子》《漆雕子》《宓子》《景子》《世子》《魏文侯》《李克》《公孙尼子》《孟子》《孙卿子》（即《荀子》）《芈子》《内业》《周史六弢》《周政》《周法》《河间周制》《谰言》《功议》《宁越》《王孙子》《公孙固》《李氏春秋》《羊子》《董子》《俟子》《徐子》《鲁仲连子》《平原老》《虞氏春秋》《高祖传》《陆贾》《刘敬》《孝文传》《贾山》《太常蓼侯孔臧》《贾谊》《河间献王对上下三雍宫》《董仲舒》《儿宽》《公孙弘》《终军》《吾丘寿王》《虞丘说》《庄助》《臣彭》《钩盾兄从李步昌》《儒家言》《盐铁论》《刘向所序》《扬雄所序》。

这里所录多以作者姓氏为称，表明该作品系作者一身著作的集成，如《子思》《曾子》《漆雕子》等皆是如此，故余嘉锡有"古之诸子，即今之文集"之说。不过这种情况在汉代已经有所改变，《汉志》所录儒家诸子已经出现了专题文献。根据班固《汉书·艺文志》，《周政》系"周时法度政教"，《周法》系"法天地立百官"，《河间周制》"似河间献王所述（周时制度）"，《谰言》系"陈人君法度"，《功议》系"论功德事"；又据颜师古注，《周史六弢》系"言取天下及军旅之事"，桓宽《盐铁论》系"孝昭与诸贤良文学论盐铁事"。据此可知，《汉志》所录已经不是纯粹的儒家子学著作，而是兼及旧史、官制、法度、政事、经济等内容的书籍了。此外《汉志》还将个人所著丛书性质的"刘向所序""扬雄所序"也列在"诸子略"的"儒家"之中，"刘向所序"共67篇，内含《新序》《说苑》《世说》《列女传颂图》；"扬雄所序"38篇，内含《太玄》《法言》及三篇《乐》和两篇《箴》。内容已经与先秦子书有很大区别，说明儒家子学著作内容和范围在汉代都已扩大。

及至唐初修《隋书·经籍志》"子部·儒家类"，在著录《晏子春秋》《曾子》《子思子》《公孙尼子》《孟子》《孙卿子》，至《袁子正论》《新论》《志林新书》《要览》《正览》等传统子书的同时，还著录有《诸葛武侯集诫》《众贤诫》等格言汇编，著录有《女篇》《女鉴》《妇人训诫集》《妇姒训》《曹大家女诫》《贞顺志》等女教闺训。儒家子学的内容和范围在此又有了进一步拓展。《旧唐书·经籍志下》著录儒家子书80部、782卷；《新唐书·艺文志》著录儒家子书92部、791卷；马端临《文献通考·经籍考》著录儒家90种；郑樵《通志》著录儒术124家、1613卷、370篇；《宋史·艺文志》著录儒家169部、

1234卷篇；《明史·艺文志》著录儒家140部、1230卷。

如果说此时儒家子书数量尚少，即使不进行分类也无妨检求，但是，在后来的历史演进中，儒家子书日益增多，不加区别就查就为难了。《四库全书》收录儒家类112部、1694卷，另有儒家类存目307部、2369卷，两目相加有419部。至《中国丛书综录》，其"儒家"和"儒学"两类即达1100多种。在这么多的儒家诸子著作中，主题和类别必然较《汉志》《隋志》时代大有不同。特别是宋儒以后刻意标新立异之风盛行，文献激增、主题纷繁是自然的事。《四库全书总目》谓："至宋而门户大判，雠隙相寻，学者各尊所闻，格斗而不休者，遂越四五百载。"门户立则异说生，异说生则文献繁。在这么多的家法、宗派中，儒学文献的繁杂是可想而知的。即以《通志》汇录各种艺文志而成书的《艺文略》论，"儒术类"除了传统的儒学诸子外，还有家训著作：《颜氏家训》《诫子拾遗》《开元御集诫子书》《狄仁杰家范》《卢公家范》《家诫》《司马温公家范》《先贤诫子书》等；有心性著作：《至性书》《四部言心》等；有政论、官箴性著作：《序志》《帝范》《天训》《紫枢要录》《臣轨》《百僚新诫》《少阳政范》《列藩正论》《自古诸侯王善恶录》《平台百一寓言》《君臣政理论》《十代兴亡论》《帝王略论》等；还有谏书：《魏征谏事》《谏苑》《谏林》等；还有格言：《诸经纂要》《经史要录》《读说苑》《百行章》《前代君臣事迹》《维城典训》《维城前轨》等；还有合乎礼法之言语：《五经妙言》《六经法言》《群书治要》等。如果按专题细分下去，在儒家文献中不难发现数十个主题。

面对这么多主题的文献，如果不加排比、甄别，一概笼而统之地收进《儒藏》"论部"，给人造成的印象必然是混乱无序

237

的，让读者不得头绪，难以入手。况且，这些专题文献是历代儒者对各个社会问题和学术问题进行思考的结晶，是前人留给我们的宝贵财富，不仅应该广泛收集和妥善保护，而且应该进行专项研究、认真吸取。历史上这类文献由于没有得到认真的专题化整理，长期埋没于浩瀚的书海之中，主体价值得不到应有的彰显，先儒理论的灵光长期被淹没在故纸堆中。更有甚者，由于缺乏专题整理和搜求，专题文献也就没有机会得到系统、全面的收录和保存，许多重要文献已经在人们的疏忽懈怠之中渐次失传了！中国古代儒家专门术学之不兴，明清以后中国科学之不振，其原因也许多种多样，而没有对子学文献进行专题分类著录和系统整理，不能不算是一个重要原因，这是文献学、目录学上的一大遗憾，也是中国学术史的一大损失。

郑樵说：

238

> "学之不专者，为书之不明也。书之不明者，为类例之不分也。有专门之书，则有专门之学。有专门之学，则有世守之能。人守其学，学守其书，书守其类。人有存没而学不息，世有变故而书不亡。以今之书校古之书，百无一存，其故何哉？士卒之亡者，由部伍之法不明也。书籍之亡者，由类例之法不分也。类例分，则百家九流各有条理，虽亡而不能亡也。巫医之学亦经存没，而学不息；释老之书亦经变故，而书常存。观汉之易书甚多，今不传，惟卜筮之易传。法家之书亦多，今不传，惟释老之书传。彼异端之学能全其书者，专之谓矣。"①

---

① 〔宋〕郑樵：《通志二十略·校雠略》，中华书局，1995，第1804页。

所言十分深刻。无论从全面收集和保存儒学专题文献计，还是欲加强儒家专门之学的研究，都有必要对儒家子书进行专题分类和系统整理。本乎此，如何能将传统的"子部·儒家类"笼统地收入了事呢？

三、《儒藏》"论部"分类新探索

编纂《儒藏》本意就是要使儒家文献得到系统整理，使儒学研究向更专门、更深入的方向发展，首先对儒学文献作"辨章学术，考镜源流"式的系统分类是理所当然的。《儒藏》"论部"编纂也要对儒家子学著作进行系统分析归类，然后再行整理出版。根据儒家学派的理论特点和儒学文献现存的状况，我们可参照古今目录分类方法，将儒家理论著作分为"儒家类""性理类""礼教类""政治类""杂论类"，五类之下，还可以根据文献的多寡和内容的状况再分若干小目。如"礼教"下可以再分为"蒙学""劝学""女教""家训""俗训""乡约"等；"杂论"下可以再分"杂说""杂考""史论"等。下面试作逐项介绍：

"儒家类"：如前所述，《汉书·艺文志》已在"诸子略"之下设"儒家类"著录儒家的子学文献了。后世目录书无不如此，或称"儒家"，或称"儒学"，或称"儒术"，名称虽异，实质未变。它们的著录范围，或为通代（如《汉志》、《隋志》、两《唐志》、《宋志》以及《四库全书总目》等），或为断代（如黄虞稷《千顷堂书目》《明史·艺文志》《清史稿·艺文志》等）。至张之洞《书目答问》而有所改变，《子部》题注："周秦诸子，皆自成一家学术，后世群书，其不能归入经史者，强附子部，名似而实非也。若分类各冠其首，愈变愈歧，势难统摄。今画周秦诸子聚列于首，以便初学寻览，汉后诸家，仍依类条列之。"于是在传统"子部"前单列出一个"周秦诸子类"，儒家

（如《荀子》《孔丛子》）与道、法、名、墨合在一处。紧接"周秦诸子"之下又立"儒家"为一个大目，著录汉代扬雄《法言》以下的儒家文献。将儒学分成子学时代的"儒"和经学时代的"儒"两截。《中国丛书综录》继承这一方法，也在第二册《子部》之首设"周秦诸子类"，下列"儒家之属"，著录《孔子家语》《晏子春秋》《荀子》等先秦儒家著作，以及《圣门十六子》《玉函山房辑佚书》等后人辑佚的先秦子书。此外又有"儒学类"的大类，著录汉孔鲋《孔丛子》、陆贾《新语》以下的历代儒学著作。

　　《书目答问》意在为初学者提供读书方便（"以便初学寻览"），其将周秦诸子集中在一起固无不可，但是，从编纂足以反映学术流变的大型丛书的立意而言，这一区分就有不太合理的地方，因为它注意了子学时代与经学时代的区别，却忽略了儒学内部"分中有合""变中有不变"的事实。就其"变"者言之，儒学当然可以分为子学与经学两段，而经学中又有汉学、宋学、清学之别，汉学又有今文、古文之异，宋学也有理学、心学、气学和事功之学的区别，如果要分都得分别对待，不能只分先秦不分后代。就其"分"者而言，汉以后之儒学固然与先秦不同，但是先秦已是"儒分为八""孟荀互异"了，后世的派别当然更多，其状况比之先秦的"百家争鸣"未必逊色，如果再分下去，岂不琐碎！况且儒学虽然经历两千五百余年的变化发展，其间也有一贯不变之道，那就是同以孔孟为宗师，以"仁义"为主题，以《六经》为教本，特别是一批志在传承"周孔道统"、力图继承"纯儒风范"的儒者，更是保持了儒家原有的传统。先秦儒家的风格并不是在汉代就戛然而止了，其风格和传统在后世也还大量存在，传其学、著其书者不乏其人。儒学在百变之中有不变者在，如果看不到这种不变的一贯性，就不利于发现儒家的传统风格，不便于认识儒家历史的悠久性，也就不能使人油然而生"儒学悠久、兹道广大"的崇敬之情，因此，纯粹按时代划分是不科学的。《儒藏》"论部"应将整个儒学纳入自己的视域，将历代儒学拉通起来考虑，按其思想内涵而不是按时代来分类。我们将历代沿袭先秦儒家"游文六艺，留意仁义"特征的著述通归在"儒家"，而将儒术在诸领域之运用者另立专题性类目，以便区别对待，因此，《儒藏》的"儒家类"不仅包括周秦诸子的儒家，而且也应该包括两汉以后仍然坚持先秦儒家特色和风格的儒学著作。本部分拟选自《孔子家语》《晏子春秋》《荀子》以下至谭嗣同《仁学》、章太炎《訄书》等二百种左右图书。[①]

　　"性理类"是著录儒家讲心性、命理的著作，以宋儒、明儒为代表。孔门已有"尚思""贵学"的区别，以子思、孟子为代表的心性一派，实为"性理"之学的鼻祖。两汉时期，儒学内部有"经学"的今文和古文、家法和师法的区别。魏晋以至明代，儒学受到佛教、道教的挑战，又产生了"玄学""理学"乃至"心学"，从而在方法上和理论上与原始儒学立异。为了与传统儒学相区别，元人修《宋史》时，将坚持儒家本色、运用经学方法研究儒学的学者仍然列在《儒林传》，而对着意于心性、道学研究的儒者另创《道学传》来加以表彰，这是符合当时儒学历史情况的，是反映学术实际的做法。《四库全书总目》却加以指责："迨托克托等修《宋史》，以《道学》《儒林》分为两传，而当时所谓'道学'者，又自分二派，笔舌交攻。自时厥后，天下惟朱、陆是争。门户别而朋党起，恩仇报复，蔓延者垂数百年。

241

---

　　① 四川大学儒藏编纂组：《儒藏总目》，《四川大学古籍所印（征求意见稿）》。

明之末叶，其祸遂及于宗社。惟好名好胜之私心不能自克，故相激而至是也。圣门设教之意，其果若是乎？"是否因儒学内部门户之争而导致明朝的社稷倾覆这里姑且不论，但说宋代以后儒学内部"二派，笔舌交攻""天下惟朱、陆是争，门户别而朋党起，恩仇报复，蔓延者垂数百年"却是历史的事实。学术的门户之争肯定不好，但是已经成为历史又何必讳言呢？就反映学术史实际而言，客观公正地反映历史倒也是历史研究所必要也是必须的态度。可惜《宋史》只在传记类区别对待，而在目录上却未作区分，《艺文志》只有儒家而无道学，周敦颐《太极通书》、张载《正蒙书》、二程《遗书》及《语录》，《诸儒鸣道集》（濂溪、涑水、横渠等书）及《近思录》（朱熹、吕祖谦编类周敦颐、程颢、程颐、张载等书）等标准的理学家即道学家著作，也都列在《子部》"儒家类"中。

明永乐中，胡广等受命修《五经大全》，汇集宋儒以下经学成果，又奉诏将周、程、张、朱诸儒的性理之书，类聚编成《性理大全》七十卷，也是明智之举。王圻更独具只眼，《续文献通考》将儒家之书"各以学派分之，以示区别"。对于展现和研究儒家的学术流派、考察宋明以后儒学分而为道学的演变历程，具有积极作用。可惜这一做法没有传承下去，反而遭到《四库全书总目》的批评："然儒者之患，莫大于门户。后人论定，在协其平。圻乃门户限之，是率天下而斗也，于学问何有焉。"因此《四库全书》所录"但以时代先后为序，不问其源出某某"（子部·儒家类按语）。这实际上是一种倒退，还自以为是地认为"不失孔孟之旨"（子部·儒家类按语），其实不然。

《中国丛书综录》第二册"子部·儒学类"专列"性理之属"，著录宋人林逋《省心录》以下邵雍《渔樵问对》、周敦颐《太极图说》《通书》、张载《西铭》《正蒙》、二程《遗书》《语录》、朱熹《近思录》《朱子语类》、陆九渊《象山要语》、王阳明《传习录》等，最为可取，今兹从焉。

"礼教类"著录以礼乐教化为内容的著作，其下可分："蒙学""劝学""女教""家训""俗训""乡约""劝善"等子目，以便更专门、更具体地展示儒家礼教的具体内容和成果。《论语》曰："道之以政，齐之以刑，民免而无耻；道之以德，齐之以礼，有耻且格。"《荀子》亦主："杀诗书而隆礼乐。"《大学》之道在正心、诚意、修身、齐家、治国、平天下。"修齐"为"治平"之本，而蒙训为修身之端，《易》曰"蒙以养正"是也，故历代儒者致力礼乐教化不遗余力，礼教之书实繁其编。礼的内容至广，下而童蒙之教，上而君臣之礼，外而社会风俗，内而家庭伦理，莫非礼也。故士有蒙训劝学，女有女教闺训，家有家法家规，乡有乡规乡约，纯风俗则见之俗训之篇，正人心则见诸劝善之书。从而构成一个从人心到风俗、从家庭而社会的移风易俗、淑世济人的高度自律自觉的礼教体系。

《汉志》"六艺略"："古者八岁入小学，故《周官》保氏掌养国子，教之六书。"遂将文字学著作、识字课本概称为"小学"，而列在"六艺略"。又将《弟子职》等蒙训书籍列在"孝经类"，亦居"六艺略"。这一分类方法为后世目录所继承。《文献通考》卷一九〇《经籍考》在"经部·小学类"中著录"《弟子职》等五书"，陈振孙即谓："漳州教授张时举以《管子弟子职篇》、班氏《女诫》、吕氏《乡约》《乡礼》、司马氏《居家杂仪》合为一篇。"[1]《千顷堂书目》"经部·小学类"有：

243

---

① ［元］马端临：《文献通考·经籍考·小学》，中华书局，2011，第 5551 页。

吴讷《小学集解》、丘陵《婴教声律》、廖纪《童训》（《女训》附）、湛若水《古今小学》、朱升《小四书》（集方逢时《名物蒙求》、程若庸《性理字训》、陈栎《历代蒙求》、黄继善《史学提要》）等。《明史》承之，亦将蒙训读物列在"经部·小学类"，甚至还有16种家训（朱有炖《家训》、王士觉《家则》、杨荣《训子编》、曹端《家规辑略》、杨廉《家规》、何瑭《家训》等），十余种闺训（洪武《女诫》、高皇后《内训》、王敬臣《妇训》等）以及一种劝俗文（文皇后《劝善书》）。这些书籍之所以归在"经部"，主要是出于对古志所谓"小学"乃"学小道焉，践小节焉"的理解，当然也有重视礼教的一面。

清《续文献通考》根据思想内涵，将礼教类著作调归"子部·儒家"，使其成为儒家子学著作的一个部分。其卷一六〇《经籍考》"经部·小学类"序："马端临《通考》'小学类'自训诂、音韵、字学各书之后，如《兰亭考》《十七史蒙求》《弟子职》等书皆列焉。今续辑此门，惟训诂、字书、韵书以类相从。余如《帖考》则归'目录类'，《蒙求》则附'类书'。其有关于养正闲家者，皆入'儒家类'，庶区分部别，不使错杂云。"这一分类法较之以前更为合理，《中国丛书综录》在"儒学类"特设"礼教之属"，并分成"鉴戒、家训、妇女、蒙学、劝学、俗训"等六目。今修《儒藏》将继承这一传统而稍事损益，特立"蒙训、劝学、女教、家训、俗训、劝善、乡约"等目，而成"论部"的"礼教类"。

"政治类"收录儒家议政言治的著作。孔门四科，"德行"以修身力行为本，宋明儒学崇尚心性、命理，即此派之光大者。"语言"以游谈折冲为事，衍为后世之"纵横术"，已出儒术之外。"文学"则依经说事，即后世之"经学"，自有"经藏"著录。"政事"具有"经世先王"之志，力倡"仁政德治"之说，为儒家一贯不二之法门。《庄子》概括儒学为"内圣外王"之道，正是孔门"德行""政事"二科进一步发展的结果。"政事"系儒门四科之一，"治平"系《大学》至高之教，《周官》《为政》昔曾载于周公之《书》，《周制》《周法》亦复著于《汉书》之"志"，说政言治固为儒者专门。

后世人文日修，政事益繁，制度法规，愈演愈烈。讲制度则有官体、政体之分，言法则乃有治道、治法之别，易而言之，即政治制度、官僚制度、政治理想、为政方略，是皆"政治"之属。其讲制度者多近于"历史"，其讲道法者实属于"子部"。《隋志》于"史部"立"职官类"以纪设官分职之书，固无不可，然而该类又兼及为官之道的书，却少伦类。唐太宗撰《帝范》、武则天撰《臣轨》，讲求君臣之道，书目诸家列在"子部"儒家，是为得之。明钱溥《秘阁书目》又立"政书类"兼录政治各书，于是政论著作又脱离"子部"而入于"史"。《文渊阁书目》"史部政书类"除了著录《元典章》、元《省部政典举要》、元《风宪宏纲》、元《成宪纲要》、元《谕民政要》、元《通制》等制度法规的书籍，还著录有苏子启《有官龟鉴》、刘漫塘《荒政续编》、陈石灵《莅民提纲》《州县提纲》、张养浩《庙堂忠告》《风宪忠告》《牧民忠告》、李元弼《作邑自箴》、秦辅之《资政格言》、蒲登辰《救荒续录》等官箴性文献。由此可见，关于政治类的书籍，传统目录或分在"子部"儒家，或列在"史部"政书、职官等处，分布既广，翻检为难；而又子史混同，专题不明，故无可取。

《儒藏》"论部"将今立足于"政治理论"和"为官之道"

的主题，选录儒家政论性、官箴性文献，自旧题马融《忠经》、唐太宗《帝范》、武则天《臣轨》以下，至于清末徐栋、丁日昌《牧令书辑要》，凡100余种，以备"政治类"。

"杂论类"系收录论杂、体杂的儒家子学著作。所谓"论杂"是说其书主题不一，内容不纯，或议及百科，或事涉三教，不可以归入以上四类。所谓"体杂"是其撰述体例没有成宪，著作方法也不系统。此类之下，又拟分"杂说""杂考""史论"三目。

先秦诸子有"兼儒墨、合名法"的"杂家"，后世儒学议论多端，实有"杂学"之实。自孔孟创教，后儒沿波，学随世变，论从心生，一人一是非，一派一主张，于是"杂说""杂论"生焉。又载籍既博、论题亦广，学理不辩不明，掌故不考不清，于是"杂考""杂纂"出焉。《汉书·艺文志》将战国秦汉的"杂家"列于"诸子略"。历代目录，亦复如是。至明黄虞稷《千顷堂书目》的"杂家类"，在概念上发生了改变，以为"前代《艺文志》列名、法诸家，后代沿之。然寥寥无几，备数而已。今削之，总名之曰'杂'。"黄氏的"杂家"已经不专指"义兼儒墨、学包名法"的杂家了，而是将后世已经不传其学而空存其书、虽有其目却文献太少的墨家、名家、法家、纵横家统统归在一起视为杂家了。《明史》艺文志《子部》从之。"杂家"概念从《汉志》所录一书兼"儒墨名法"之说，变为一类兼收众家之书了。

清修《四库全书》对《千顷堂书目》有继承也有扬弃，一方面批评："其墨家、名家、法家、纵横家并为一类，总名'杂家'，虽亦简括。然名家、墨家、纵横家传述者稀，遗编无几，并之可也。并法家删之，不太简乎！"另一方面又不得不承认，

246

诸子百家，后世"绝续不同，不能一概。后人（著录）株守旧文，于是'墨家'仅《墨子》《晏子》二书，'名家'仅《公孙龙子》《尹文子》《人物志》三书；'纵横家'仅《鬼谷子》一书，亦别立标题，自为支派。此拘泥门目之过也。黄虞稷《千顷堂书目》于寥寥不能成类者，并入'杂家'。'杂'之义广，无所不包。班固所谓'合儒墨、兼名法'也。变而得宜，于例为善，今从其说。"故《四库全书》中的"杂家"也是将名、墨、纵横合而为一类。不过《四库全书》中的"杂家"范围更加广泛，共有六大类："以立说者谓之'杂学'。辨证者谓之'杂考'。议论而兼叙述者，谓之'杂说'。旁究物理，胪陈纤琐者，谓之'杂品'。类辑旧文，涂兼众轨者，谓之'杂纂'。合刻诸书，不名一体者，谓之'杂编'。凡六类。"六类之中，杂学、杂考、杂说、杂品是就著作的内容而言，杂纂、杂编是就文献的体例而言。"杂家"成了一个大麻袋，举凡"子部"其他各类无法包容的书，都可以统统捡入其中。

　　这个处理方法同样可供《儒藏》借鉴，我们将儒家著作中内容不纯一（或论儒学义理，或论儒者轶事，或论儒林掌故等）而又不可分析改编的著作，归在"杂说"之下；而将重在考证儒学名物故实、文献百科者，归入"杂考"；同时可将儒者论史或以史辅儒的著作如《史通》《文史通义》之属，作为"史论"而入"杂论"之中。

　　上列"儒家""性理""礼教""政治""杂论"五类，是按儒学的理论特征和现存儒学文献的具体状况划分的。这不仅可以将现存儒家的相关专著收录起来，编成相关专题的子学丛书，而且还可以根据这一分类，将分散在儒者集部各书中的学术论文辑录成编，形成一个个专题的学术类书，如根据需要可以编成《劝学集林》《家训集林》《闺训集林》《劝善集林》《乡约乡规集林》《忠谏集林》《君道集林》《臣事集林》《诸儒鸣道新集》《儒学博考》等专集，为前贤保存更多的专题性文献，也为研究者提供更多的求书方便。川大《儒藏》确立的"丛书"兼"类书"的编纂体例，在"论部"可以得到更加充分的发挥。

《儒藏》"论部"诸书大致可以模拟为古之"诸子"，但又不能局限于传统目录的"子部"。《汉志》有"诸子略""兵书略""术数略""方技略"，《隋志》有"子部"十四类，但"诸子略""子部"所录诸书并非儒学一家，而是学包九流、艺盖百技，不是一个"儒家"所可笼统概括的。即或是后世的儒学诸子，也因时代变化、文献激增，不仅数量极其丰富，而且主题也日益增多，不加分析必然杂乱无章。我们既不能将传统"子部"全盘照搬，笼统收入《儒藏》，也不能对古今儒家子学著作不加区分、无所鉴别地一股脑儿收入。立足现存儒学文献的具体情况，结合儒家的学术特征，我们拟将《儒藏》"论部"按专题分为"儒家类""性理类""礼教类""政治类"和"杂论类"五大类，按这些专题将儒家子学著作以及学术论文收录起来，形成一个个专题丛书和学术类书，尽可能多地收集和保存儒家专题文献，为从事儒学专题研究的学人提供更多方便。而且通过儒家专题丛书的编纂，还会凸现儒家专题研究的学术成就，促进对儒家各个主题思想开展系统研究。如果通过《儒藏》编纂能够推动儒家专门之学的形成，又因专门之学的开展而提升儒学研究的水平，那将是我们苦心孤诣希望达到的最高境界。

第三节 《儒藏》"史部"的分类问题

《儒藏》"史部"属于儒学史范围，将对儒学史料进行全面搜罗和系统整理，是中国儒学史的资料集成。《儒藏》"史部"又是儒学史文献的首次分类处理，将探索和建立儒学史的文献著录体系。

一、儒家史文献源流

儒学在中国已有两千五百余年的历史，经历了发生、发展、兴盛、转化、衰落和复苏的过程，呈现"先秦子学""汉唐经学""宋明理学"及20世纪"新学"等类型。其历史数据，也从零星评议、单篇记录，发展为专著记载和系统总结。儒学在中国的发展史，也是其接受学人世世代代评说史。在百家争鸣的"子学时代"，出现了《庄子·天下篇》《荀子·非十二子》《韩非子·显学篇》等学术史文献，儒家在其中受到批评，也得到初步总结。汉代司马谈《论六家要旨》、刘安《淮南子·要略》也是这一传统的延续。

汉武帝"罢黜百家，表章六经"，司马迁《史记》始用专篇记载儒学历史。其书于孔子有《世家》，于孔门有《仲尼弟子列传》，于后儒有《儒林列传》，于孟子、荀卿等皆各有专门《列传》。班固《汉书》也继承《史记》传统，以列传记儒生，复于《艺文志》中设《六艺略》《诸子略》记载儒学文献。自是之后，历代"正史"都自觉配合"以儒辅治"的基本国策，将儒学历史摄入自己撰述的视野。于是传道授业之儒，则有《儒林列传》（或《儒学传》《道学传》）；其"学优而仕"之儒，则有专人传记。至于经学之注疏、儒者之著作，则入《艺文志》（或《经籍志》）。儒学在教育上、选举上的制度和成绩，则又载于《选举志》和《学校志》。不仅"正史"如此，他如《通典》《通志》《文献通考》等"十通"、历代《会要》，以及别史、杂史、方志、地理等著述，也无不给予儒学的人物、文献、制度和事迹以相应的篇幅。更有文人雅士之诗文、书信，官僚主司之策论、奏章，以及儒林人物之墓碑、行状、祭文等，也常常关系儒学、反映历史，这类材料则分见于历代文人的别集和总集之内。

魏晋南北朝时期，各地出现了"先贤传""耆旧传""高士传""名士传"和"文士传"等史书，儒学人物也是其中的主角。甚至还出现了《先圣本纪》《孔子弟子先儒传》等儒学人物专著。至于宋代，随着儒学"道统""学统"观念的加强，有关儒家师传授受和学术渊源的内容备受关注，于是以朱熹《伊洛渊源录》为代表的各类"渊源录""师承记"和"宗传"便应运而生。在明代，这类撰述体例与当时盛行的"语录""语类"体结合，又受佛家《传灯录》诸书的启示，产生了以黄宗羲《明儒学案》为代表的专门学术史——"学案体"。"学案"以"辨章学术，考镜源流"为职志，既重视儒学人物活动的记录，也重视儒学流派和学术渊源的探讨，还注意儒学成就和学术精华的总结，有的还辅以"师承表"，并"附录"评论资料。兼有学术流派史、学术成果汇编和研究数据类编等多重功能，对儒学成就的总结，学术流派的梳理和学术体系的研究，功能最全，作用最大。中国古代学术史的编纂至此而臻于完善。

二、目录中的"儒史"文献

百家多言儒学，文献浩如烟海。由于儒学本身自古无"藏"，故儒学史料迄今未得系统整理，也没有专门的著录体系。先秦两汉史书不多，《汉书·艺文志》只将史书附在《六艺略》的"春秋类"下，儒学史料也随所在各书编入各自类目之中，如《孔子世家》《儒林列传》《仲尼弟子列传》《孟荀列传》等，都随《史记》列在"春秋类"中。

晋代荀勖《中经新簿》为史书立有专部——"丙部"，以纪史记、旧事、皇览簿、杂事等书籍。南朝阮孝绪《七录》"记传录"亦纪史书，分成12类：国史、注历、旧事、职官、仪典、法制、伪史、杂传、鬼神、土地、谱状、簿录。由于二书久佚，其中有多少儒学史著作尚难考定。

《隋书·经籍志》"史部"共分13类：正史、古史、杂史、霸史、起居注、旧事、职官、仪注、刑法、杂传、地理、谱系、簿录，从此奠定了中国目录书"史部"的基本框架，后世目录都以《隋志》为基础来增删损益。不过，这些目录的分类所面对的都是各类史书，没有特别在意儒学史著作，也没有将"儒学史"设为专目。有感于此，梁启超《新史学》曾提议在史部设"学史"一目，著录学术史著作，"如《明儒学案》《国朝汉学师承记》等"[1]，但并没有得到目录学家的响应。

251

历代目录学著作囿于综合性目录的编纂体例，儒学史料只分散杂录于综合性"史部"之下，如《隋书·经籍志》，将可与儒家经典相互补充的《逸周书》、何承天《春秋前传》及《春秋前杂传》、乐资《春秋后传》和刘绍记载圣贤事迹的《先圣本纪》等，统统与《战国策》《楚汉春秋》《越绝记》等同隶"杂史"；将以儒学人物为主要内容的魏明帝《海内先贤传》、无名氏《先贤集》《兖州先贤传》《徐州先贤传》、陈寿《益部耆旧传》、白褒《鲁国先贤传》、无名氏《蜀文翁学堂画赞》、皇甫

---

① 梁启超：《新学史》，载《饮冰室文集全编》第 3 册，广益书局，1984，第 33 页。

谧《高士传》，梁元帝等《孝子传》《孝德传》《忠臣传》《显忠传》，甚至《孔子弟子先儒传》《王朗王肃家传》等，仍与《列女传》《神仙传》《名僧传》《美妇人传》之类杂书同归"杂传"。

即使在儒学史著作已经大量涌现和广泛流行的宋、元、明、清时期，诸家目录也没有为儒学史单立一目。一些纯粹讨论儒学历史和学术渊源的著作，如《东家杂记》《孔子年谱》《孟子年谱》《伊洛渊源录》《明儒学案》《宋元学案》《关学编》《洛学编》《元儒考略》《理学宗传》《圣学宗传》《闽中理学渊源考》和《学统》《阙里文献考》等，体例不可谓不纯，内容不可谓不正，数量也不可谓不多，却仍然被笼统地列在"史部·传记"之中。不仅其内容和价值未得到应有彰显，而且与释家、道流、方士、神仙合编一处，学术源流混淆不清。至于其他尚载在别集、总集之中的儒学传记、碑版、品题、学录等史料，更成艺海尘珠，不见天日。由于得不到系统收录和整理，许多儒学史料不仅未能得到充分重视和利用，而且不少有价值的史书，如刘绍《先圣本纪》、无名氏《孔子弟子先儒传》等，也在人们的疏忽之中亡佚了。

儒学自古无"藏"，儒学文献也没有自己的著录体系，儒学史料至今也未得到系统的著录和整理。如何系统地将分散各处的儒学史料搜罗起来，建立合理的著录体系，并在此体系下加以科学地整理、编录和出版，正是从事《儒藏》编纂不可回避也不能回避的问题，也是当代学人责无旁贷的使命。为了编纂出一部富有特色的《儒藏》，我们提出"三藏二十四目"的分类体系，主张按"儒经""儒论""儒史"三大类别将儒学文献分成三大"藏"；各"藏"下再分成若干小类对儒家各类文献进行分类分批处理。《儒藏》的"史部"文献理所当然也是分类处理的对象之一。

有感于学术史料不被重视，梁启超《新史学》曾倡议增设"学史"来统"学术史著作"，即《明儒学案》《国朝汉学师承记》等。又倡议增设"史学"来统"史学理论类著作"——"理论：如《史通》《文史通义》等是也。事论：如历代史论、《读通鉴论》等是也。杂论：如《廿二史札记》《十七史商榷》是也。"显然，其"学史"重在学术的历史，"史学"重在史学的理论。如果从"论"的特征来考察，"史学"类著作仍然可以不在"史部"，而应移入"论部"，成为研究儒家思想的材料。

三、《儒藏》史部分类的新思考

为适应学术史研究的迫切需要，依准梁启超"学史"的命题，我们拟对综合目录"史部"的"史学""史料"等传统内容进行适当扬弃，确立《儒藏》"史部"的"儒学史"主题，制订出新的分类方法，以便将历代有关儒学人物、事件、制度、著述以及其他考证性文献统统收集著录起来，整理成一部大型的儒学史丛书。综合分析历代儒学史料，我们拟将《儒藏》"史部"分为以下八个部分：孔孟类、学案类、碑传类、史传类、年谱类、学校、礼乐类、杂史类。

概言之，"孔孟类"是以孔孟史料为主题；"学案类"则以儒学流派资料为主题；"碑传类"以儒学人物的墓志碑文为主题；"史传类"以"正史"的《儒林列传》（或《儒学传》《道学传》）为主题；"年谱类"以名儒年谱为主题；"学校类"则以历代太学、公学、书院等教育史专著为主题；"礼乐类"则以历代制定的礼乐制度文献为主题；"杂史类"所收的则是体例和内容都比较庞杂的儒学史著作。兹分述于下：

（一）孔孟类：孔子、孟子是中国儒学的先圣，他们的生平事迹和学术传授，甚至其子孙后代、门人弟子及其轶闻掌故，都是学人喜闻乐道的。历代此类著述也不少，它们或考其生平，或述其行事，或详其后裔，或叙其传闻，或考其故里，或记其享祀，是皆可为研究之资、博闻之助。如宋孔传《东家杂记》（记述孔子"姓谱""先圣诞辰讳日""母颜氏""娶亓官氏""追封谥号""历代崇封""嗣袭封爵"，以及"先圣庙""祖林古迹"等）、欧阳士秀《孔子世家补》（驳《史记·孔子世家》之讹）、明陈镐《阙里志》（分类编述有关孔子的图像、礼乐、世家、事迹、祀典、人物、林庙、山川、古迹、恩典、弟子、撰述、艺文）、刘浚《孔颜孟三氏志》（考证孔孟颜三氏世系以及褒崇诸典）、清孔继汾《阙里文献考》（述孔子轶事、门人、后裔及历代崇祀最为全面、翔实）、孟衍泰《三迁志》（分21门述孟子及其后裔世系、林庙、祠典）以及朱彝尊《孔子弟子考》和《孟子弟子考》等类著作，凡30余种，概入此门，以见早期儒家人物、学派及其后裔之历史。

254
　　（二）学案类："学案"具有"辨章学术，考镜源流"的功能，从儒学流派和师承、家学渊源和交游、儒林列传和语录等方面，全景式地重现儒学史，有利于展现儒学的整体面貌和客观情况，是名副其实的"儒学全史"。明末清初黄宗羲编《宋元学案》和《明儒学案》是其中最优秀的代表。后来学人，代有继作，如王梓材、冯云濠等除补刻《宋元学案》外，又撰《宋元学案补遗》；清人唐晏编《两汉三国学案》；民国时徐世昌编《清儒学案》等，皆蔚为壮观。唯缺先秦、魏晋、南北朝和隋唐五代。就现成诸书来看，宋以下儒学已经有"案"贯通，两汉三国亦已成编，"汉学"与"宋学"的代表时期都已经有"案"可稽了。学案类史书一般都卷帙浩大，总其现有之字数，已经千万有奇，足可视为儒学史料之泱泱大国观。其他虽有"学案"之名而无学案之实的，如《诸儒学案》（明刘元卿撰），或有学案之实而无"学案"之名者，如《伊洛渊源录》《圣学宗传》《元儒考略》等，皆入"别史"。

（三）碑传类：碑传相对于史传而言，此指行状（又称"行述"）、墓志铭（又称"墓志"或"墓铭"）、墓碑（"方者为碑"，又称"神道碑"）、墓表（又称"阡表""殡表""灵表"）、墓碣（"圆者为碣"）等。其述人物生平事迹，巨细备载者谓之"行状"；其记死者世系、名字、爵里、行治、寿年、卒葬年月，与其子孙之大略，勒石加盖，埋于圹前三尺，以防异时陵谷变迁者，有文有韵，是为"墓志铭"（其有志无铭者谓之"墓志"、有铭无志者谓之"墓铭"）。既为墓志以藏之幽壤，复为石碑以揭橥墓外，或称碑、碣，或曰表、文，与墓志幽显相映、详略互参。秦汉而下，流行石刻；东京以还，渐行碑状。人之云亡，树碑立传。或故吏叙旧，或门生述恩，皆与传主知交甚深，叙事不爽，为研究儒学史的第一手资料。儒者"疾没世而名不称"，故于此道尤重。这些传记资料，或葬之幽冥，或树之墓旁；或曾上之太史，为国史立传所本；或仍载在文集，为品题人物之资。"顾石本不尽拓摹，文集又皆散见，互考为难"，[①]故有将其类编成集，以便使用者。如杜大珪之《琬琰集》、焦竑之《献征录》、钱仪吉等《碑传集》三编等。更多的是尚散见各处，无人统综，有的甚至还藏在山崖水涘，无人知晓，读者欲一见而不能得，更遑论其研究利用了。

今兹广搜史志、文集，兼及金石文类、考古文献，将历代儒学人物的各类碑传，广采慎择，予以汇录。自东汉迄清末，

255

---

① 〔清〕永瑢等：《四库全书总目》卷五七《名臣碑传琬琰集》"提要"。

共约4000余人。仍按时代为编，各为一书，分题专名，如《汉魏六朝儒林碑传集》《隋唐五代儒林碑传集》《宋儒碑传集》《辽金元儒碑传集》《明儒碑传集》《清儒碑传集》等，文字不下千万。

（四）史传类：在以儒立国的中国古代，史家著述皆重视儒学历史记载，故自《史记》而下的历代"正史"都为纯粹的儒生立有类传（即《儒林列传》，《宋史》在《儒学传》外又立《道学传》），以见一代儒学兴起始末以及师徒授受之概况；其《儒学传序》往往又叙述当代儒学概况，可见一代儒学兴衰、转化之大势。同时又为在政事、军事、经济等方面做出重要贡献者立有专传，可见儒学治世之成绩。这是有关中国儒学人物最集中、最系统、最正宗和最权威的记录，是研究儒学史不可或缺的。《儒藏》将"正史"各书的儒者传记辑出，分别编成各个时代的儒林专辑。《二十四史》史各成一书，外加《新元史》《清史稿》，凡26部。在"正史"之外，还有许多仿照《史记》写成的传记文献。这些传记，或为私家著述，没有正统史书之讳；或系乡邦笔乘，更有亲切之感；有的甚至本身就是儒学类传，更可见儒林整体面貌，足与"正史"互为印证。此类书籍主要有：反映儒学师承、源流的著作，如朱熹《伊洛渊源录》、明周汝登《圣学宗传》《理学宗传》、清熊赐履《学统》等；有地域性儒学传，如明冯从吾《关学编》、清汤斌《洛学编》、李清馥《闽中理学渊源考》以及《台学统》《北学录》等；有断代儒学人物传，如明冯从吾《元儒考略》、清江藩《汉学师承记》《宋学渊源记》、唐鉴《清学案小识》等；有儒学人物生平事迹考略，如《元祐党籍考》《庆元党籍考》等；还有名儒名臣言行录，如朱熹《宋名臣言行录》、苏天爵《元名臣言行录》等。

（五）年谱类：年谱系人物生平事迹的编年史，巨细备录，大小不漏。学术人物的年谱，往往可以反映出谱主的成长过程、治学路径、著述概况和思想演变，是了解儒学人物更直观、更具体的资料。旧时年谱多附在谱主文集之后，少有单行者；即或单行，也侧身"传记"之目，史料价值得不到应有重视。《儒藏》将儒林年谱作为专门体裁予以清理著录，举凡杨殿珣《中国历代年谱总录》、谢巍《中国历代人物年谱考录》、来新夏《近三百年人物年谱知见录》、黄秀文《中国年谱词典》、周和平主编《北京图书馆所藏年谱丛刊》所涉及的儒者年谱约400余篇，都尽量予以收录整理。

（六）学校类：儒者助人君顺阴阳、明教化者也。教化之道，虽遍于生活生产，而其主要方式，仍是学校。夏有校，殷有序，周有庠，学则三代共之。秦虽灭学，而有博士七十以备顾问。汉景帝末，在蜀郡成都，文翁立石室学宫，传授儒家"七经"，开启秦后公学先声，及汉武帝，令天下郡国皆立学校官，复在中央立太学，设五经博士，置弟子员；平帝时，学校深入州县乡村，郡曰学、县曰校、乡曰庠、聚曰序，自上而下形成系统的政府官学体系。同时，士大夫之家、有道之士，常常私立学馆，课授生徒，形成私塾。及唐又在官学、私塾之外，产生"书院"教育。书院至宋而成形，经元之衍、明之变，至清而达于极盛。这些教育机构反映在文献上，便是形形色色的《太学志》《辟雍志》《国子监志》和"学校志""书院记"等著述，是谓"学校史志"。其间有史有文，亦理亦礼，汇集起来，足以照见儒者作育人才、培育君子之历史和苦心。故《儒藏》特立"学校类"以收录和整理该类文献，以保存中国教育史之资料。

（七）礼乐类：除了软性的教育外，儒家还制定各种礼乐制度，陈纲立纪，规范言行。从经典而言，则《周礼》乃政治之礼，《仪礼》乃士人之礼。至于汉兴，公孙通为汉制定仪法，新政权的立朝大典因之而成，新人民的行为举止也因而得到规范。自是之后，凡有改朝换代，其有所作为者，必然制礼定乐，损益前制，增以新规，传承发展，代代相承。《论语》曰："殷因于夏礼，所损益可知也；周因于殷礼，所损益可知也。其或继周者，虽百世可知也。"不其然乎？是编即收录自汉以来历代礼乐文献，加以汇编整理，既是对于旧制的系统回顾，也足资新制创建之借鉴。

（八）杂史类：古有"杂史"之目，起自《隋志》，后世目录，率皆承用。"杂"之为训，"义取乎兼包众体，宏括殊名"[①]。亦即在体例上不纯粹，在内容上不纯一。儒学人物传除了"正史""传记"类史书有分布外，在其他古籍中也大量存在。诸如"地方志"之儒学传、艺文传，各种"先贤传""乡贤传""耆旧传""人物记（志）""敬乡录"等。这些数据有的也许抄自"正史"，但是更多的是得之乡邦文献，同时代人笔录和口传，往往比正史更为具体、丰富，也更为翔实、可信，如《两浙先贤传》其第一至十卷，都是儒林人物的传记。此外还有综合性的儒学史，如皮锡瑞《经学历史》；有专题性的制度考，如清徐松《登科记考》、王国维《汉魏博士考》；有关于学校书院的，如清刘光蕡《陕甘味经书院志》、李来章《敕赐紫阳书院志》、吴嵩梁《增修鹅湖书田志》、林伯桐《学海堂志》、赵敬襄《端溪书院志》、李来章《连山书院志》、张之洞《四川尊经书院记》等；

[①] 〔清〕永瑢等：《四库全书总目·史部·杂史类序》，中华书局，1965，第460页。

有关于儒学著作的，如朱彝尊《经义考》；有关于儒学礼仪的，如清黄位清《圣庙祀典辑闻》、李周望《国学礼乐录》等；还有关于名儒祠墓的，如明舒芬《阙里答问》、屈大均《先圣庙林记》、孙炳奎《同仁祠录》、范承堃《昭忠祠志》、陆桢《崇义祠志》、孙树礼《义烈墓录》、丁立《谢皋羽墓录》等。

此外，还有散见于其他专著的，如"十通""会要""类书"的礼乐、学校、选举、艺文、人物等类中的儒学资料，无一不是儒学史研究的宝贵材料，《儒藏》都将予以辑编和收录。

《儒藏》编纂是一项前无古人的事业，儒学史料也从未得到系统整理。我们坚持一切从儒学史文献的实际出发，一切为学术史研究的需要考虑，确立"《儒藏》是儒学之藏，'史部'是儒学史料之部"的观念，对传统目录"史部"的"史学""史料"等规范，进行必要的扬弃，确定了"学史"主题，建立《儒藏》"史部"全新的分类方法。在收书范围上，我们力求专门著作收录齐全，分散资料也不放弃，既将现成的儒学史著作尽可能地予以收集整理，又将散见的局部材料进行分类辑录，编成各种专题类书。这一"学史"与"史学"相区别的分类原则，"丛书"加"类书"的编纂方法，庶几可以使《儒藏》"史部"编成体例科学、使用方便、内容充实、数据丰富的儒学史专题丛书。

259

第七章　四川大学《儒藏》

当代《儒藏》编纂分别由北京大学、中国人民大学、四川大学三家承担（简称北大版、人大版、川大版），三家《儒藏》体例、规格迥异，侧重点不同。

北大版《儒藏》以繁体竖排标点排印校勘本的形式出版，收书约500种。[①]入选书目为具有代表性的儒学文献。按汤一介先生所说："《中华儒藏》又分为两种：《中华儒藏》精华本和《中华儒藏》大全本。"[②]《儒藏》精华本包含较多已经有精审标点校勘本的文献，因此有重复工作之嫌。其优点在于凭借拿下教育部首批重大攻关项目的优势，整合全国20多所高校及研究机构的力量，使价值极高的儒学文献以崭新、适用的面貌呈现在学人面前。总体来说，北大《儒藏》精华本收书数量较少，胜在"小而精"。至于"大而全"的"《中华儒藏》大全本"尚在筹备之中，未能付诸行动。

人大版《儒藏》的编纂目标在于搜集海外儒学文献，翻译整

---

① 《北大实施〈儒藏〉编纂工程》，《人民日报》2003年11月3日。

② 汤一介：《关于编纂〈儒藏〉的意义和几点意见》，《光明日报》2003年9月15日。

理，结集出版，又称《国际儒藏》。无疑，这一举措能够起到促进和推动海外儒学与中国文化研究向前发展和国内外文化相互交流的作用。但海外儒学文献分散，层次不一，收集、编选十分困难。且海外儒学文献一般都用外文写就，在编选时翻译与否也存在问题。

相较而言，从发起时间来看，三家中，川大最早提出《儒藏》编撰设想、最早注册《儒藏》商标。从编纂体例来看，川大《儒藏》"三藏二十四目"的体例、"影印加标点"的编纂方式，兼具创新性和可靠性。从成果来看，川大《儒藏》编纂人力、资金最为有限，成果却比较丰富。这一成绩的取得难能可贵，本节即回溯川大《儒藏》的学术渊源，对支持这一工程的学友致以诚挚谢意。

第一节　四川大学《儒藏》的蜀学渊源

四川大学《儒藏》编纂有着深厚的学术渊源——"蜀学"。蜀学是发生在巴蜀大地、曾经与中原学术并行发展、最终影响并融入中华学术宝库的区域性学术。蜀学在其产生和演变、发展的历程中，与儒家经典和儒学文献，曾发生过非常密切的关系，一定程度上推动着儒家经典体系的嬗变和定型，其成功经验和学术成果至今仍然是编好《儒藏》的精神食粮。

早在上古时期，巴蜀大地便诞生了为儒、道、墨三家共同推崇的"生于石纽"[①]、"兴于西羌"[②]的大禹，《尚书》载其因治水需要而悟"九畴"，于是衍为《洪范》；伏羲氏得《河图》，

---

① 〔南朝宋〕范晔撰，〔唐〕李贤等注：《后汉书·逸民列传》，中华书局，1965，第2773页。

② 〔汉〕司马迁：《史记·六国年表》，中华书局，1982，第686页。

夏后因之，曰《连山》。两书及其所含"阴阳"观念和"五行"学说，奠定了后世中国（特别是儒家）经典文献的基本形态和中国哲学的基本范畴。至于孔子所赞大禹"菲饮食而致孝乎鬼神"的孝道观念，以及《考工记》所载"夏后氏世室"的宗庙制度，更是后世儒家坚决持守的道德伦理和礼仪基础。约当殷商时期的"三星堆"遗址，所出土青铜祭坛，明显表现出"三界"（天、地、人）合一的信仰体系。战国时成书的《世本》又揭示蜀为"人皇之后"（《华阳国志》则称蜀"肇于人皇"之际），天皇、地皇、人皇三才一统的观念，又与三星堆出土青铜器吻合起来。《华阳国志》记载蜀王亡故，不同中原之谥号，而以"青帝、赤帝、白帝、黑帝、黄帝"命其庙号，又与《洪范》中所载五行相生相克的观念结合起来。至于禹所娶涂山氏之婢女吟唱"候人兮猗"的《南音》，后为周公、召公所取法"以为《周南》《召南》"[①]；又为屈原所依仿，造为《离骚》楚辞[②]。所有这些，均可视为早期巴蜀学人对儒学经典文献形成的特别贡献。

262

　　秦汉时期，物华天宝的巴蜀地区不仅是祖国统一的坚强基地，也是中华学术孕育和发展的摇篮。汉景帝（一说文帝）末年，庐江舒城人文翁为蜀守，有感于秦后天下绝学，乃修起石室学宫于成都市中，派张宽等18人前往长安从博士讲习孔子《七经》（在中央所传《诗》《书》《易》《礼》《春秋》之外另加《论语》《孝经》），张宽等学成归来，即居学宫教授；文翁复选下县弟子入石室肄业，成功改变巴蜀的"蛮夷风"，实现移风易俗，儒学正式扎根巴蜀。巴蜀士子，或负笈万里，求学京师，

---

①〔秦〕吕不韦编，维通集释：《吕氏春秋集释·音初》，中华书局，2009，第140页。

②谢无量：《蜀学会叙》，《独立周报》1912年第8期。

或居乡开馆传道授徒，形成颇具特色的"蜀学"流派，史书或称"蜀地学于京师者比齐鲁焉"①；或直接说"蜀学比于齐鲁"②。巴蜀士子以经学为学习和追迹对象，在儒家故里之外又形成一个儒化地区，故当时巴蜀有"西南邹鲁""岷峨洙泗"之称。文翁石室是汉朝首个由地方政府建设的高等学府，在历史上成绩卓著，影响盛大，史称"后王褒、严遵、扬雄之徒，文章冠天下，繇文翁倡其教、相如为之师"③。汉武帝推广其经验，"令天下皆置学校官"，于是汉代遍开郡国之学，中国逐步进入"儒化"时代。当时汉博士所守经典为《诗》《书》《礼》《易》《春秋》"五经"，蜀中所传则是《七经》，在"五经"外增加《论语》《孝经》，形成"蜀学"重视伦理教化的经典特色。是后，中原士人通习群经称"五经无双"④，"通五经"⑤；巴蜀士人通群经则多称"东受《七经》"⑥，"学孔子《七经》"⑦，"精究《七经》"⑧，毕沅《传经表》附《通经表》所列汉代通"七经"者六人（江藩《经解入门》同）：张宽（西汉成都人）、荀爽（东汉末汝阴人）、赵典（东汉成都人）、杨克（又作充，东汉梓潼人）、李譔（蜀汉涪人）、许慈（南阳人，仕于蜀汉），除荀爽外，其他五人皆是"蜀学"中人，这自然是蜀学贵"七经"的结

---

①〔汉〕班固：《汉书·循吏传》，中华书局，1962，第3626页。

②〔晋〕陈寿撰，〔南朝宋〕裴松之注：《三国志》，中华书局，1982，第973页。

③〔汉〕班固：《汉书·地理志》，中华书局，1962，第1645页。

④〔南朝宋〕范晔：《后汉书·儒林列传·许慎》，中华书局，1965，第2588页。

⑤〔南朝宋〕范晔：《后汉书·张衡传》，中华书局，1965，第1897页。

⑥〔晋〕常璩：《华阳国志校注》，刘琳校注，巴蜀书社，1984，第214页。

⑦〔南朝宋〕范晔撰，〔唐〕李贤等注：《后汉书·赵典传》注，中华书局，1965，第947页。

⑧〔晋〕常璩：《华阳国志校注》卷十，刘琳校注，巴蜀书社，1984，第818页。

果。"七经"概念在东汉得到普遍认同，儒经体系于此从"五经"（重史）向"七经"（重传记）转型。

东汉末年，天下纷乱，中央太学，徒具故事，"博士倚席不讲，诸儒竞论浮丽"[①]；"学舍颓敝，鞠为园蔬，牧儿荛竖，至于薪刈其下"[②]。然而当时镇守巴蜀的河间人高朕却在成都大兴文教，既恢复被战乱所毁的文翁石室，又在石室之东新建祭祀周公、孔子等历代圣贤的"周公礼殿"，教育与祭祀并重，形成中国学校"庙学合一""知信合一"的体制，这比北魏在都城洛阳实行的同一制度提前了300年。

唐自武后，滥用威权，学官多授亲信，太学形同虚设，"博士助教，唯有学官之名，多非儒雅之实""生徒不复以经学为意""学校顿时隳废"，[③]但是远在西南的巴蜀地区，却社会稳定，人文辐辏。在公元8世纪，成都诞生了以"西川印子"命名的雕版印刷物，肇开人类印刷术之先河，宋人有曰："雕印文字，唐以前无之，唐末益州始有墨板。"[④]五代时期，巴蜀图书出版成绩卓著，后蜀宰相毋昭裔于广政元年（938年）倡刻《石室十三经》，历190余年至北宋宣和五年（1123年），最后一经《孟子》入刻。蜀石经有经有注，规模宏大，"其石千数"（晁公武说），堪称中国"石经"之最。蜀石经可贵之处，在于在唐代盛行的"九经"（《易》、《书》、《诗》、"三礼"、"三传"）体系（即使《开成石经》刻了12部，也只称"石壁九经"）外，增加

264

---

①〔南朝宋〕范晔：《后汉书·樊准传》，中华书局，1965，第1126页。
②〔南朝宋〕范晔：《后汉书·儒林列传》，中华书局，1965，第2547页。
③〔后晋〕刘昫等：《旧唐书·儒学上》，中华书局，1975，第4942页。
④〔宋〕朱翌：《猗觉寮杂记》，云云王：《丛书集成初编》，商务印书馆，1935，第78页。

《论语》《孝经》《尔雅》和《孟子》，以"石室十三经"（或"蜀刻十三经"）命名（赵希弁《郡斋读书附志》、曾宏父《石刻铺叙》均载其事），正式形成"十三经"体系。这套刻在石头上的经书，促成了儒家"十三经"的最后形成。毋氏还将原来用于"阴阳杂书"和佛家读本的雕版技术，移刻儒家经典以及《文选》、类书等正规文献，为五代、北宋儒经"监本"等权威刻本树立了榜样。

宋代"四川"刻书业十分发达，"蜀版"是当时学人和藏家努力罗致和收藏的珍品，杨慎《丹铅续录》有"宋世书传，蜀本最善"之说；开宝年间由政府主刻的多达13万片的"开宝大藏经"，即由高品张从信督刊于成都，成为后世藏经刻印的鼻祖。南宋理宗时，蜀人魏了翁将唐孔颖达、贾公彦等《九经注疏》删节为《九经要义》，以便学人。至于宋末蜀人史绳祖《学斋佔毕》又载："《大戴记》虽列之《十四经》"云云；周密《癸辛杂识》后集载，宋末廖莹中"又欲开手节《十三经注疏》"云云，因宋亡未果，则是在《十三经》观念形成后的事情。

明代，曾为四川右参政使、按察使的曹学佺，既纂辑巴蜀掌故资料成《蜀中广记》108卷，又感于"二氏有藏，吾儒何独无有藏"，"欲修《儒藏》与鼎立，采撷四库书，因类分辑，十有余年，功未及竣"①云云。清乾隆中，在周永年重倡《儒藏说》的同时，四川罗江人李调元独自辑刻《函海》，收书150余种，许多稀见的儒学著作得以保存。晚清经学殿军廖平严分经史，善说古今，发凡起例，撰《群经凡例》，欲以今古文学为标准，撰著《十八经注疏》，以纠正东汉以下注疏今古无别、学派

265

①〔清〕张廷玉等：《明史·曹学佺传》，中华书局，1974，第7401页。

不清（如《十三经注疏》）的状况。1906年，后任四川存古学堂督监（院正）的蜀中才子谢无量，曾倡议编刻《蜀藏》；辛亥遗老胡淀诸人，又计划编纂《四川丛书》，只惜皆因时势不济而未成。

历代蜀学先贤热衷整理儒学文献、创建经典体系的探索和创新精神，给后世学人留下许多有益启示。如汉代文翁将博士所守"五经"体系扩大到"七经"（"五经"与《论》《孝》），实现从"尊经典"（重史实）向"重传记"（贵伦理）的突破；蜀刻石经将唐人"九经"扩大到"十三经"（纳入《孟子》），又实现了"贵子书"（重心性）的突破；宋代魏了翁删节《九经注疏》而成《九经要义》，突出了注疏的重要性；史绳祖记载时人将"《大戴礼记》列入'十四经'"，又突显了"经"外文献的重要价值；晚清廖平发起《十八经注疏》，突破了郑学、宋学窠臼，都具有典范重塑、肇开风气的意义。此外，蜀人还首创"西川印子"的雕版印刷术，扩大了儒经传播速度；北宋初在成都刻成的规模浩瀚的《开宝大藏经》，为大型丛书刊刻积累了经验。历史进入20世纪90年代，置身近代"蜀学"发祥地的四川大学，再度提出了儒学文献整理和体系重建的问题，那就是《儒藏》编纂。

第二节　四川大学的儒学教育渊源

四川大学作为现代新型高校，迄今只有126年的历史，但是作为具有丰厚文化底蕴、悠久办学历史的巴蜀第一学府，四川大学的文脉和学风，又可以追溯至清康熙年间所建锦江书院（1704—1903年）、光绪年间所建尊经书院（1875—1902年）和晚清民国时期兴办的存古学堂（"国专"，1910—1931年）。如果要追述其儒学教育、经学研究的传统，其远源更须从西汉时期文翁石室（约前143年）讲起。盖因1902、1903年尊经书院、锦江书院与中西学堂合并，组建四川通省大学堂（后改名四川省城高等学堂），即四川大学前身；而锦江书院又是康熙四十三年（1704年）在文翁石室原址上重建，以传承文翁教泽、振起巴蜀学术为己任的地方高等学府，因此，锦江书院者，清代之"石室"也；文翁石室者，"川大"之前世也；而"川大"者，则又石室、锦江之现世也。兹欲述"川大"传经、弘儒之历史，自然不能舍文翁石室、锦江书院、尊经书院于不顾。

一、文翁石室有仪形，庠序千秋播德馨："石室"时期

"文翁石室"为西汉景帝末年（约前143年）蜀守文翁所创。历汉、唐、宋、元、明，相沿而不改，一直是蜀郡（或成都府、四川省城）的最高学府，为"蜀学"人才培养摇篮。"石室"历时1800余年从未间断，直到明末战乱，学校才被焚毁。在近两千年办学历程中，"文翁石室"对中华文化产生了深远影响，蜀学人士也为弘扬儒学、研究经学做出了突出贡献。历考其事，盖有四端：

一曰推行"儒化"，移风易俗。文翁为庐江（今属安徽）人，景帝末为蜀郡太守，当时"承秦之后，学校陵夷"，蜀中风俗犹"有蛮夷风"。文翁乃起学校于成都市中，遣张叔等18人诣博士，"东受'七经'，还教吏民"[1]。从此巴蜀士人欣欣向学，于是"蜀地学于京师者比齐鲁焉"[2]。《三国志·蜀书·秦宓传》《华阳国志·蜀志》甚至称"蜀学比于齐鲁""至今巴蜀好文雅，文翁之化也"。逐渐形成"蜀学"流派，蜚声于华夏学

---

① 〔晋〕陈寿：《三国志》卷三八《蜀书·秦宓传》，中华书局，1959，第973页。

② 〔汉〕班固：《汉书·循吏传》，中华书局，1962，第3626页。

术之林。杜甫诗《赠左仆射郑国公严公武》："诸葛蜀人爱，文翁儒化成。"苏轼《监试呈诸试官》："至今天下士，微管几左衽。谓当千载后，石室祠高昳。"都对文翁的儒化教育给予高度评价。

二曰肇开庠序，引领全国。文翁兴学，是古代中国地方政府办学的创举，开启了中国地方办教育的新篇章。"至武帝时，乃令天下郡国皆立学校官，自文翁为之始。"[①]（《汉书·文翁传》）于是在中央太学外，各地又形成了"郡国曰学，县、道、邑、侯国曰校，乡曰庠，聚曰序"的教育体制，大大促进了儒学在全国各地的传播。

三曰推行"七经"，扩充经典。秦宓述文翁之事："蜀本无学士，文翁遣相如（当作'张叔'——引者注）东受'七经'，还教吏民，于是蜀学比于齐鲁。"[②]常璩亦谓："（文）翁乃立学，选吏子弟就学，遣隽士张叔等十八人，东诣博士受'七经'，还以教授。"[③]

秦宓和常璩都说"文翁化蜀"的教材是"七经"。何为"七经"？全祖望《经史问答》、杭士骏《经解》以"五经"加《论语》《孝经》。征之《汉书·平帝纪》："征天下通知逸经……及以'五经'、《论语》、《孝经》、《尔雅》教授者。"知二氏之说可信。"文翁化蜀"用"七经"，于是形成中央用"五经"，蜀郡用"七经"的局面，中原人士熟读群经称"兼通五经"（张

①〔汉〕班固：《汉书·循吏传》，中华书局，1962，第3626页。

②〔晋〕陈寿：《三国志》卷三八《蜀书·秦宓传》，中华书局，1959，第973页。

③〔晋〕常璩：《华阳国志》卷三《蜀志》，刘琳校注本，巴蜀书社，1984，第214页。

衡）、"五经无双"（许慎）、"遍习五经"（桓谭），蜀人通群经则称为"精通七经"（杨充）、"学孔子七经"（赵典）矣。

四曰刊刻石碑，形成"十三经"。唐代盛行"五经"和"九经"概念，唐太宗令孔颖达撰《五经正义》，后又形成《九经正义》（即《周易》《尚书》《诗经》《礼记》《左传》《周礼》《仪礼》《穀梁传》《公羊传》），"九经"遂成为儒家经典总称，"开成石经"明明十二部（"九经"加《论语》《孝经》《尔雅》），却依然称为"石壁九经"①。在此背景下，"蜀学"人士又将儒家经典扩大到"十三经"。五代孟蜀毋昭裔、孙逢吉等人组织书刻的"蜀石经"，比"开成石经"多《孟子》，称"石室十三经"②，此后，"十三经"成为儒家经典的基本模式③。这些事件的发生，都在文翁石室所在的地方。明任浚谓："若夫'石室十三经'，始自孟蜀。"④清沈廷芳《经解》："'五经'始汉武帝，'七经'始汉文翁，'九经'始唐郑覃，'十一经'始唐刘孝孙，'十三经'始蜀毋昭裔、孙逢吉诸人。"⑤正此之谓也。

文翁创建"石室"，引进"七经"教育，使儒学教育从中央太学下及于郡县庠序，也使儒家经典从"五经"扩大到"七经"。

---

① 分别见〔后晋〕刘昫等：《旧唐书》，"文宗纪""郑覃传""柳仲郢传""儒学传上""儒学传下""王友贞传"，中华书局，1975，第 571 页、第 4492 页、4307 页、4952 页、4979 页、5118 页。

② 〔宋〕赵希弁《郡斋读书附志》（孙猛校证本，上海古籍出版社，1990，第 1087 页）、〔宋〕曾宏父《石刻铺叙》（文渊阁《四库全书》本）。

③ 参见舒大刚：《"蜀石经"与〈十三经〉的结集》，《周易研究》2007 年第 6 期。

④〔明〕任浚：《十三经注疏序》，雍正《山东通志》卷三五之六引，文渊阁《四库全书》本。

⑤〔清〕沈廷芳：《经解》，见《皇清文颖》卷一三，文渊阁《四库全书》本。

而在文翁石室刻竣并陈列的"石室十三经",又使儒家经典从"九经"扩大到"十三经",从而促成了儒家经典范式的最终形成。文翁石室的办学经历和经学的推广,不仅对巴蜀地区有移风易俗的作用,而且对儒家经典体系也具有开风气、成典范的巨大功能,这也许就是"文翁石室"这所千年学府对于儒学的重要贡献吧。

裴铡《题文翁石室》:"文翁石室有仪形,庠序千秋播德馨。古柏尚留今日翠,高岷犹蔼旧时青。人心未肯抛毡蚁,弟子依前学聚萤。更叹沱江无限水,争流只愿到沧溟。"文翁开创的地方教育事业,开启了后世蜀人推崇"儒化"、比肩齐鲁的志向,也树立了历代蜀学祖述和继承的典范。

二、石室云霞思古梦,锦江尊经读书声:"书院"时期

"锦江书院"系康熙四十三年(1704年)四川按察使刘德芳奉旨在文翁石室遗址上重建。名称虽易,实质未改,锦江书院仍然是省城最高学府——"文翁石室"的延续。锦江书院在清代是四川省城最高学府,"为通省作育人才之所"。直到光绪二十八年(1902年),四川总督奎俊奉光绪朱批,将四川中西学堂与改制后的尊经书院和锦江书院合并为四川省城高等学堂(即今四川大学前身),共存在198年。锦江书院在其上升时期,主张"先经义而后时文""先行谊而后进取",成就远大,教绩突出。锦江书院一直居全川书院之首,规制崇宏,名师聚集,人才辈出。乾嘉时期"诗学汉魏,文学《左》《史》,皆诣极精微"[1]的著名文学家彭端淑,两长书院、二十载教席,"造士尤众"[2]。"蜀中三才"之一李调元、清末四川唯一的状元骆成骧、"戊

---

[1]《清史列传》卷七一,王钟翰点校,中华书局,1987,第5850页。
[2] 嘉庆《四川通志》卷一五四《人物》,清嘉庆二十一年刻本。

戌六君子"之一刘光第、"中国思想界的清道夫"吴虞、近代历史文献学家张森楷等，都出自锦江书院。进入晚清，书院背离"先经义""重行谊"办学宗旨，其教学乃以"八股文"制艺为主；其所习不过举业，不及经史；所治不过制艺，不及道德，不脱考课与时学之窠臼。阮元、王先谦前后两刻清人经学著作而成《清经解》《清经解续编》，收录390种、2830卷，蜀人著述竟无一种入选，历史上曾经引领风骚的"蜀学"，于此疲软已极。

"尊经书院"由洋务派首领张之洞兴办于光绪元年（1875年），至光绪二十八年（1902年）与中西学堂合并组成四川通省大学堂止，共存在28年。尊经书院的宗旨，盖欲力矫晚期锦江书院"空谈讲学""溺志词章"之陋习，而以"通经学古课蜀士"，欲培养"通博之士，致用之材"，^①化民成俗，振兴蜀学。在教学方面，张之洞初拟设"经学、史学、经济、算学、词章为五门"，带有现代专科大学教育特色，由于师资缺乏、经费紧张而未果，故尊经书院教学主要以经、史、词章为主。张之洞以"两文达之学"相号召，指导书院学生熟读阮文达（元，谥文达）辑刻之《皇清经解》和纪文达（昀，谥文达）主撰之《四库全书总目》，注重目录之学和考据之学。张还特地编撰《輶轩语》和《书目答问》，形成了"凡学之根柢必在经史，读群书根柢在通经，读史之根柢亦在通经"，"由小学入经学者，其经学可信；由经学入史学者，其史学可信；由经学、史学入理学者，其理学可信；以经学、史学兼词章者，其词章有用；以经学、史学兼经济者，其经济成就远大"的著名理念。既而湘学大师王闿运两次

---

① 〔清〕张之洞：《四川省城尊经书院记》，清光绪二年（1876年）刻本。

入蜀执讲，前后七八年，"以实学教诸生，以德操感士子，且以议论贬当世"，①于是大开风气，蜀士"欣欣向学"，大有文翁教存、石室重光之势。

为扩大图书流通，方便生员购读，尊经书院还设立尊经书局刻印图书，"仅十余年，成书数十种"，如张之洞《輶轩语》《书目答问》，王闿运手钞《今古文尚书》，手校《南史》《北史》；廖平《今古学考》《经学初程》《群经凡例》，皆书局所刻，是当时全国有名的书院出版中心。还创办学术辑刊，汇录和选刊学员论文，提倡学术研究，如《蜀秀集》，《尊经课艺》初、二、三集，成为当时成都的学术中心。

为"绍先哲，起蜀学"，总结和继承"蜀学"传统，由尊经书院发起，锦江书院继踵，编纂了上起两汉，下迄清人的《蜀学编》，对历史上的蜀学人物进行了系统梳理，对蜀学的优良传统进行了初步总结。这是晚清"蜀学"勃兴以后带来的新气象，也是"蜀学"人士致力于"学统"构建、自立宗派的首次尝试。

尊经书院时期，成果丰硕，人才辈出。据研究，"在二十多年里，尊经书院培养的生员约2000名以上"，其来源多是全省府县学的高才生。书院以"通经学古"为要，务重实学，不授"八股"，不限年时；教学法也是专经导读，不作填括和死记硬背。学生得以自由探讨，自由讲习，自由思考，自由研究，自出心得，许多人还在学生阶段，即已写出水平较高的专著（如廖平《穀梁春秋古义疏》《今古学考》），故成就斐然，大家辈出。民国《四川方志简编》说："自王闿运来蜀，遂以博学穷经为士林倡，于是乾嘉之学大盛于蜀，一时人文蔚起，鸿硕辈出。

---

① 柳定生：《四川历史》，钟山书局，1942，第70页。

廖（平）、宋（育仁）、吴（之英）、张（森楷），尤著令闻焉。"①胡昭曦也指出："尊经书院确乎是近代振兴蜀学的基地，是近代四川人才培养的摇篮，也为中国教育提供了宝贵的历史经验。"②尊经书院培养的人才，经、史基础深厚，且具有致用意识，既能"阐述经学微言大义"，又有"崇本达用之方"，如杨锐、刘光第、廖平、宋育仁、吴之英，皆自传统经学而倡言"托古改制""复古改制"和"变法维新"；罗纶、蒲殿俊、吴虞、张澜、吴玉章，皆自旧学而高标改良、革命，等等。即以传统国学论，明清蜀人著作进入《四库全书》及其《总目》《存目》者殊少，而事隔不到一百年，蜀人著作之进入《续修四库全书总目提要》者，已猛增至200种左右（据"中研院"文哲所《晚清四川地区经学家论著目录》），其中大部分属于尊经书院时期王闿运、廖平、吴之英和宋育仁等人著作，"蜀学"不振的局面得到根本扭转。

尊经书院时期的学术成就，大致可归纳为五个方面：

一是长于"三礼"和《春秋》之学。如王闿运承常州学派之绪余，擅长《春秋公羊》学，固无论矣。在他的影响下，廖平亦"长于《春秋》，善说礼制"③，运用礼制之异区别今文、古文，著《今古学考》，被俞荫甫（樾）推为"不刊之书"；又撰《穀梁古义疏》，名列"清人十三经新疏"之一；还有《公羊解诂三十论》《左传古经说》等春秋学著作20余种（今存16种）。

---

① 李肇甫领衔，陶元甘主持，舒君实润饰：《四川方志简编》，稿本，藏四川省图书馆。

② 胡昭曦：《尊经书院与近代蜀学》，载《儒藏论坛》第二辑，四川大学出版社，2007，第327~357页。

③ 蒙文通：《井研廖季平师与近代今文学》，载《经史抉原》，巴蜀书社，1995，第110页。

吴之英也明于《公羊传》，著有《寿栎庐丛书》，论者谓其"言《周礼》者最多最精"①，其《仪礼》三书（《仪礼奭固》《仪礼器图》《仪礼事图》），尤称精绝。宋育仁擅长文学，亦善经学，撰《问琴阁丛书》，有《周礼十种》，主张"复古改制"，宣传维新变法，为改革号角。

　　二是"以复古求解放"，将乾嘉所复东汉古文学，进至西汉今文时代，并进而将经学复至先秦子学和古史之学，最终实现经学向史学的转变。②自郑玄混合今古，学人不知"今学""古学"之别，乾嘉之学多停留于名物训诂即"许郑之学"；常州学派讲《公羊传》三世法，但不知今古文分歧所在，未得要领。廖平《今古学考》成，"然后二家所以异同之故，灿若列眉"③。刘师培谓："贯彻汉师经例……魏晋以来，未之有也。"④章太炎也说："余见井研廖平说经，善分别今古文，盖惠（栋）、戴（震）、凌（曙）、刘（逢禄）所不能上。"⑤把中国经学推进到新的发展阶段。其后，廖氏门人蒙文通出，复推寻今古二家致异之源，而得"鲁学""齐学"（今文经学）与乎"晋学"（古文、史学）之秘，将经学分歧从两汉的礼制之异，上溯为先秦的文化殊方和

---

　　① 谢兴尧：《周政三图》提要，载《续修四库全书总目提要·经部》，中华书局，1993，第 630 页。
　　② 廖平本人即是"以复古求解放"的自觉实践者，其《与康长素书》云："太岁再周，学途四变。由西汉以追先秦，更由先秦以追邹鲁。"（廖宗泽《六译先生年谱》卷六"民国二年"，重庆图书馆藏原稿本，收入舒大刚主编《儒藏》第99 册，四川大学出版社，2007，第 878 页。）
　　③ 廖平：《四益馆经学四变记·初变记》，载《廖平选集》上册，巴蜀书社，1998，第 547-548 页。
　　④ 刘师培：《非古虚下》，载《刘申叔遗书·左庵外集》卷五，江苏古籍出版社，1997，第 1415 页。
　　⑤ 章太炎：《程师》，《太炎文录初编》卷一，载《章太炎全集》第四册，上海人民出版社，1985，第 138 页。

古史异源，从而实现了对经学家法、师法的彻底解放，真正促成经学向史学过渡。

三是拓展经学内涵，扩大儒学范围。廖平《今古学考》卷下："予创为今古二派，以复西京之旧，欲集同人之力，统著《十八经注疏》（今文：《尚书》《齐诗》《鲁诗》《韩诗》《戴礼》《仪礼记》《公羊传》《穀梁传》《孝经》《论语》；古文：《尚书》《周官》《毛诗》《左传》《仪礼经》《孝经》《论语》《戴礼》。《易》学不在此数），以成蜀学。见成《穀梁》一种……因旧欲约友人分经合作，故先作《十八经注疏凡例》。"①他不仅要严格区分今古文学，还要将儒家经典范式扩大到"十八经"，是对"蜀石经"形成的"十三经"的重大突破。这不仅仅是"以成蜀学"，而且是要重振宗风、再兴孔教，重构儒家经典体系。可惜他后来屡变其说，无暇于此，"十八经注疏"没有完成，留下历史遗憾。

四是开创近代经学史研究新局面。近世以来学人侈谈"今古文学"问题，实则这一话题肇端于晚清"蜀学"中坚廖平。皮锡瑞《经学历史》："国朝经学凡三变。国初……是为汉、宋兼采之学。乾隆以后，许、郑之学大明……是为专门汉学。嘉道以后，又由许、郑之学导源而上……汉十四博士今文说，自魏、晋沦亡千余年，至今日而复明。实能述伏、董之遗文，寻武、宣之绝轨，是为西汉今文之学。学愈进而愈古，义愈推而愈高；屡迁而返其初，一变而至于道。学者不特知汉、宋之别，且皆知今、古文之分，门径大开，榛芜尽辟。论经学于今日，当觉其易，而不患其难矣。"使"今人"知今文、古文之别者，能获"讲经

---

① 廖平：《今古学考》卷下，《廖平选集》上册，巴蜀书社，1998，第89页。

学"之"易"者，即廖平其人。[①]

五是托古改制，以经学讲革命，讲改制，诱导了思想解放。尊经书院讲经学多主"托古改制"或"复古改制"，廖平、宋育仁、吴之英等人俱是如此；诸人还创办《蜀学报》《蜀报》，鼓吹改良。是廖平"二变"尊今抑古思想，通过康有为引起了近世思想解放运动，为维新变法提供了精神武器。此人所共知者，兹不赘述。

李学勤认为："晚清以来，有两个地方的学术研究很有影响，即川学和湘学。廖平是川学的代表之一。"[②]又说："从晚清以后，中国传统文化发展的中心位置有所转移……一个是'湘学'，一个是'蜀学'。"[③]正是针对当时以尊经书院为代表的晚清蜀学而言的。

三、正声微茫骚人怨，废兴万变宪章沦："学堂"时期

自"两院一堂"合并成立四川省城高等学堂，至国立四川大学成立，其间各时期，儒学教育和经学研究在四川大学节节退缩，逐渐式微。

四川省城高等学堂。该学堂系1902年由中西学堂与尊经书院、锦江书院组建而成，是传统书院与现代大学办学模式合一的高等学府。

高等学堂除保持书院时期的师资力量外，也保持了书院时

---

① 有人甚至认为，两汉本不存在今古文对垒，是廖平挑起这场千古公案。参见钱穆：《两汉经学今古文平议·自序》，商务印书馆，2001；李学勤：《〈今古学考〉与〈五经异义〉》，载张岱年等：《国学今论》，辽宁教育出版社，1991。

② 李学勤：《清代学术的几个问题》，《中国学术》总第 6 辑，2001 年第 2 期。

③ 李学勤：《弘扬国学的标志性事业》，《西南民族大学学报》（人文社科版）2005 年第 9 期。

期的学科优势。学堂分正科和附科两大类，正科即本科，设有一部、二部、三部，分别是文科、理科、医科，其中文科教授经学、政法、文学、商科等知识。三部还有共同公共课，开设人伦道德（讲《宋儒学案》）、经学大义（主讲《五经》）等，其传统气氛十分浓厚。附科设有速成师范科、优级师范科、普通科、体育科、测绘学堂、铁路学堂、半日学堂、附设中学堂等。其"优级师范科"生员要求具有贡生、廪生功名，专门培训中国儒经、诸史、词章之学方面的师资。高等学堂除讲授教育部颁布课程外，还重视修身、读经、讲经、国文等教学。

在师资方面，高等学堂对教师的水平和资历要求都很高，除聘有数十名留洋人员和外籍教师外，国学教师多具有科举功名（进士、举人），或者原本就是尊经、锦江两书院的"宿儒"，如翰林院编修胡浚（兼学堂总理）、状元骆成骧、进士廖平，以及谢无量、刘豫波、杨沧白、徐炯等著名学人；特别是三任校长胡浚、周翔、骆成骧，都是社会名流和政府要员。正科生源是省内外中学堂毕业生、各府县有功名的生员。条件优越、师资雄厚，学生来源层次高，故高等学堂（含附中学堂）培养了一大批杰出人才，朱德、郭沫若、张培爵、张颐、温少鹤、王光祈、蒙文通、周太玄、李劼人、魏时珍、张怡荪、曾琦等，后来在中国政治、军事、文化等方面都产生了重要影响。

高等学堂后来经过国立成都高等师范学校、国立成都大学等阶段的发展，再融入其他专门学校，成为今天四川大学的主要源头。

辛亥革命后，推行"壬子学制"，改变前清"忠君、尊孔、尚公、尚武、尚实"的教育宗旨，不再提倡"以忠孝为本""以经史之学为基"；学堂改称学校；在全国范围内，取消"经学科"，大学分设文、理、法、商、医、农、工七科，而以文、理为主。

1912年，四川高等学校（四川高等学堂）与四川高等师范学校（四川高等师范学堂）合并，组成"国立成都高等师范学校"（"高师"）。其课程设置也随新的学制有所调整，设国文部、英语部、博物部、数理部；国文部又分国文及国文学、历史、哲学、美学、语言学等。"国文与国文学"课程，有讲读作文、诸子学、群经大意、中国文学史、文字学、韵文等。教员则有曾学传（教授宋明理学）、宋育仁（教授文学史、骈文）、廖平（教授诸子学、群经大意）、骆成骧（教授国文）、龚熙春（教授国文）、龚道耕（教授经学通论），等等。虽然传统经学已经没有专门的学科门类，但仍是"国文部"重要的课程，教员也是该门类中最优秀的一群。

吴玉章在高师时（1922—1924年），又改国文科为文史科，专业课程有国文、国史、文学概论、文字学、诸子、文学史、讲经；选修课则有中国伦理学史、古籍校读法、国故概要、诗词赋选讲等，还基本保留了传统经学的科目。国文教员中还有李植、文龙、谭焯、龚道耕、林思进、赵少咸、祝屺怀等耆学宿儒。只是课时大为缩减，《经学通论》已经从原来每周6-11学时，减少为2学时；特别是取消了以宋明理学为内容的伦理课，蜀学宿儒的生存空间日益缩小。

"存古学堂"至"国学专门学校"。历史上四川大学经学研究的另一重镇，是与高等学堂并行发展的四川存古学堂（后改称国学专门学校）。

随着清廷壬寅、癸卯学制的改革，专门教育在四川得到蓬勃发展，形成了四川通省师范学堂和五大专门学堂（四川法政学堂、四川藏文学堂、四川通省农业学堂、四川工业学堂、四川存古学堂）。

四川存古学堂是继张之洞光绪三十三年（1907年）在湖北设立存古学堂之后，于宣统二年（1910年）设于成都，校址选在城南簧门街杨遇春宅，谢无量任督监（校长）。辛亥革命后，各省存古学堂皆奉新教育部令停办（有的省先已停办），而四川存古学堂则通过更名方式续办。四川存古学堂1912年2月改称四川国学馆，下设教科部、印刷部、杂志及讲会部。同年6月，四川军政府咨询机构枢密院改为国学院，吴之英任院正（长）；11月，国学馆与国学院合并，吴之英任院正，谢无量、刘师培任院副；原国学馆教科部改称国学学校，隶属国学院，刘师培以院副兼校长，其课程则采用存古学堂章程"变通办理"。1914年3月，国学院结束，专办国学学校，廖平任校长。1918年，正式定名"四川公立国学专门学校"（"国专"），先后由宋育仁、廖平、骆成骧、蔡锡保任校长。

1927年，"国专"作为"五专"之一，合并为公立四川大学，"国专"改称中国文学院；1931年迁至国立四川大学校本部（皇城）。存古学堂（"国专"）独立运行了21年，"从1910年迄1931年，几经嬗递，六易其名，均以国学一脉相承，校舍依旧，宗旨相近"①。其儒学教育和经学研究成就主要表现在：

一是经学为本，保存国粹。存古学堂开办宗旨，山西道监察御史李浚奏折中有明确表达："学堂以经学为问，诚致治之大原，亦保邦之要务""存国粹即所以束人心，束人心即所以维世教"。四川存古学堂也是"储通材而维国学""存国粹以束人

---

① 存古学堂沿革，依张丽萍、郭勇《四川存古学堂及其嬗变——兼谈其与蜀学的传承发展》考订，载《儒藏论坛》第二辑，四川大学出版社，2007，第365页。

心"，要在西学大量涌入的背景下，"研究国学，发扬国粹，沟通古今，切于实用"。吴之英曾撰一联以示趣：

斯道也将亡，难得四壁图书，尚谭周孔；

后来者可畏，何惜一池芹藻，不压渊云。

勉励弟子们借此地以谈儒家推崇的周公、孔子，以便上继先贤王褒（子渊）、扬雄（子云）。

二是实行专经教育。在新学纷纷扰扰的情况下，存古学堂以培养"中学"师资、升入"通儒院"为目的，学制分三年、七年两种。三年毕业者，可派往中小学堂任国文教员；三年届满，愿意继续深造者，可再修四年，满七年后毕业。分科设有经学门、史学门、词章门，1918年宋育仁继任校长后，改为哲学科、史学科、国文科，基本上是尊经书院教学模式的翻版。

本科（3年），主修群经大意（周12学时。是高师2学时的6倍）、中外历史、中国文学、诸子学、宋明理学、伦理、教育学、地理等。又设预科（1年），主习经学、名学、小学、国文、算术。

"存古学堂"特别注重专经研习，还明确号召以"尊孔读经为要义"，要求学生以读经为主，"参杂纬书及岐黄，故学生多横通医学"①；"本校学生专习一经，自认定后不得更改。""新班先习《说文》，兼习《白虎通义》《五经异义》，凡抄书、点书、写札记，均以本经为主。"②明显带有廖平经学重视区别今古文学的特征。

---

① 中国人民政治协商会议四川省委员会文史资料研究委员会编：《四川文史资料选辑》第33辑，四川人民出版社，1984，第162页。

② 《四川公立国学专门学校档案》第七卷，四川大学档案馆藏。

三是教学科研结合，是当时四川经学研究中心。存古学堂是在新学与旧学之争激烈、传统国学式微的状况下开办的，有保持国学、培养师范师资及道德楷模等功能，因而曾经被视为"文化保守主义"典型、"封建旧学"堡垒。存古学堂以及"国专"的校长和教员都是当时的"蜀学宿儒"，如督监（校长）初为少年才子谢无量（1909年），后来继任者有吴之英（1912年）、刘师培（1913年）、廖平（1914年）、宋育仁（1918年）、骆成骧（1922年）等。教员则有张森楷、曾学传、杨赞襄、罗时宪等，都在经史、词章领域卓有造诣。刘师培《国学学校同学录序》云："前清宣统二年，四川总督请于朝，创设存古学校……于是，耆德故老吴之英、廖平之伦，潜乐教思，朝夕讲习，善诱恂恂。"吴虞也回忆道："其时，吴伯朅（之英）师、廖季平前辈、刘申叔、谢无量诸公，聚于一堂。大师作范，群士向风，若长卿之为师，张宽之施教。蜀才之盛，著于一时。"[①]所培养的学生也非常知名，如经史双绝的蒙文通、经子皆擅的李源澄、词章文献兼长的向宗鲁，以及彭云生、曾宇康等，可谓英才荟萃，大家辈出。

特别是古文学大师刘师培入蜀，更成一番风气。刘氏四世传经，在《春秋左传》和古文经学上有很高造诣。他进入四川后，朝夕与廖平、吴之英等人讲论经学，一时学术蔚然成风，撰文著书，不主古文，即主今学，无不打上今、古烙印。当时就读于此的蒙文通回忆说："文通于壬子、癸丑（1912—1913年）间，学经于国学院，时廖、刘两师及名山吴之英并在讲席，或崇今，或

281

---

① 吴虞:《国立四川大学专门部同学录序》，载《吴虞集》，四川人民出版社，1985，第253页。

尊古，或会而通之，持各有故，言各成理……然依礼数以判家法，此两师之所同，吴师亦曰：'《五经》皆以礼为断。'是因师门之绪论，谨守而勿敢失者也。"①刘氏还沿廖平分别今古文学的路子，专心研究《白虎通义》《五经异义》，及其辞国学院之任，北游燕、晋，撰《周官古注集疏》《礼经旧说考略》后，欣然曰："二书之成，古学庶有根柢，不可以动摇也。"②所谓"古学根柢"，实即廖氏分辨今古之理论和方法。

学堂也注重学生研究才能的培养，特意开出系列选题让学生作业，如："列子尊孔诟儒分类钞""庄子尊孔诟儒分类钞""墨子尊孔诟儒分类钞""论衡疑经攻孔驳义""史通疑经攻孔驳义""经学不厌攻孔疑驳""章太炎疑经攻孔驳义"等等，专业性极强。

四是古书校勘出版。存古学堂将原锦江书院和尊经书院所刻书版数万余片移入，组建存古书局，经校勘、修复，予以印刷，前后达300余种，一时成为成都重要的出版机构。当时蜀贤的许多作品也在此刻印，如廖平的《六译馆丛书》等。此外，还主办《四川国学杂志》（后改名《国学荟编》），成为当时全国有名的国学研究专刊，前后出版63期，直到1919年五四运动后才停刊。现存"存古学堂档案"显示，该刊"专以尊孔为主，崇尚道德，期养成高尚之学风。其他蜀中先正著述及近人论说精粹者悉采入焉。古籍中有专为蜀事而作，或世所稀有之本，亦附卷末，

---

① 蒙默：《蒙文通先生年谱》，四川大学历史文化学院编《蒙文通先生诞辰110周年纪念文集》，线装书局，2005，第415页。庞石帚《成都龚向农先生墓志铭》也说："于时巨儒井研廖氏，仪征刘氏，并有重成名，断断辨诵。先生高揖其间，容色晬然，及所发正，不为苟同，斯所谓深造自得者乎。"[《成都大学学报》（社会科学版），1987年第4期]

② 蒙文通：《经学抉原·议蜀学》，巴蜀书社，2019，第127页。

以资学人研究。"①

当然，在国专教员之中，也出现了另类人物，如号称"只手打孔家店的老英雄""中国思想界的清道夫"的吴虞。他从另外一个角度引导青年士子对传统儒学和旧式道德进行反思。吴虞原是锦江、尊经二书院学生，是廖平、吴之英的弟子，旧学功底极深。1905年留学日本后，思想渐趋激进。1907年归国，执教成都各大学堂，后来转教于"国专"，主讲国文、先秦诸子、中国文学史等。1912年后，其先后在《新青年》发表系列文章，主张："不佞尝谓孔子自是当时之伟人，然欲坚执其学以笼罩天下后世，阻碍文化之发展，以扬专制之余焰，则不得不攻之者，势也！"②特别是后来因与父亲闹矛盾，激起他对"孝悌"思想和宗法制度的反感，于是将宗法制度、家庭制度、专制制度和儒家的思想伦理混同起来，指责"儒家以'孝''弟'二字为二千年来专制政治与家族制度联结之根干"，流风所扇，"不减于洪水猛兽"③！为从根本上否定儒学，吴虞大煽"疑古"风，纂录"古人论诸经之说"④，撰《经疑》一篇，对儒家"十三经"（包括"四书"）都进行了根本性否定，以为儒家经典非伪即残，全不可信。主张"帝王临民，因俗而治"，不必以儒学为治道之原，而要"不废天师，兼宗释氏，孙、吴、申、韩，并行不悖"⑤。又说"孔尼空好礼"，"圣贤误人深"，特撰《吃人的礼教》一

283

　　①转引自张丽萍、郭勇《四川存古学堂及其嬗变——兼谈其与蜀学的传承发展》，载《儒藏论坛》第二辑，四川大学出版社，2007，第365页。
　　②吴虞：《致陈独秀》，载《吴虞集》，四川人民出版社，1985，第385页。
　　③吴虞：《家族制度为专制主义之根据论》，载《吴虞集》，四川人民出版社，1985，第63-64页。
　　④吴虞：《经疑》，载《吴虞集》，四川人民出版社，1985，第99页。
　　⑤吴虞：《经疑》，载《吴虞集》，四川人民出版社，1985，第108页。

文，猛烈抨击封建旧礼教，在全国影响很大，在成都更是激起轩然大波，引起新旧二派的长期争论，宋育仁、曾学传等群起而攻之，必欲驱吴出教育界而后快，但是，风会所致，奇言高论，颇能鼓动人心，影响士气，吴虞在当时四川青年中还是颇有影响的[①]。

在近代欧风美雨劲吹、传统国学式微的状态之下，巴蜀学人一方面吸收新知、追赶科学；另一方面，又怀着"以夷变夏"、亡国亡教的忧思，顽强地宣传国学、保持国粹，特别是四川存古学堂，在全国范围内普遍停办的情况下，该学堂还更换名称继续办学，传习经典，宣扬国学，借以维系人心，造就人才，为日后川大语言文学、历史学等专业的开办，培养和储备了师资，其心其功，俱可嘉尚，然而，众口喧喧，背传统以言西化，辟"正声"而泯"宪章"，诸先生护教保种之努力，一度淹没于新派人物的口水仗中矣！李白《古风》所谓："正声何微茫，哀怨起骚人。扬马激颓波，开流荡无垠。废兴虽万变，宪章亦已沦。"宛如千余年前预言文矣。

四、大雅不作吾衰久，王风蔓草多荆榛："改大"时期

在四川大学建校史上，20世纪初是"书院"改"学堂"时期；1911年辛亥革命后，又是"学堂"改为"学校"时期；20年代后半期，成都各高等学校又进入了申办"大学"时期（简称"改大"）；20世纪30年代初，成都三所并立的大学合并为"国立四川大学"（"三大合一"）。今日四川大学之规模粗具，正在国立四川大学（1931）时期。

---

①按：吴虞在"五四"后，因历史局限，落伍时代，顿生"英雄若是无儿女，青史河山更寂寥"的颓唐情调，于是流连烟肆，沉溺妓馆，终老其身，寂寞而死。

1926年，随着全国"改大"之风，高师又一分为二，成立了两所大学：国立成都大学（成大），由原尊经高才生、著名社会活动家张澜任校长；国立成都师范大学（师大），由著名经学家龚道耕任校长。

成大改科设系，与国学有关的是中文系、历史系。中文系开设中国文学、经学、诸子、文字学等课程，由吴芳吉（系主任，讲古今诗歌）、吴虞（国文、先秦诸子）、李劼人（文学概论）、龚道耕（经学、古文）、林思进（《文心雕龙》《史记》《文选》）、李植（文字学）、赵少咸（音韵学）、蒙文通（经学、史学）、伍非百（诸子）、刘咸荣（目录学）、刘复（中国文学史）、卢前（宋词元曲）、余舒（国文）等人主讲。其中有龚道耕、赵少咸、林思进等尊孔读经、精通国故的耆学宿儒，也有吴虞、李劼人等反传统、热心新学的新派人物，新旧交融，相得益彰。

师大的力量相对薄弱，其系科设置与成大相仿，但是师资力量和教育经费都大不如成大，只得与成大合聘教授。惟是其首任校长龚道耕擅长经、史、词章，亦延"蜀学"一脉。他崇尚郑玄之学，斋名"希郑"，与廖平反郑的今文学形成互补格局。撰有《经学通论》《中国文学史略论》，亦作为经典教材，为成都各大中学选用。

这一时期，无论是成大，还是师大，作为系科虽然没有"经学"，但是作为课程却都还有设立，并且由宿儒们主讲。他们重视基础教育的方法，对学生成才影响颇巨。当时就读于师大的姜亮夫后来回忆说："我一生治学的根底和方法，都是和林山腴（思进）、龚向农（道耕）两先生的指导分不开的。他们特别强调要在《诗》《书》《荀子》《史记》《汉书》《说文》《广韵》这些中国历史文化的基础书上下功夫。他们说：'这些书好似唱戏的吊嗓子、练武功。'……龚先生还说：'由博反约之约才能成器，不博则不可能有所发现。'得林、龚二师之教，我在成都高等师范那几年，便好好地读了这些基础书。这点，为我后来的治学，得益确实匪浅。"①虽然师大诸般皆弱，但能成就姜氏一人，亦可以振耻。

1927年，"国专"等五所专门学校合并为公立四川大学，分别设立中国文学院（原"国专"）、外国文学院、法学院、工科学院、农科学院。中国文学院院长长期由向楚担任，后为张颐。1931年，国立成都大学、国立成都师范大学与公立四川大学"三校归一"，组建国立四川大学，中国文学院改称文学院，成为今日四川大学文学院、历史文化学院的前身。

文学院继承了存古学堂（"国专"）的师资和传统，素有"蜀学渊薮""国粹堡垒"之誉，国学特别是经学教育实力雄厚，成果卓著。其系科设置，在存古学堂至"国专"时期（1910—1927年）有经学门、史学门、词章门三门，经学是其基础和核心；宋育仁时期（1918年）改为哲学科、史学科、国文科，哲学科其实就是经学的扩大，从中国儒学、诸子学扩大到西洋哲学、西方伦理学，其主体仍然是国学（儒学）。

1927年中国文学院分设国文科、哲学科的本科以及专门部、预科，哲学科仍然继承了"国专"师资和课程设置；1930年改设中国文学系、史地系，原哲学系并入中国文学系；1931年"三大"合并，文学院改设中国文学系、外国文学系、史学系、教育

---

① 姜亮夫：《姜亮夫自传》，载《晋阳学刊》编辑部编：《中国现代社会科学家传略》第1辑，山西人民出版社，1982，第251–252页。

学系，经学教育分散于文学系、史学系中。

有道是"虽无典型，犹有老成人"，文学院虽然经学系科不存，却有大师宿儒在。院长是学问渊博、精通训诂的教育厅厅长向楚（仙樵），教务主任则是经史双绝、旁通佛老的蒙文通，学监为宋师度。教员有博极经史、擅长昆曲的龚道耕（向农），一代文宗、文献学家林思进（山腴），精通经子、酷爱老庄的怪杰朱青长，擅长子学、尤精孟荀的余舒（苍一），精通小学、疏证《广韵》的赵少咸，学贯中西的李思纯（哲生），精通考据义理、才气横溢的刘咸炘（鉴泉），精通孟子和宋明理学的唐倜风（铁风、唐君毅之父），精通墨家学说和先秦名学的伍非百，以及其他由史学家、文学史家、辞章家组成的教师队伍，如祝屺怀、吴芳吉、萧仲纶、卢前、刘衡如、李劼人、曾缄、李雅南、陶亮生、曾宇康、张浚生、闵民钦等人。

研究川大校史的专家说，在三大学并列时期，他们多数在各校之间兼任讲席，但仍把中国文学院视为他们的国学特别是蜀学发祥地和大本营。课程以经史、诸子、诗词、训诂、声韵学为主，尤其是经学和训诂、声韵，师生均甚重视，把它列为博览、深研的必修基础课和练基本功的方向。"中国文学院承尊经书院导读的传统学风，从国学实际出发，采取教学与治学相结合的方针，偏重自学，听课少而阅读时间多。教师在讲课中特别注意诱导学生阅读注解，探寻注解，从前辈大师学习治学方法。学院着重考核学生阅读古籍的能力……同时考核学生分析问题能力和写作能力，提倡积累资料，从事研究，写出论文。"①这是当时十

---

①《四川大学史稿》编审委员会：《四川大学史稿》第一卷，四川大学出版社，2006，第136页。

足的"研究型大学"。

这批硕学者儒们之教学，一直延续到国立四川大学时期。尽管当时西学狂飙突进，川大国学气氛仍然浓厚。课程仍然有：经学通论、诸子通论、训诂学、古文字学、经学专书研究、古声韵学、讲经、诸子专书研究、《尚书》研究、语言文字专书研究、中国学术思想史、校勘学、语言学等。当时就读于川大的王利器回忆说："校长是任鸿隽先生，文学院长是张颐先生，中文系有龚向农先生讲《三礼》，林山腴先生讲《史记》，周癸叔先生讲词，向仙樵先生讲《楚辞》，祝屺怀先生讲《资治通鉴》，李培甫先生讲《说文》，李炳英先生讲《庄子》，赵少咸先生讲《广韵》，彭云生先生讲《杜诗》，庞石帚先生讲《文心雕龙》，萧仲纶先生讲《诗经》，曾宇康先生讲《文选》，刘大杰先生讲《中国文学发展史》，后来又聘请向宗鲁先生讲《校雠学》《管子》《淮南子》，陈季皋先生讲《汉书》，师道立则善人多。一时蔚为蜀学中心。"①

一批有分量的国学论著，也在这一时期涌现。如张森楷编著的1000余万字、300余卷的《二十四史校勘记》，133卷的《史记新校注》和269卷的《通史人表》，著名语言学家赵少咸的分卷达28册300余万字的《广韵疏证》、30册300余万字的《〈经典释文〉集说附笺》，龚道耕140余种著述中的大部分，蒙文通的《古史甄微》《经学抉原》《天问本事》等，向宗鲁的《说苑校证》《校雠学》《月令章句疏证叙录》，等等，多开始属稿（或撰成）于这一时期，可谓硕果累累。

抗日战争时期，一批省外高校内迁，大量学人入蜀，学校之

---

① 转引自高德增：《鸿儒遍天涯》，湖北人民出版社，1997，第278页。

间师资互聘，有的学人甚至直接进入川大任教，又给川大带来新气息和新方法，但是重视国学的传统，在川大仍然得到保留。当年毕业于此的章子仲深情回忆道："抗日战争时期的中国西南，聚集了全国的国学精英。但是，西南联大等有闻一多、朱自清等'五四'名家，中央、武汉等大学也广搜博采现代中西文化长项，而四川大学却仍然执着于王闿运、廖季平的传统。汇集的外来学者，也多是余杭章太炎、蕲春黄季刚的传人。川大中文系，是不许白话文进门的。杜仲陵老师教《昭明文选》，类似现在大学的基本国文与写作，习作必须用骈文，不但讲求文词对仗、声韵协调，连常见字、习用典都要换成密码式语言。……曾慎言（缄）老师讲课，有时口述'本师蕲春黄君（侃）'眉批……赵少咸老师是音韵训诂学大师，不会写白话文告示……庞石帚老师教《礼记》，还要我们去习礼仪……潘重规老师教《诗经》，还告诫女生不要用鸡蛋白洗头发……教《离骚》的华阳林山腴老师（他的孙子五岁就能'容端声朗读《孝经》《尔雅》《论语》《毛诗》'，抄写得'形谊悉合'），当我得知他批我总分百分时……我只好登门造访，林师呼'开中门！'相迎。"原来"这个'古国'只有11个正教授，连讲师不过共20余人，且无一妇人女子……其实，那是一个精粹的最后的儒生阵容！他们忠诚的传承绝学的理念，寝馈于经典诗书的精神，也再难见！"[1]

然而，耆老殄粹，大雅云亡。"经史诸子，无不该贯"的吴之英，早于1918年去世；旧学博通、开眼向洋的宋育仁，也于

---

[1] 章子仲：《读大学的回忆》，载《以文会友》编委会：《以文会友》，河北人民出版社，2006，第47-48页。

1931年辞世；著述丰富、学凡"六变"的廖季平，又在1932年仙归。在抗战期间，就连比他们稍晚一辈的向宗鲁、祝屺怀、龚道耕等人，也相继去世。当时向楚曾作诗吊唁龚道耕云："挟书岩壁等逃秦（当时川大迁峨眉山），又向深山哭故人。祝向九原（谓祝屺怀、向宗鲁也）应慰汝，魏梁一曲更伤神（君赴友人曲会，归即不起）。花城酒伴多为鬼，身后书田不救贫。今日礼堂空感旧，吾衰心事竟谁陈。"[①]大师相继去世，非特友朋有"礼堂空感""心事莫陈"之慨，即如他们所从事的传统国学也风随物化，渐趋瓦解矣！

李白《古风》云："《大雅》久不作，吾衰竟谁陈。《王风》委蔓草，战国多荆榛。"随着现代科技传入，特别是现代大学办学模式和理念的深入引进，学校系科设置的总体趋势是，"西学"成分越来越重，"西化"也越来越浓，而传统国学特别是经学，被视为落后腐朽的东西，地盘越来越小，最终被无情地请出教育领域。民国初撤销经学系科设置，还保留有经学课程，经学教育由一二国学大师自觉地执行。20世纪30至40年代，随着国学与经学教员的相继去世，旧时"经学"的课程设置也只好解体了。

五、贞下启元开宏运，一阳来复获新生：世纪之交

在20世纪后半期，川大与全国其他高校一样，经学教育与研究也几乎处于停顿状态。国学大师、儒学信徒，即非物故，亦皆改行，很少有继续进行经学研究和儒学教学的。从前的国学大师们，多被冲击，身之不存，学将焉附？有的干脆将专业转入纯史

---

① 向楚：《追挽龚向农同年》，载《空石居诗存》卷二，四川大学出版社，1988，第109页。

学、语言学、文献学领域；有的甚至实现不了学术的现代转型，逐渐被时代所遗忘。

即使不识时务、"顽固"地坚持研究一点经学，也被排挤在主流学者之外。"国学"遗珍蒙文通，继40年代完成《儒学五论》（1944年）后，又完成其研究和发展理学的代表作《理学札记》（1950年）；复撰《中国历代农产量的扩大和赋役制度及学术思想的演变》长文（7万余字，1957年），提出秦以后历史，可以唐前、唐后大致分为两大段，根据学术思想又可以魏晋、中唐、晚明分为四个时期，这不仅是在讲历史，也是在谈思想。1959年，又撰《孔子与今文学》。该文系蒙先生经学研究最后的总结性著作，文中独标齐学之"革命""素王"理论，谓汉师精义为"井田以均贫富，辟雍以排世族，封禅以选天子，巡狩以黜诸侯，明堂以议时政"等所谓"王鲁""宗周"之"一王大法"。此乃晚清蜀学"托古改制""经世致用"的典型传统，用心不可谓不正，论述不可谓不精，可是迎来的却是《蒙文通树的是一面什么旗？——对"中国历代农产量云云"一文的批判》的大批判文章。如此气候，如此境遇，何暇言学，何敢谈经？

《四川大学学报》（文科版）自1955年创刊，迄至2000年，发表儒学方面论文仅80余篇，其中还有三分之一以上的"评法批儒""批林批孔"文章，真正的学术论文平均每年不到1篇。这无疑是川大学术史上最衰微时期，也是整个传统文化被冲击、儒学与经学被丑诋和遗忘的时代。不过通过历史方法研究儒学史，或以经学方法研究历史作品的，也还能赢得部分生存空间。徐中舒《左传选·后序》——《〈左传〉的作者及其成书时代》（1962年），也被公认是研究《左传》的力作；其《甲骨文中所见的儒》（1975年），将"儒"的远源准确地推进至殷商时代，亦为不刊之论。外此诸家，或谈《诗经》之语言，或究《左传》之文学，虽能并行无害，同登梨枣，然而"经世先王之志"亦已衰矣！

及至1961年向楚去世，1966年赵少咸捐馆，1968年蒙文通登仙，更标志着这所百年老校经学花果之最后飘零。

还在1918年吴之英去世后，吴虞作诗吊之："益都自昔多豪杰，儒林文苑今寥寂。蜀才谁复继周秦……厥协六艺成通儒？"当时，廖平、宋育仁、张森楷诸大师尚存，吴虞已有"儒林寥寂"之感了，更何况40年之后，这些先师的传人都已物故了呢？如何"厥协六艺"？如何呼唤"通儒"？恐怕已非人力所为，只有等待时势了！

"野火烧不尽，春风吹又生。"具有深厚经学传统、国学功底的巴蜀学人，对儒学的热情总要在适当时候释放出来。

川大中文系，以杨明照为带头人，以张永言、赵振铎、向熹、项楚、曾枣庄等为骨干，在汉语史（1990年国家重点学科）、古典文献学（2002年、2007年蝉联国家重点学科）研究领域迅速崛起；在历史系，以徐中舒、缪钺为带头人，吴天墀、蒙然、胡昭曦、缪文远、刘琳等为骨干，在中国古代史（2000年省级重点学科）、历史文献学（含古文字学，2007年国家重点学科）领域的纵深开拓，又使传统"蜀学"别开生面，续得一脉。1983年，四川大学（杨明照）、中山大学（王季思）、吉林大学（于省吾、金景芳）、华中师范大学（张舜徽）、杭州大学（姜亮夫）等著名高校和学者，开办"古籍整理培训班"，为各大学培养国学师资和古籍整理人才。当时其他学校连古文的师资都不具备，川大却能排出强大的教师队伍，开齐了传统国学几乎所有课程：杨明照先生自任班主任并主讲"文献学"，成善楷先生讲

《庄子》校读，张永言先生讲"训诂学"，赵振铎先生讲"音韵学"，向熹先生讲《诗经》语言，曾枣庄先生讲"三苏研究"，项楚先生讲"敦煌文献校读"，经本植先生讲"文字学"，李崇智先生讲"文献检索"，等等。彰显出近代"蜀学"重视文献学、目录学、文字学、音韵学、训诂学的传统优势，犹存"两文达之学"的遗风。

诸位先生多是名家名师的传人，素有"蜀学"家法。如杨明照师出庞石帚（川大）、郭绍虞（燕京大学），成善楷师出向宗鲁、吴芳吉，张永言乃张慎仪（尊经书院学生，著名方言学家）后人，赵振铎系赵少咸嫡孙，向熹师出王力（北京大学），项楚师出庞石帚，等等，或为名门之秀，或为大师传人，可谓学脉未断，典型依然。

诸师喜于得机，乐于教人，尽职尽责，诲人不倦，或传流略之技，或数蜀学之典，剀剀切切，殷殷勤勤。于是名师垂范，后学继踵，当时参加"古籍班"的学员和研究生，得入陶冶，目前都已成为各单位教学、科研，特别是古典文化研究的骨干力量。

"蜀学"渊源，嘉惠后学，"民到于今受其赐"矣！

自20世纪80年代后，川大"长在文史"的优势迅速得到发挥，文、史、哲研究的一批重要成果，犹如雨后春笋般涌现。历时10年、聚集专家学者400余人的大型辞书《汉语大字典》（徐中舒主编，李格非、赵振铎常务副主编，1985年出版）完成，《全宋文》（曾枣庄、刘琳主编，1987年出版第一册）、《中国道教史》（卿希泰主编，1988年出版第一卷）等大型项目立项。《文心雕龙校注拾遗》（杨明照）、《抱朴子外篇校笺》（杨明照）、《华阳国志校补图注》（任乃强）、《训诂学简论》（张永言）、《简明汉语史》（向熹）、《王梵志诗校注》（项楚）、《战国策考辨》（缪文远）、《殷商甲骨断代》（彭裕商）等成果频获大奖。《三国志选注》（缪钺等，3册，1984年）、《苏轼资料汇编》（成善楷等，5册，1994年）由中华书局出版。这些都是川大国学复苏的重要标志。

至于贾顺先撰《宋明理学新探》（1987年）、主编《四川思想家》（1987年）、与韩国成均馆合作完成《退溪全书今注今译》（全9册，700余万字，1988—1992年），胡昭曦撰《宋代蜀学研究》（与刘复生、粟品孝合作，2000年）、《四川书院史》（2000年初版、2006年重印）、《宋代蜀学论集》（2004年），曾枣庄"三苏研究"系列（《苏洵评传》1983年、《苏轼评传》1981年、《苏辙评传》1995年、《三苏研究》1999年等），[①]刘琳撰《华阳国志校注》（1984年），等等，又将学术研究聚焦于儒学和蜀学领域。特别是蒙默搜集整理之《蒙文通文集》，分《古学甄微》（1987年）、《古族甄微》（1993年）、《经史抉原》（1995年）、《古地甄微》（1998年）、《古史甄微》（1999年）、《道书辑校十种》（2007年）六卷，陆续出版[②]；张志烈、马德富、周裕锴主编《苏轼全集校注》（约1000万字，25册），等等，都是儒学回归川大学术领域、蜀学传统得到继承发扬的成果。

[①] 此外，由曾枣庄主撰或主编的尚有《嘉祐集校笺》（1993年）、《苏辙年谱》（1986年）、《三苏研究》（1999年）、《苏诗汇评》《苏文汇评》《苏词汇评》《俱1998年》、《三苏传》（1995年）、《苏轼研究史》（2001年）、《三苏文艺思想》（1986年）等多种。

[②] 蒙先生撰有《古史甄微》《经学导言》《经学抉原》《周秦少数民族史》《儒学五论》《中国史学史》《巴蜀古史论述》《越史丛考》及《孔子与今文经学》等论文多篇。蒙默整理时，按类别分编为《古学甄微》《古族甄微》《经史抉原》《古地甄微》《古史甄微》《道书辑校十种》等六卷，陆续出版。

川大学人在注重现代学科（文、史、哲）研究的同时，十分注意儒学文献的系统整理研究，这集中体现在古籍所近年的工作上。该所始建于20世纪80年代初。1981年，中共中央下发《关于整理我国古籍的指示》，国务院成立"全国古籍整理出版规划小组"，教育部成立"全国高等院校古籍整理工作委员会"，号召全国有条件的大学成立古籍整理研究所，整理尘封已久的中华古籍。于是北京大学、复旦大学、四川大学、吉林大学、南开大学、华中师范大学、中山大学等18所高校，分别组合最优秀的力量，同时成立了古籍整理研究所。犹之乎一阳来复，贞下启元，预示了国学复苏、"经学"回归的大好前景。

第三节　编纂使命——四川大学古籍所的担当

承担《儒藏》编纂的四川大学古籍整理研究所，自1983年成立以来，上继文翁石室"七经"教育之遗泽，下承蜀刻"十三经"、廖平"十八经"之余绪，在前辈学人组织完成《汉语大字典》《全宋文》等大型辞书和总集之后，又于1997年发起了"儒学文献调查整理和《中华儒藏》编纂"工程。针对当时中国文化品牌常常被域外国家抢注的现象，为保护儒学知识产权，川大学人特向国家商标总局申请"儒藏"商标注册，向四川省新闻出版局申请《儒藏》著作权登记。

编纂《儒藏》，首先遇到的问题就是如何编好？虽然历代学人都有儒学文献整理的实践，如唐修《九经正义》、宋刊《十三经注疏》、明纂《四书五经大全》、清成《通志堂经解》和《清经解》（正续编），但却没有总汇儒学各类文献而成《儒藏》的先例。明朝万历中后期，孙羽侯、曹学佺曾先后提出《儒藏》编纂设想，却无具体编纂方案；清周永年、刘因等再倡《儒藏说》，也没有留下相应成果，其经验和体例都无从参考。

　　为取得《儒藏》编纂的学术支撑，川大学人申请了教育部重点研究基地山东大学易学与中国古代哲学研究中心的重大项目"儒家文献学研究"，对儒学文献源流和演变轨迹、文献类型、重要典籍进行系统探索，撰成240余万字《儒藏文献通论》，为《儒藏》编纂做足前期学术储备。同时，针对中国儒学大师辈出、流派众多的历史，为摸清儒家学人的师传授受、学术阵营和学派特征等情况，我们还联合港台学人组织实施了"历代学案"整理和补编工作。该项目对前人所编五种学案（唐晏《两汉三国学案》、黄宗羲《宋元学案》、王梓材等《宋元学案补遗》、黄宗羲《明儒学案》、徐世昌《清儒学案》）重新进行校勘，对前人未编的时段进行补编（《周秦学案》《魏晋学案》《南朝学案》《北朝学案》《隋唐五代学案》），共形成《中国儒学通案》10种，形成脉络贯通、传记齐全的全景式"儒学流派通史"。

　　有了对儒学文献的总体了解和儒学发展史的脉络把握，就大致具备了从事《儒藏》编纂所需的文献学知识和学术史背景。再参考《道藏》"三洞四辅十二类"、《大藏经》的"经律论"等方法，初步将《儒藏》按"经、论、史"三大类区分：《经藏》收录儒学经典及其为经典所作的各种注解、训释著作，包括元典、周易、尚书、诗经、三礼、春秋、孝经、四书、尔雅、群经、谶纬等11目；《论藏》收录儒学理论性著作，包括儒家类、性理类、礼教类、政治类、杂论类等5目；《史藏》收录儒学史料著作，包括孔孟类、学案类、碑传类、史传类、年谱类、学校类、礼乐类、杂史类等8目。共计"三藏二十四目"，专题清晰，类属明备，既照顾到儒学文献的历史实际，也方便当代学人的翻检和阅读。在编纂体例上，本着"辨章学术，考镜源流"的理念，我们试图将入选《儒藏》的书籍，按一定体例编录，使其更具系统性。遵从西汉刘向、刘歆父子《别录》《七略》、清《四库全书总目》的传统，于《儒藏》开篇设《总序》一篇，三藏各立《分序》，小类各设《小序》，每书前又加《提要》，试图通过这些叙录的介绍和勾连，将各自成书的儒学文献联系在一个统一的框架和完整的体系下，使《儒藏》成为"用文献构建的儒学大厦"。

鉴于20世纪以来人们对儒学历史存在隔膜的实际情况，也为了给学界提供儒学史研究的系统资料，川大《儒藏》首先启动了"史部"编纂。自2005年出版首批《孔孟史志》（13册）、《历代学案》（23册）、《儒林碑传》（14册）以来，陆续于2007年、2009年、2010年、2014年，分四次出版了《年谱》《史传》《学校》《礼乐》《杂史》等类，迄至2015年初，《儒藏》史部274册已全部出齐，实现了2500余年儒学史料的首次结集。继后又于2016至2022年，出版"经部"、《诗经》、《三礼》、《春秋》、《孝经》、"四书"等类，共179册。2015年，为方便大众了解儒学，让儒学走入家庭、亲近大众，在中国孔子基金会的大力支持下，我们启动线装本《儒藏精华》计划，历时3年完成。作为《儒藏》工程的重大阶段性成果，《儒藏精华》萃取儒家经典的论著90余种，15000余页，进行精加工，合计260册，以线装的形式出版。《儒藏精华》凝聚儒学精髓，朱墨套印，形制美观，装帧大方，与精装本《儒藏》一精一全，相辅相成，相得益彰。2021年，为进一步促进经典利用，我们从经部元典类选取现代版本学家誉为清代内府刻书之"白眉"（翁连溪语）的《康熙篆文六经四书》，在篆书经文之下，附以楷书校点，推出《儒藏经典·康熙篆文六经四书》。

第四节　感触与感恩

常言道：光阴似箭，日月如梭。不知不觉，自1997年筹备以来，四川大学古籍整理研究所承担的《儒藏》编纂已经历了二十余个寒暑。在这七千多个日日夜夜里，全所同仁，朝迎旭日，晚送夕晖，夜以继日，燃膏继晷，在儒学文献这个领域里，从生疏到熟悉，从弱小到壮大，居然集腋成裘，众志成城，一部涵盖两千五百年儒学成就及其历史、分装六百余册的《儒藏》已然编成，成就了"千古儒学第一藏，百年学府谱新篇"的盛事。值此《儒藏》即将出版完毕之际，本所年轻学人回顾本校《儒藏》编纂的历程，欲总结前辈学人的经验，开创未来之新境，继志述事，用意可嘉。以予为本校《儒藏》之首倡者，又且全过程主持亲历其事，嘱予略述数语，以为弁言。

过去的二十余年，是我们不断学习，不断进步的二十余年。本所是1983年根据党中央《关于整理我国古籍的指示》精神，由教育部批准成立的，近40年来，经历了汉语言研究和辞书编撰、宋代文献收集与整理、儒学文献与巴蜀文献调查和研究等三大阶段，分别产生了《汉语大字典》《全宋文》《儒藏》《巴蜀全书》等标志性成果，实现了"白手起家、初具规模""凝练方向、形成特色""聚焦儒学、更上层楼"的三大跨越。本所成员最初由来自历史学、古典文献、汉语史、中国文学等专业的人员构成，当初在专业上并不一致，应该说对于从事儒学研究并无先天的优势。自1997年我们提出《儒藏》编纂以来，全所同仁克服专业不对口的困难，不断学习，勇于探索，不受浮躁的士习之影响，甚至不顾疑古批儒之人的嘲讽，不仅将主要精力转移到《儒藏》编纂上来，而且还自觉地学习和钻研儒家经典、学习儒学历史以及调查儒学文献，增强了对于儒家文化的"温情与敬意"，加深了对于儒家学说的"同情之了解"，在文献基础、儒学专业上，为《儒藏》编纂提供了坚实的学术支撑。为编好《儒藏》，在各方面支持下，我们分别启动和实施了"儒学文献调查与《中华儒藏》编纂"（国家"211"工程重点学科建设项目）、"儒家文献学研究"（教育部重点研究基地重大项目），初步形成"儒学文献系列目录"和一批专经研究的博士、硕士学位论文。依据这些关于儒学文献的调查和研究成果，结合我们对于儒学历史文化及其思想学术的理解，也为了适应当下和未来儒学研究的具体需要，我们制订出了"三藏二十四目"的儒学文献著录方法与《儒藏》编纂的体例，顺利推进了《儒藏》编纂。2005年，在全国还沉溺于讨论《儒藏》编纂的价值意义和如何开展之际，四川大学率先出版首批《儒藏》成果50册，大大促进了儒学文献整理和研究的进程。目前，四川大学基本完成了整部《儒藏》编纂，经历了2500余年发展的儒学文献，至此可望得到首次全面的整理和最大规模的结集。目前看来，这个体例尽管还有待改进，但也赢得评论者认为其"基本符合儒学文献的历史实际和儒学研究的现实需要"的赞誉和肯定。从无到有，边学边干，得此效果，四川大学学人还是颇为欣慰的。

　　过去的二十余年，更是我们精诚团结、众志成城的二十余年。四川大学古籍整理研究所取得的每一项大型标志性成果，无不是在全所学人精诚团结、齐心协力、坚持不懈、持之以恒的努力之下才克成厥事的。分卷八大册、字数达两千余万言的《汉语大字典》如此，分卷三百六十册、字数达一亿余的《全宋文》如此，为卷六百余册、字数约三亿的《儒藏》更是如此。参与《儒藏》编纂的本所成员，有年高德劭、卓然大家的前辈学人，有学业凤成、功力醇厚的学长，也有精力正盛、专业精进的同辈学友，还有在编纂《儒藏》过程中成长起来的学业突出、潜力深远的青年学子，他们都各有专长，也自有成就，一般也都有自己所从事的科研课题，但是一当《儒藏》被确定为全所集体项目后，都自觉地将时间精力和兴趣爱好集中在《儒藏》上来。或商榷体例，或参与调研，或承担校勘，或撰写提要，或负责审稿，分别从不同角度、不同层面参与这项工程，确保了本校《儒藏》在较短的时间内，保质保量、成批次地编纂和出版。没有这种合作精神，如此浩大的工程是无法开展的，特别是在学风日趋功利和浮躁的当下，这份合作更是十分难得，令人感动，四川大学古籍所因而成为学界艳羡的"特别奉献、协作攻关"的学术团队。

过去的二十余年，还是我们寻求支持、学会感恩的二十余年。《儒藏》千古事，独木岂能支？要编纂如此浩大的《儒藏》，只有四川大学学人团结还远远不够，还必须获得校内外各个方面的支持和鼓励。首先难忘的是吉林大学师门的支持与鼓励：记得还在20世纪90年代初，本人负笈东北、问学"金门"之时，当我不知天高地厚地向金景芳先生及吕绍纲、陈恩林等师友提出整理经学文献、梳理经学历史时，即得到他们的鼓励和推荐；当我在同学中征求《儒藏》意见时，曾得到廖名春、张希峰等学兄的支持；后来我分配到四川大学工作，实际启动《儒藏》编纂、开办"儒藏论坛"时，陈恩林、廖名春等同门师兄更是亲临讲授，出谋划策。其次需要感谢的是四川大学校领导，当人们对于儒学还是"欲说还休"的时候，当时主管文科的副校长、著名经济学家杨继瑞教授毅然将《儒藏》批准"立为本校211工程建设项目"，继而又赢得项楚、曹顺庆等先生首肯，正式将《儒藏》列为"国家211工程"在四川大学所设置的文科唯一一个学科群"汉语史与中国古典文献学"的首批项目，给予科研经费50万元。紧接着谢和平院士入长四川大学，当得知我们痛失教育部首批重大攻关项目"《儒藏》编纂"申报时机后，立即召开学校专题会议，决定"加快推动《儒藏》"编纂，给予专项经费80万元（继而又借款400万元），并免除古籍所教师的教学任务，确保了《儒藏》编纂的顺利进行。尤其要感恩的是：当全国《儒藏》编纂闹得沸沸扬扬，四川大学势单力薄、寂寂无声之际，时任中国孔子基金会秘书长、法人代表张树骅先生，在审查了四川大学的编纂方案后，毅然提议基金会将四川大学《儒藏》列为重大项目，给予经费300万元；时任国际儒学联合会秘书长的曹凤泉先生，则提议将四川大学古籍所吸纳为儒联的团体会员，并对《儒藏》相关课题"宋集珍本丛刊""历代学案"给予立项和资助；教育部重点研究基地山东大学易学与中国古代哲学研究中心主任刘大钧先生、副主任林忠军先生，得知我们正在从事儒学文献的全面调查研究时，热情地将"儒家文献学"列入重大招标课题，鼓励和促成我校的申报。山东省委宣传部、四川省委宣传部、四川省新闻出版局、四川省社科联、贵阳孔学堂，也在自己的职权范围内给予了必要援助。当然，还有必不可少的支持是来自《儒藏》的出版与发行。这样一个特大工程和鸿篇巨制，在出版不景气的年代，其成果出版所面临的将是何等的压力和困难呵！可是当学校做出加快编纂《儒藏》的正式决策后，当时学校负责出版宣传管理工作的党委副书记吕重九先生，指示四川大学出版社义无反顾地承担全部《儒藏》出版，确保编纂成果出路无后顾之忧。当首批成果和"史部"整体出版之后，李学勤、钟肇鹏、张立文、周桂钿、吴光、蔡方鹿、廖名春、黄开国、黄修明、王瑞来、李景林等先生又撰写了一系列热情洋溢的评论，及时予以指导和点评。还有台湾学人陈鸿森、林庆彰等先生，香港汤恩佳、邓立光博士，成都企业家叶青、杨德志、龙运涛、李彗生等，在资料收集、学术咨询、经费筹措等方面，也给予诸多帮助。如此等等，数不胜数。这些支持和友情，无疑极大地温暖和稳定了人心，也更加巩固和坚定了古籍所全所同仁从事《儒藏》编纂和儒学研究的信心和决心。

　　过去的二十余年，是我们继承传统、恢复儒学教研的二十余年。四川大学儒学教育和研究的历史，上可追溯自两千一百年前的文翁石室，近则导源于四百余年前成立的锦江书院和一百余年前设立的尊经书院和国学院。在历史上，四川大学堪称蜀学基地、儒学重镇，曾经大师辈出，硕果累累，古代自不必言，即使近代也曾聚集了王湘绮、刘师培等大师；培养了廖季平、谢无量、蒙文通等名流，但是毋庸讳言，近百年来的崇洋媚外、疑古批儒，无疑给四川大学儒学造成了断层。所幸的是，我们通过二十余年的《儒藏》编纂和儒学人才培养，使这一现象有所改观。我们坚持"整理研究，双管齐下"的方针，在从事《儒藏》编纂、古籍整理的同时，还积极从事儒学专题研究，申报各级各类项目，取得十余个国家、教育部、四川省和国际儒学联合会、中国孔子基金会等课题的立项，产生了"四川大学《儒藏》学术丛书""《儒藏》论丛""二十世纪儒学大师文库"，以及《中国儒学通案》《儒学文献通论》《近百年儒学文献研究史》《中国孝经学史》《我的孔子》等系列成果，在儒学文献研究、专经研究、儒学流派研究等方面，取得一定成绩，逐渐使四川大学的儒学传统得到恢复和初步发展。2009年，国际儒学联合会、中国孔子基金会与四川大学联合，以本所为基础成立了全国首家"国际儒学研究院"，北京纳通医疗集团还慷慨解囊，捐资在本校设

302

立"纳通儒学奖"，使许多长期在四川大学、四川各地，以及西部各省市区从事儒学研究和人才培养的优秀人员，得到了奖助和鼓励。四川省社科联还在本校设立了哲学社会科学重点研究基地——"儒学研究中心"，负责本省儒学研究的规划和组织工作。目前四川大学在儒学方面，已经成为国际儒学联合会、中国孔子基金会的理事和学术委员会副主任委员单位，中华孔子学会的副会长单位，进一步推进了儒学复苏和蜀学振兴。

过去的二十余年，是我们弘扬古学、返本开新的二十余年。汤之《盘铭》曰："苟日新，又日新，日日新。"《诗经》亦曰："周虽旧邦，其命惟新。"观今宜鉴古，无古不成今。研究古史是为了服务当今，考述文献是为了创新学术，因此，"睹乔木以思故家，考文献而爱旧邦"就成了历代学人以学报国、以文化人的高尚情怀。编纂《儒藏》的目的，就是要精研儒学文献，发掘优秀内涵，实现创造转化，服务文化建设。经过二十余年的学习与研究，不难发现儒学的发展往往与世道盛衰相抑扬。一方面，儒学在救世的潮流中产生，也在济世的经历中发展；另一方面，儒学在历史的传承中壮大，也在现实的应用中更新。我们研究历史，既要将真实的历史成果传承下去，又要将有用的历史经验发扬光大。研究儒学及其文献也是如此，一方面我们要将历史上产生的成果编成《儒藏》，达到永续传承之目的；另一方面我们又要将儒学发展过程中的经验和方法在现代继承和弘扬，创建儒学新的形态，使之适应现代需求。为此，我们提出了"经典儒学"与"大众儒学"双轨并进、学术研究与社会服务协调发展的路径，努力推进儒学的当代更新和发展。"经典儒学"即以经典为核心，从经典体系、经典构成、经典校勘、经典阐释等方面入手，进行新的探索，力图产生藏之名山、传诸永远的学术成果。"大众儒学"即面向大众，撰著具有淑世济人、"顺阴阳明教化"功能的普及成果，在道德伦理、价值尺度、人生理想、礼仪规范等方面，为当代社会提供指导和参考。经过研究，我们发现儒家经典经由孔子删定和历代后学的传承，经过了"四经"向"六经""六经"向"五经""五经"向"七经""九经"向"十三经""四书五经"向"儒藏"等转变的过程，每一过程的实现又与当时的社会、学术发展密切相关，成功的经典体系构建将直接促进儒学新形态的产生和儒学理论的重要革新。现在我们要想促成儒学的创造性转化和创新性发展，必须在经典体系的构成、经典定本的校勘和经典著作的阐释方面，做出更大努力，取得更新更精成果，因此我们提出了"六书十三经"校勘和通释的构想：将《孝经》《论语》《大学》《中庸》《孟子》《荀子》六种作为了解儒家基本理论的普及读物，将《周易》《尚书》《诗经》《周礼》《仪礼》《礼记》《大戴礼记》《古乐经传》《春秋左传》《公羊传》《穀梁传》《国语》《尔雅》（并相关出土文献）等十三种作为研究和发展儒学的高级经典，从而实现普及与提高结合、简捷与繁复分途的发展模式。同时，为了帮助大众了解儒学，特别是扫除疑古批儒以来形成的对传统文化的迷障和偏见，引导青少年对优秀传统文化的亲近感和认同度，我们与贵州孔学堂合作，特别策划了《大众儒学书系》（计划一百种，已经出版近三十种）、《中华优秀传统文化读本》（十二种）。在这些探索和实践中，我们系统提炼出"三统五德"的传统文化核心价值，"三统"即孔子总结夏、商、周文化形成的尊"天命"而贵自然，重"鬼神"而敬祖先，尚"礼乐"而讲文明的三大文化传统，分别形成了尚忠诚、讲孝悌、重仁义的价值观。"五德"即奉行"孝悌忠恕勤"以涵养个人品德，修举"温良恭俭让"以重振家庭美德，信守"恭宽信敏惠"以完善职业道德，遵行"仁义礼智信"以重建社会公德，阐扬"天道性命情"以涵养天地大德。面对社会众多的"国学"运动和纷繁的"国学"说教，我们提出了"一儒、二教、三统"等国学信仰体系和价值观，"四部、六经、七学、十艺"等知识体系和基本技能，"五常、八德、十义"等道德体系和行为守则；还总结出国学体用一源、本末兼该的内圣外王、治国平天下的真谛和修养模式，揭示出国学所具有的"德本刑辅""礼体政用"的治理思想，"上兵伐谋""以战去战"的军事思想，"以农为本""工商皆治"的经济思想，"和平共处""天下大同"的外交思想。并将这些探索成果运用于"大众儒学"和"文化读本"的编撰之中，简明扼要地概括和规范了"国学"的基本要义，使大众读者易于理解、便于记忆和掌握。本所同仁还创新创作形式，采用诗歌来宣扬儒学、歌颂孔子，创作了一千一百行的长诗——《我的孔子》（向以鲜），发表于权威期刊《中国作家》，赢得文化艺术界广泛好评（获"天铎"诗歌奖、"国际儒学奖"）。在对儒学在巴蜀地区的发展和创新成果——"蜀学"的研究中，我们还发现，"蜀学"的阴阳、五行观念可以追溯至大禹，"三才"观念可以追溯到与殷商同时的三星堆时期，蜀学在信仰体系（"三才皇""五色帝"）、经典体系（"七经""十三经""十八经"）、制度设施（文翁首开郡国之学、以文取士；高眹设周公礼殿，完成庙学合一）、核心价值（"道德仁义礼"），以及《易》学、文学、史学、术数、方技等方面，都具有自己的发明和发现、创造与创新，是我们研究儒学、发展巴蜀文化的重要基础和资源。

过去的二十余年，还是我们传道授业、作育人才的二十余年。儒家是重教贵学的学派，注重"传道授业"，提倡"教学为先"，贡献社会、服务大众是其主要功能。本所在儒学学科被废弃了一百余年之后，积极思考儒学学科的重建和人才培养问题，率先在历史学下设立了"中国儒学"学科，招收和培养硕士、博士、博士后人才，自1997年以来，先后培养和毕业（或出站）近百人，为儒学在西部的复兴、在全国的传播储备了良才。自2010年以来，本所一直呼吁加强"儒学"学科建设，力推儒学教材编撰，并在《光明日报》、《国际儒学研究》、《中国文化》、《社会科学研究》、《孔子研究》、"凤凰网"等媒体上发表文章和消息，曾引起了国家哲学社会科学规划办公室、教育部社科司等部门的重视，也得到国际儒学联合会、中国孔子基金会、中华孔子学会领导的支持。目前经由刘学智、朱汉民、王均林、颜炳罡及本人的共同呼吁和大力推动，已经成为时下讨论"文化自觉、文化自信、文化自强"，构建中国特色、中国气派、中国风格的哲学社会科学，建立富有中国传统的学科体系、学术体系、话语体系的热门话题。相信这一倡议会赢得越来越多学人的认同，最终将使儒学学科得到正式恢复和发展壮大。

附 录

立足西部文化、振兴当代蜀学

——访《儒藏》主编、《巴蜀全书》总编纂舒大刚先生

彭彦华　王贞贞

彭彦华（以下简称"彭"）：舒老师好！感谢您接受我们的专访。首先要对您表示祝贺！前不久我有幸参加了第三届"全球华人国学大典"颁奖典礼，看到您领导的四川大学古籍所编纂的《宋会要辑稿》和《儒学文献通论》分别获得了文献整理类和专题研究类的两项成果大奖，令学界对西部地区的儒学研究和文化建设刮目相看。我们注意到，不仅是这两项成果，您主编的《儒藏》和《巴蜀全书》等大型丛书近年来都陆续推出，在学界引起了较大反响，能否为我们具体介绍一下这些著述？

舒大刚（以下简称"舒"）：谢谢。许多成果我只是个倡议和主研者，并非全是我的个人成就，而是我们四川大学古籍所全体同仁辛勤努力的结晶。文献是一切学术的载体，是文化复兴的依托，也是学术繁荣的最终表现形式。数十年来，我们坚持对儒学文献进行整理和研究，正是在长期的整理和研究中，我们注意到历代儒学文献编撰和著述中的许多空白和遗憾。尽管儒家文献汗牛充栋，而且高居于各部文献之首，但是由于儒学自古无"藏"，儒学文献的著录体系也长付阙如，没有成规。释家有《大藏经》，道家有《道藏》，为什么不能编撰一部汇集历代儒家文献的大型丛书《儒藏》？明万历年间孙羽侯、曹学佺先后提

307

议编纂《儒藏》，清乾隆时期周永年、刘音等再申"儒藏说"，但在整个中国古代，由于种种原因，《儒藏》的编撰始终止步于构想，一直未能编成问世。20世纪90年代，我们古籍所在完成《汉语大字典》《全宋文》编纂后，首次重提《儒藏》编纂设想，并得到中国孔子基金会和四川大学、四川省政府的大力支持。历代儒学文献浩如烟海，为使读者便于检索和利用，我参照《大藏经》和《道藏》的方法，提出了"三藏二十四目"的著录体系，即用"经藏"著录儒家经学文献，"论藏"著录儒家理论文献，"史藏"著录儒家学术史文献，这样既反映出儒家文献"由经典而子书，再由子学而史学"的演变过程，同时也使原来分散于四部各处的儒学资料，各归部居，井然有序；再在"三藏"之下设立二十四个子目，比较全面完整地反映出现存儒学文献的历史面貌和基本类型，同时为方便学人了解和利用儒学文献，在《儒藏》之首撰有《总序》一篇，介绍儒学文献整理的意义和思路。"三藏"之首各撰《分序》一篇，介绍本部文献之源流和类型；二十四子目各撰《小序》一篇，介绍本类文献之源流与演变；还为每一种收录入藏的文献，撰写《提要》一篇，置于各书之首。《儒藏》尽量使儒学文献的源流明晰，著录有序，希望通过重构儒家文献体，重新找回儒学文献的经典地位和学术价值，同时为学界同仁在儒学文献检索和利用方面提供一些方便。正是在《儒藏》的梳理过程中，为了方便读者了解儒学文献的源流衍变、各类要籍的内容和体例，我带领诸位年轻博士们撰写了《儒学文献通论》一书，对儒学文献的源流衍变进行概论和评述，希望能够发挥儒学研究的文献学、目录学、史料学的多重作用。您刚提到的《宋会要辑稿》是我们编撰的《巴蜀全书》中的一个子项目。四川是文化大省，作为巴蜀文化的载体，历代学人为我们留下了汗牛充栋、丰富多彩的文献典籍，据不完全统计，现存巴蜀古文献就达5000余种。这些资料是巴蜀文化的载体，也是传承中华文明的重要资源。在历史上，许多学人都对巴蜀文献的整理和出版付出过热情和心血，编纂有各类巴蜀文献的总集、全集和丛书等，但这些书籍或局限于个人著述，或局限于家族作品，或局限于单篇文章，远远不是对整个巴蜀古文献进行的系统收集和整理，也没有编成一部卷帙浩繁、具有集成性质的"巴蜀全书"。为了弥补这一缺陷，2007年，我与四川省社科院专家万本根研究员提出了编撰《巴蜀全书》的建议，并得到四川省政府的大力支持。2010年，该项目被列为国家社科基金重大委托项目。立项以来，《巴蜀全书》已收集各类文献目录10000余种；共立项子项目540余项，出版阶段性成果220种，达8000余万字。目前，巴蜀文献精品集萃系列已出版的规模较大的成果有《宋会要辑稿》（刘琳、刁忠民、舒大刚、尹波、王小红等）、《宋代蜀文辑存校补》（吴洪泽）、《廖平全集》（舒大刚、杨世文等）等。我们拟对2000余种巴蜀文献编制联合目录，对500余部、20余万篇巴蜀文献进行精心校勘、注释和评论，对100种巴蜀善本文献进行考察和再造，希望能够全面囊括历代巴蜀地区的文化成果，为繁荣西部儒学、振兴当代蜀学做出一定的贡献。

彭：《巴蜀全书》工程浩大，难怪学界将其誉为"川版的四库全书"。巴蜀地区相对于中原地区曾是人类的又一发祥地，也是中华学术文化的又一摇篮，巴蜀文化与中原文化相生相容，亦有有别于中原文化、体现自己"土风"的独特之处。宋人称："蜀学之盛，冠天下而垂无穷者，其具有三：一曰文翁之石室，二曰周公之礼殿，三曰石壁之九经。"您刚才提到"繁荣西部儒学、振兴当代蜀学"，这是否也是您一贯的目标和努力的方向？

舒：是的。蜀学是华夏学术的源头之一，巴蜀文化也是中华文化的重要组成部分。孟子佚文说："禹生石纽，西夷人也。"《史记·六国年表》也说"禹兴于西羌"，是禹出巴蜀为战国秦汉古说。在文献上，禹传有《连山》《洪范》，《连山》为"阴阳"之祖，《洪范》为"五行"之宗，是中国哲学的两大基本概念——"阴阳""五行"始于禹，亦孕育于巴蜀。汉有文翁石室，传授儒家"七经"（"五经"加《论语》《孝经》），巴蜀迅速融于华夏。正如您所言，巴蜀文化的确有自己的独特之处，如中原有"三皇五帝"，巴蜀也有自己的"三皇五帝"（蜀三皇即天皇、地皇、人皇，蜀五帝即蚕丛、鱼凫、柏灌、杜宇、开明等五主及青帝、白帝、赤帝、黑帝、黄帝等五帝）。儒家经典，汉庭传"五经"，蜀学传"七经"；唐重"九经"，而蜀刻却成就了"十三经"。在核心概念上，汉董仲舒主"三纲"（君臣、父子、夫妇）、"五常"（仁义礼智信）。蜀中王褒、严遵、扬雄、赵蕤、张商英、来知德等，则主"三教"（"儒、释、道"）、"五德"（道德仁义礼）等等。在中原地区，"儒、释、道"及诸子几同水火；而在巴蜀地区，三教九流却亲如一家。蜀中在学校教育、礼仪祭典以及经典传播等方面，当时在全国都是首屈一指的。似此之类，皆有别于中原之处，古人谓之"蜀学"，今人谓之"巴蜀文化"。巴蜀文化精彩纷呈，独树一帜，是一座资源丰富的宝藏。振兴蜀学，是巴蜀学人义不容辞的责任。

彭：《巴蜀全书》编撰以来，出版了许多蜀学大家的文集，正式开启了对巴蜀文献进行系统调研和全面整理的历程。那么，除了文献整理研究方面的努力，能否为大家讲一讲您在繁荣儒学、振兴蜀学方面的其他方面的实践和经验？

舒：振兴儒学、传承蜀学优秀传统，我认为在健全外部构建和完善内在核心上都需要做出努力。首先要加强学科建设。从20世纪90年代开始，我们便致力于儒学研究和学科重建工作。2002年，在历史文献学下增设"儒学文献研究"方向；2004年在"专门史"下增设"中国经学史"方向，招收儒学与经学研究生；2005年，又申请在"历史学"下增列"中国儒学"博士专业点，获得教育部批准，在川大初步恢复起儒学人才培养的学科。同时，积极争取国际儒学联合会、中国孔子基金会支持，在四川大学共建"国际儒学研究院"，使川大儒学研究和人才培养获得一个固定平台，这非常有利于儒学研究和儒学学科建设。2011年，国际儒学联合会在此设立了"纳通儒学奖"，奖励四川乃至西部儒学的研究和人才培养，目前已经执行了9年，取得了积极的效果。同时，我们还于2011年申请成为四川省哲学社会科学重点研究基地——"儒学研究中心"，正式担当起系统指导和规划本校及全省的儒学研究任务。以这些平台为依托，我们对"中国儒学"学科建设和人才培养的具体方案进行了系统思考，在国际学术会议、著名学术刊物撰文，倡导"儒学学科"恢复、重建及其设想，形成"儒学历史""儒学文献""儒学思想""儒学文化""儒学文选""经学概论""专经导读""儒学与当代社会""海外儒学"等课程结构，为儒学的当代复兴和学科重建，做出了初步的尝试。很高兴看到，这些尝试也逐步发挥了作用，对川大儒学传统的恢复起了积极的引领作用，《儒藏》已成为川大文科标志性成果，《儒藏》标志已成为川大文化长廊的重要内容，儒学理念也在川大校园文化建设（如楼宇命名、教学楼格言）中得到展示和发挥。

在此基础上，我们着力建设重点学科。川大古籍所成立之初即以古典文献的整理和研究为职志，奠定了很好的文献学功底。

2007年，我带领学术团队，努力将所在专业"历史文献学"申报成为全国重点学科。该学科以"尚实学、重考据、戒虚华、贵实践"为特征，相继完成《儒藏》（主编）、《三苏经解集校》（与李文泽、金生杨、张尚英等合作）、《朱熹集》（郭齐、尹波）、《张栻集》（杨世文）等成果。自2008年以来，川大的历史文献学学科，一直处于全国设有该专业的56所大学的前列，为深入持久地开展学术文献整理与人才培养打下了坚实基础。为引起学界对探索"中国儒学"学科建设问题的重视，我抛砖引玉，在《国际儒学研究》《光明日报》等媒体撰写了《重建儒学学科，提高文化自觉》《把儒学从学科体制的束缚中解放出来》等文，呼吁儒学的学科重建，得到了一定范围的响应。目前四川大学国际儒学研究院也成为贵州孔学堂、山东大学儒家文明创新中心、武汉大学文化软实力创新中心的合作共建单位之一。

　　有了平台的搭建，还需要内在的完善。这个内在，首先是澄清和明晰国学概念。自19世纪末、20世纪初讨论"国学"以来，关于国学的定义和范围，一直是广泛争议的问题，至今未有定论。我认为，国学内涵广泛，它是国家学术，奠基国人的知识结构；它是国家信仰，维系国民的精神家园；它是国家道德，决定国民的基本素质；它是国家价值，关系到国人的处事态度；它是民族文化，孕育了国民的文化基因；它还是国家艺术，代表着国民特有的审美情趣和技能。……根据这一理解和标准，我认为今天讲"国学"，至少应当包括"三层六面"：首先是信仰体系和价值体系，它关系到国人的精神家园和价值观，中国文化中的儒、释、道学说和孔子的"三统"（夏人尊命、殷人敬神、周人尚礼）观念，基本上可以解决这些问题；其次是伦理道德体系和行为守则，它决定一个民族的理想人格和为人处事，中国文化中

312

的"五常""八德""十义"以及众多的礼仪设施，基本可以解决这些问题；第三是知识文化和特有技能的问题，它关系到一个民族的学识修养和建功立业，传统文化中的"六经"、"七学"以及"诗词歌赋、琴棋书画、博雅、剑骑"等十艺，可以基本满足这些领域的选择。我撰写了《中华"国学"体系构建雏议》，并在所承担的贵州全省通用"传统文化读本"中予以贯彻，收到简而有要、系统全面且易记易懂的效果。

其次还要注重经典的研究。经典是圣人思想的载体，集中反映了儒学文化的精髓。李学勤先生说过，中国文化的主干是儒学，儒学的核心是经学。儒学研究，首先必须熟悉经学；儒学复兴，根本在于经学的新发展。我在经学研究中，对《周易》和《孝经》情有独钟，以为《周易》解决阴阳哲学，特别是三才之道问题；《孝经》则解决孝悌人伦，尤其是德教之本的问题。自古孝为百善之先，尤其在当代社会，孝对于家庭和谐与社会稳定都具有重大意义。有鉴于此，我撰写了20余篇文章和4部专著——《中国孝经学史》《至德要道——儒家孝悌文化》《孝经论衡》《孝经导读》，对中华孝道的产生、《孝经》的形成、历代对《孝经》和孝道的提倡及其实践效果等，进行了系统考述。对《孝经》学史上的重要问题，诸如《孝经郑注》之真、《古文孝经孔传》之伪、范祖禹书《古文孝经》之可贵，以及邢昺《孝经注疏》之抄袭、朱子《孝经刊误》之自我作古等问题，都进行了全方位评点，澄清了一些历史的迷雾，纠正了一些人为搞混淆的问题。在历代的《孝经》推崇中我们发现，中国文化的特质原来就是以"孝"为根基的，有子称"孝悌为仁之本"，《孝经》称"夫德，德之本也，教之所由生"，以及孟子说"尧舜之道，孝悌而已矣"，汉代开始"以孝治天下"等等，孝的观念和行为，尤其值得当代社会大力提倡。

彭：我非常同意您的观点。现代社会中许多家庭问题和社会问题，很大程度上都是由于缺乏"孝道"意识而产生的。传统的经典体系在漫长的历史过程中对中国人的品行起到过良好的规范作用，但纵观经典体系的变化，都因应时代需要而有所选择或扩展。今天我们要发挥儒学淑世济人功能，是否也需要根据当代需要重构当代儒家经典体系？这方面想听听您的看法。

舒：儒家经典有一个由少到多、不断放大的过程：首先，孔子将周代"乐正"所掌《诗》《书》《礼》《乐》"四经"之教发展成"六经"（增加《易》与《春秋》）；其次，西汉文翁所建蜀学，将汉廷之"五经"发展到"七经"（五经加《论语》《孝经》）；再是五代后蜀始刻的"蜀石经"，又将唐之"九经"发展为"十三经"，促成了儒家经典的最后定型。在经典传授方面，历代都分普及和研究两个阶梯：汉至唐普及型经典是《论语》《孝经》，学术型经典是"五经"（或"九经"）；南宋以后，用"四书"作为普及，用"五经"提高研究；南宋后期，还有"十四经"的提法（"十三经"加《大戴礼记》），经典体系经过了不断演进。降至晚清，廖平提出"十八经"、刘恭勉提出"二十一经"的说法，但未定型。我非常同意您刚才的说法，经典体系的变化需要因应时代需要而有所选择或扩展。今天我们要发挥儒学淑世济人功能，也要根据当代需要重构当代儒家经典体系，并加以崭新诠释。宋人"四书"兼有纲领性（《大学》）、哲理性（《中庸》）、原理性（《论语》）、发挥性（《孟子》），满足了当时"简而要、明而彰、显而幽"的哲学或心性取向，但宋儒摒弃《孝经》和《荀子》则是有偏见的。今天我们无论是出于老年社会呼唤孝道的现实需要，还是提倡以法治国、重振礼仪的导向，重新推崇讲"至德要道"的经典《孝经》和提倡"隆礼重法"的《荀子》，都是非常必要的。同时，与《春秋左传》性质相同的《国语》，汉代即有"春秋外传"之称；与小戴《礼记》同时产生且内容可以互补的《大戴礼记》，当时即是礼家大宗；还有清人为弥补《乐经》缺失而辑成的《古乐经传》，无疑是管窥儒家"乐教"精髓的文献依据。

我认为，当下要进行比较全面的经典研习，全面关注这些难得的古史、古经资料，都是不可或缺的。我曾撰文，主张将《孝经》《荀子》和"四书"并列，形成"六书"，用以普及儒家的基本思想；将《国语》《大戴礼记》《古乐经传》升格，与原来的《易》（附新出土马王堆帛书易传），《书》、《诗》、"三礼"（附新出土《缁衣》等文献），"三传"、《尔雅》相配，形成新的"十三经"体系，作为高等儒学，特别是新经学研习的主要文本。基于这一思路，我们组织力量对这些经典进行新的校勘、诠释，以期形成《儒经通释》，目前已完成"六书十三经"的校勘，和《国语》《公羊》《大学》《中庸》《古乐经传》五种新释。

彭：希望"六书十三经"能够成为新时期儒家发展的经典体系，以适应普及和提高之需。但是我们也注意到，大众对于儒学经典总体上还比较陌生，如何让儒学中的美德和精髓深入大众生活，潜移默化百姓思想，您在这方面有什么思考？

舒：您说得很对，儒学是学术的，但也是实践的；是精英的，也是大众的。如果儒学离开人民大众，离开日用常行，就会背离其"助人君顺阴阳，明教化"的优良传统。我们不仅要从学术的层面研究儒学、阐释经典，还要从大众的角度普及儒学、细化经典。我将儒学区分为"经典儒学"和"大众儒学"两个层

315

次。"经典儒学"即以儒家经典阐释与学术研究为根基，注重历史性、总结性研究，目标是产出藏之名山、传之永远的学术精品。"大众儒学"则从大众日用需要出发，系统解读儒家的名著、名篇、格言、思想、伦理、道德、礼仪、文化等。经典儒学重在学术，大众儒学关注实用，相协前进，共谋发展。经典儒学面向有一定知识积累的学人，而大众儒学的受众则更为广泛，可以说涵盖了从少年到老年的全体国民。为实现大众儒学的推广，我们2010年即承担中国孔子基金会"儒家文化大众读本"的《至德要道——儒家孝悌文化》撰稿，对儒家孝悌原理进行了系统解读；2014年我们正式形成"经典儒学与大众儒学"双轨并进的构想。为此，我与学人共同发起《大众儒学书系》《传统文化读本》两个系列图书，向大众，特别是中小学生传播国学知识和儒学精要。同时还在四川、重庆、贵州、山东等地，开展系列学术讲座近100场，为儒学与传统文化的普及奉献绵薄之力。当然，要推广大众儒学，让儒学的优秀思想润物无声地深入到老百姓的生活方式和行为方式中，这些是远远不够的，需要更多的儒学人才积极投入到这项工作中来。

彭：是的。儒学的长远发展，离不开人才的培养和壮大。舒先生从1998年开始指导研究生，20余年来培养了许多硕士研究生、博士研究生和博士后，他们中的许多人，现在已经成为儒学教育和国学推广中的中坚力量。今天正好请到了舒先生的博士研究生王贞贞，请你结合自己的受学实际，给我们介绍一下舒先生在培养儒学人才方面有哪些经验和做法？

王贞贞（下称"王"）：据我所知，舒老师从1982年本科毕业以来，一直在教学、科研第一线工作，曾经承担过"历史文选""文献检索""周易讲座""孔子研究""群经概论""儒学文献概论""儒家思想专题""巴蜀文化专题""巴蜀家族专题""女教文化"等骨干课、选修课的老师和系列讲座的主讲；撰写了《儒学文献通论》《群经概论》《周易导读》《儒家孝悌文化》《国学概要》《孔子智慧》《墨子智慧》《孙子智慧》等讲义和读物。在教学实践中，舒老师始终坚持以下几个方面：

第一点，是坚持品格至上。他认为学生的教育首先是人格培养。孔子曰："古之学者为己，今之学者为人。"川大前辈蒙文通也反复强调陆九渊的一句话："我纵未识一个字，亦须堂堂正正地做个人。"又说："其心术不正者，在学术上不可能有什么大成就。"

第二点，是坚持全面发展，内修外安。"西学"重视专门和专家，"中学"注重素质和全能。老师曾经在山东省图书馆"尼山书院"论坛讲过"孔子的教育思想"，认为孔子在教学中特别重视"三全""两安"等教育：三全即全能、全智、全德；两安即安魂、安邦。首先讲何谓"全能"？《史记》说"（孔子有）弟子盖三千焉，身能六艺者七十有二人"，六艺即礼、乐、射、御、书、数，基本包含当时社会所需知识技能的方方面面。何谓"全智"？《史记》说"孔子以《诗》《书》《礼》《乐》教"，又序《易传》，作《春秋》，形成"六经"；《庄子》说"《诗》以道志，《书》以道事，《礼》以道行，《乐》以道和，《易》以道阴阳，《春秋》以道名分"，六经几乎囊括当时所有的文化积淀和文献资源；何谓"全德"？即孔子提倡的"君子"人格，上知"天道""天命"，下知"地道""人道"，提倡"君子不器""君子求诸己""君子上达""君子和而不同""君子义以为质""文质彬彬然后君子"等等，君子具备古今全德。而所谓"安魂"，即是给学生正确的信仰信念和价值观，是即

"天命"，孔子自称"五十而知天命"，又说"不知命无以为君子""天之未丧斯文"云云，表明他具有系统的信仰和坚定的信念；所谓"安邦"，孔子称许尧舜"博施而能济众"，赞美"能执干戈以卫社稷"，都是积极入世的态度。"三全"是内在的修养和要求；"两安"则是外在的作为和功效，加起来即庄子所提练的"内圣外王"。当代青年多注重知识和技能，多追求个人成功和收获，故必须以孔子的"三全""两安"来矫正之，务使他们回归到根本的、持久的、内在的，而又积极入世、利他利民的取向上来。

第三点，是坚持熟悉经典，打牢基础。中国哲学的学习最根本的是要精熟"六经"，因为"经以载道""经者常也"。

第四点，是重视小学和目录学。舒老师告诉我们：当年张之洞在成都办尊经书院（今四川大学前身），以"两文达之学"相号召，提倡"自小学而入经学者其经学可信，自经学而入史学其史学可信"的治学路径。"两文达"即纪文达（昀）、阮文达（元），分别撰有《四库全书总目》和《经籍纂诂》《皇清经解》，重视目录学和小学（文字、音韵、训诂）便成为近代蜀学的基本特征。老师在指导学生时，也坚持这一传统，注意加强我们的文献学、目录学、小学、句读等基本素养。

第五点，是在具体方法上加强实战训练，利用《儒藏》《巴蜀全书》等课题资源和机会，带领学生通过实战获得经验和感觉。一般而言，老师所指导的学生，在毕业时都能有一到两项实学性质的研究成果出版或发表。他的要求很严，"严师"的确是当之无愧的。

彭："三全""两安"教育，切中肯綮。贞贞，你作为舒先生的在读博士研究生，自己有什么具体体会呢？

王：我从2017年开始跟随老师学习儒学，从做人到治学，都受益匪浅。老师给我们上的第一堂课，便是《君子：儒家的理想人格》。我还记得老师开宗明义第一句话：治学之基，首在做人。老师还说："我不指望你们能成为大学者、大专家，但你们一定要成为一位具有'孝悌忠信'等基本德行的君子。"这句话对我们影响很大。我们在系统研读儒家经典的同时，也时刻观照检查，尽量使自己的言行符合君子的德行标准。

在学业上，老师常说，要做到"治学有根柢，发言有规矩，做事有底气，为人有风范"。要求我们全面了解儒家经典，每人至少精熟一部大经或中经，或两部小经，即使是研究其他专题的学术文献，儒家经典也是必读范围。除此之外，老师要求我们每人必须熟读一至两部名家的文献学、训诂学或史料学著作，如余嘉锡、张舜徽、冯友兰、张岱年等名家的著作，并且至少校点一到两部古籍文献，懂得治学门径，获得读书的硬功夫。此外，老师要求我们在熟读"辩证唯物主义和历史唯物主义"经典著作的同时，还必须了解当代西方的哲学思潮，掌握思想变迁和理论更新状况，具有世界眼光，获得最新方法。对于当代学术大家的著作要求精读，如马一浮、熊十力、冯友兰、郭沫若、张岱年、任继愈、金景芳、蒙文通、唐君毅等，则要求至少要熟读一家，再精选其他各家的代表作，以取得历史继承的学术支点。要看的书很多，经常感觉时间不够用。而老师经常提问和抽考，稍微一放松就跟不上老师的思路，偷一点懒都会在老师的提问下"原形毕露"。在老师的严格要求下，同学们常开玩笑，说每天都是"战战兢兢，如履薄冰"，但这种努力是很充实的，每天都有新的收获和思考的心得。

尽管读经本身颇有些枯燥，但老师的课堂一直是生动有趣的。他经常以幽默诙谐的语言为我们讲解经典中的道理，也常常结合年轻人关注的热点来阐发正确的人生观与价值观，很受同学们欢迎。老师还经常组织大家就同一个问题进行集体的探讨，大家能够各抒己见，大胆阐发自己的观点，不管讲得怎么样，老师总是给予鼓励。课堂氛围很好，在切磋琢磨中，同学们增长了学问，也融洽了感情。在我们的眼里，老师不仅是"严师""名师"，也是"慈师""恩师"。

（彭彦华：《孔子研究》主编，研究员；王贞贞：四川大学古籍所博士生。原文载《孔子研究》2019年第1期，有改动）